# ICMS-IMPORTAÇÃO
## PROPOSTA DE RECLASSIFICAÇÃO E SUAS APLICAÇÕES

**ARGOS CAMPOS RIBEIRO SIMÕES**
Mestre e Doutorando em Direito Tributário pela PUC-SP.
Professor do IBET Instituto Brasileiro de Estudos
Tributários e Escola Fazendária do Estado de São
Paulo. Agente Fiscal de Rendas. Juiz do Tribunal de
Impostos e Taxas.

# ICMS-IMPORTAÇÃO
## PROPOSTA DE RECLASSIFICAÇÃO E SUAS APLICAÇÕES

São Paulo

2014

Copyright 2014 By Editora Noeses
Fundador e Editor-chefe: Paulo de Barros Carvalho
Editora Assistente: Semíramis Oliveira
Gerente de Produção Editorial: Alessandra Arruda
Arte e Diagramação: Renato Castro
Designer de Capa: Aliá3 - Marcos Duarte
Revisão: Semíramis Oliveira

CIP – BRASIL.CATALOGAÇÃO-NA-FONTE
SINDICATO NACIONAL DOS EDITORES DE LIVROS, RJ.

H898    ICMS importação: proposta de reclassificação e suas aplicações / Argos Campos Ribeiro Simões. – São Paulo: Noeses, 2014.

282 p.
São Paulo : Noeses, 2014.

1. ICMS. 2. Incentivos - ICMS. 3. Benefícios fiscais - ICMS. I. Título.

CDU - 336.222

2014
Todos os direitos reservados

Editora Noeses Ltda.
Tel/fax: 55 11 3666 6055
www.editoranoeses.com.br

*À minha mãe, Maria Dolores, por sua doação irrestrita de carinho e amor.*

*Aos meus filhos, Samanta e Argos, e netinhos, Tutu e Marina, razão da minha existência.*

*À tia Gilda, pela sua generosidade e afeto.*

# AGRADECIMENTOS

Ao Prof. Dr. Paulo de Barros Carvalho, pelo apoio, pela orientação e pela confiança ao longo desses anos de convívio.

Um agradecimento especial à Profª. Dra. Maria Leonor Leite Vieira e ao Prof. Dr. Robson Maia Lins, pela amizade e pelo incentivo.

Aos professores da PUC-SP, pelos ensinamentos.

Aos meus alunos, pelas discussões que me fizeram retornar ao ponto de partida por várias e várias vezes.

Aos colegas e amigos da Escola Fazendária do Estado de São Paulo e do Tribunal de Impostos e Taxas de São Paulo que muito me incentivaram.

Aos amigos do IBET pelo apoio e confiança, em especial à Neiva Baylon e Priscila de Souza.

Aos amigos que me apoiaram de forma especial, meu reconhecimento e eterna amizade.

Um agradecimento especial à Carmem Lúcia, pela amizade e profissionalismo na revisão e à Semíramis Oliveira pela intensa e impecável pesquisa.

# SUMÁRIO

**PREFÁCIO**.................................................................. **XV**

**INTRODUÇÃO** ........................................................... **XIX**

## CAPÍTULO 1

### CONHECENDO O DIREITO

1.1 O ato de conhecer ............................................. 01

1.2 O papel da linguagem ....................................... 04

1.3 A realidade por meio da linguagem............................. 05

1.4 Em busca da verdade ........................................ 07

1.5 A importância do método ................................... 08

1.6 Direito positivo: premissas necessárias ..................... 08

    1.6.1 Os sistemas da Ciência do Direito e do direito positivo................................................. 08

    1.6.2 Conceitos essenciais ................................ 11

        1.6.2.1 Sobre a norma jurídica ...................... 11

        1.6.2.2 Sobre a validade............................. 12

        1.6.2.3 Sobre a autopoiese ......................... 14

1.6.2.4 Sobre a vigência........................................... 16

1.6.2.5 Sobre a verdade e a realidade no Direito...... 18

1.6.2.6 Sobre a incidência e a aplicação ............. 19

1.6.2.7 Sobre a eficácia técnica .......................... 21

1.6.2.8 Sobre a eficácia jurídica.......................... 22

1.6.2.9 Sobre a eficácia social ............................ 22

1.7 Interpretando o Direito...................................... 23

1.7.1 O método interpretativo ............................... 25

1.7.2 O papel da doutrina, da jurisprudência e da súmula não-vinculante ...................................... 27

1.7.3 Da jurisprudência contrária à lei ................... 30

1.7.3.1 Do princípio da legalidade ..................... 31

1.7.3.2 Da supremacia do interesse público....... 32

1.7.3.3 Da indisponibilidade dos bens públicos....... 33

1.8 Concretizando o direito positivo: das normas gerais e abstratas às individuais e concretas........................... 34

# CAPÍTULO 2

## POSSIBILIDADES MATERIAIS DO ICMS NA CONSTITUIÇÃO FEDERAL DE 1988 E O PAPEL DAS NORMAS GERAIS EM MATÉRIA DE LEGISLAÇÃO TRIBUTÁRIA

2.1 Uma sigla, vários impostos............................. 47

2.2 O papel das normas gerais em matéria tributária ....... 52

ICMS - IMPORTAÇÃO

## CAPÍTULO 3

## ICMS-OCM: MATERIALIDADE CONSTITUCIONAL E A ESTRUTURA DE SUA REGRA-MATRIZ DE INCIDÊNCIA TRIBUTÁRIA NA LEI COMPLEMENTAR 87/96

3.1 A materialidade constitucional do ICMS-ocm............ 67

3.2 A estrutura da regra-matriz do ICMS-ocm na
LC 87/9694 ..................................................... 83

   3.2.1 O aspecto material do ICMS-ocm ..................... 84

   3.2.2 O aspecto temporal do ICMS-ocm ..................... 97

   3.2.3 Os aspectos espacial e subjetivo ativo do
ICMS-ocm .......................................................... 109

   3.2.4 O aspecto subjetivo passivo do ICMS-ocm........ 113

   3.2.5 O aspecto quantitativo do ICMS-ocm ............... 121

## CAPÍTULO 4

## A CONSTRUÇÃO HISTÓRICO-SEMÂNTICA DAS MATERIALIDADES DO ICMS NA IMPORTAÇÃO: DA CONSTITUIÇÃO DE 1967 AOS DIAS ATUAIS

4.1 Sobre o método interpretativo na construção do
ICMS-importação ...................................................... 125

4.2 Primeira versão: Constituição Federal de 1967
com as alterações da Emenda Constitucional
1/1969 e o Decreto-Lei 406/1968 ............................... 127

4.3 Segunda versão: ampliação material enunciada
pela Emenda Constitucional 23/1983 ......................... 136

4.4 Terceira versão: Constituição Federal de 1988
antes da Emenda Constitucional 33/2001 e suas
normas complementares............................................ 145

XI

ARGOS CAMPOS RIBEIRO SIMÕES

4.5 Constituição Federal de 1988 após a Emenda Constitucional 33/2001 ...... 157

# CAPÍTULO 5

## A NÃO-CUMULATIVIDADE NO ICMS E NO ICMS-IMPORTAÇÃO

5.1 A não-cumulatividade no ICMS-operação relativa à circulação de mercadorias ...... 167

5.2 A não-cumulatividade no ICMS-importação ...... 179

5.2.1 A não-cumulatividade no ICMS-importação de mercadorias ...... 180

5.2.2 A não-cumulatividade no ICMS-importação de não mercadorias destinadas a qualquer finalidade ...... 185

# CAPÍTULO 6

## AS ESTRUTURAS DAS REGRAS-MATRIZES DO ICMS-IMPORTAÇÃO NA LEI COMPLEMENTAR 87/96 E SUAS APLICAÇÕES

6.1 Método de construção ...... 187

6.2 A incidência do ICMS na importação por meio de leasing: construção dos aspectos materiais e aplicação da não-cumulatividade ...... 188

6.3 Os aspectos temporal e quantitativo do ICMS na importação ...... 200

6.3.1 O aspecto temporal ...... 200
6.3.2 O aspecto quantitativo (base de cálculo) ...... 205

6.4 O aspecto subjetivo passivo do ICMS na importação e o alcance da incidência sobre pessoas físicas e contribuintes não habituais ...... 209

XII

ICMS - IMPORTAÇÃO

6.5 Os aspectos espacial e subjetivo ativo do ICMS
na importação e a questão do destinatário ................ 225
6.6 A reclassificação do ICMS-Importação e o seu alcance
interpretativo na imunidade tributária ...................... 242

**CONSIDERAÇÕES FINAIS** ............................................ **245**
**REFERÊNCIAS** ................................................................. **253**

# PREFÁCIO

A teoria da regra-matriz de incidência tributária adquire praticidade enorme quando projetada no plano concreto das relações intersubjetivas. O conhecimento avança de maneira retilínea e uniforme, produzindo proposições de excelente qualidade científica, ao mesmo tempo em que elucida questões difíceis, encobertas pela névoa densa que a linguagem dos plexos normativos costuma implantar. Sua utilização está disseminada, pois há mais de uma centena de textos publicados com o emprego da metodologia a que me refiro.

Penso ser essa uma das razões que me fazem ver, com entusiasmo, o trabalho que o Prof. Argos Campos Ribeiro Simões oferece à edição, ao expor aspectos jurídicos, teórico-práticos, do ICMS, nas operações relacionadas à aquisição de bens e mercadorias regularmente importadas. Trata-se de sua dissertação de mestrado, sustentada com brilho e calorosamente aprovada pela banca examinadora da Pontifícia Universidade Católica de São Paulo. Sobre ser atualíssimo, o tema é batido de controvérsias, rendendo campo a discussões em todos os níveis de linguagem.

Com efeito, a Constituição de 1988, em sua forma original, autorizava a incidência do imposto, na modalidade ICMS-importação, sobre a "entrada de mercadoria importada do exterior, ainda quando se tratar de bem destinado ao consumo ou ativo fixo do estabelecimento", o que levou o Supremo Tribunal Federal a concluir que estavam excluídas as importações realizadas por pessoas físicas ou jurídicas não contribuintes do ICMS. A Corte Maior considerou como

XV

requisitos para a incidência do gravame sobre a importação: (i) a existência de importação de mercadorias e não de meros bens; e (ii) ser o importador estabelecimento comercial. Isso sem falar na circulação jurídica de mercadoria, que se perfaz com a transferência de titularidade do bem, imprescindível à exigência do imposto estadual.

A Emenda Constitucional nº 33/2001, pretendendo alterar esse quadro, referiu-se, expressamente, à entrada de "bem ou mercadoria" realizada por "pessoa física ou jurídica, ainda que não seja contribuinte habitual do imposto." Aludiu, ainda, ao "domicílio ou estabelecimento do destinatário da mercadoria, bem ou serviço".

A despeito da modificação ter ocorrido em 2001, portanto há mais de dez anos, ainda são numerosas as divergências administrativas e judiciais sobre o assunto. Daí o empenho do Autor em descer às minúcias terminológicas empregadas pelo Texto Constitucional, cotejando-as com o teor da vigente Lei Complementar (LC 87/96) e, bem assim, com as disposições ordinárias e as práticas da Administração.

Utiliza-se, para tanto, do esquema lógico-sintático da regra-matriz de incidência tributária, segregando os critérios para identificação do acontecimento susceptível de gerar tributação, bem como o respectivo laço obrigacional que, simultaneamente, instala-se. Tudo para concluir que, em verdade, estamos diante de ICMS incidente sobre uma espécie de "operações relativas à circulação de mercadorias", exigindo, por conseguinte, que se tenha a circulação jurídica do bem ou mercadoria importada.

Dentre tantas outras decorrências dessa delimitação constitucional, adveio, recentemente, pronunciamento do Supremo Tribunal Federal, confirmando a linha de raciocínio adotada pelo Autor, no sentido de ser descabida a exigência do ICMS quando da entrada de bens no território brasileiro mediante operações de leasing, por inexistir, nessa modalidade de negócio, a transferência da titularidade do objeto (RE 540.829, com repercussão geral).

Sobre o assunto, tenho manifestado que o modelo da regra-matriz de incidência apresenta-se como fórmula simplificadora, reduzindo as dificuldades do feixe de enunciados que constituem a figura

## ICMS - IMPORTAÇÃO

impositiva. Por isso mesmo, não pode esgotar as especulações que a leitura do texto suscita. É oportuno mencionar que a norma-padrão desse tributo tem por conteúdo "realizar operações relativas à circulação de mercadorias", segundo a estipulação constitucional, desdobrando-se em modalidades diversas para atingir tanto (i) aquelas realizadas internamente, dentro do Estado, como (ii) as interestaduais e as (iii) de importação. Todas elas tendo por núcleo tributável uma operação jurídica relativa a mercadorias, anotando-se que o campo semântico desta última palavra foi acrescido pela EC nº 33/2001, alcançando, agora, as operações jurídicas relativas a bens e mercadorias.

Feitos esses esclarecimentos, necessário se faz chamar a atenção para a circunstância de que essa fórmula simplificadora da regra-matriz de incidência tributária, com divisão em critérios, atende a anseios analíticos, imprescindíveis para o conhecimento do objeto. A despeito disso, hipótese e o correspondente fato jurídico tributário, assim como o liame obrigacional prescrito só podem ser compreendidos se considerada a integridade conceptual normativa. A previsão hipotética da regra-matriz de incidência relaciona as notas que o acontecimento há de possuir para ser considerado fato jurídico: ausente qualquer delas, o fato não se opera.

Como consequência dessa forma de pensar, tem-se a impossibilidade de considerar o critério material dissociado do aspecto temporal e do espacial. Algo é tido por fato jurídico tributário, desencadeando os correspondentes efeitos de direito, se, e somente se, aperfeiçoar-se a totalidade dos seus elementos compositivos.

O mesmo pode dizer-se da relação entre a hipótese e o consequente tributário. Exemplificando, se o critério material do ICMS-importação consiste em realizar operações de importação de bens ou mercadorias, sujeito passivo será a pessoa que praticar referida conduta, quer dizer, o importador. Ainda, tudo isso reflete diretamente na determinação do sujeito ativo, conforme é possível depreender-se da seguinte circunstância: (i) o ICMS incide, sempre, sobre "operações", in casu, sobre operações de importação de bens ou mercadorias; (ii) então, o Estado autorizado a exigir o pagamento do imposto é aquele onde se realizar a operação jurídica, isto é, a pessoa política em que estiver localizado o estabelecimento importador, partícipe da relação negocial e destinatário jurídico do bem.

Trabalho analítico de tal porte leva o intérprete a aprofundar seus estudos, auxiliando, sensivelmente, o deslinde de dúvidas sobre o conteúdo dos textos prescritivos, mediante pensamentos e considerações entretecidas no conhecimento profundo. E é empregando com destreza esse instrumento teórico, mediante o exame minucioso da regra-matriz do ICMS-importação, que Argos Campos Ribeiro Simões produz um discurso retoricamente eficaz para demonstrar a especificidade da incidência, pondo em movimento sua condição de auditor fiscal da Fazenda do Estado de São Paulo, além dos ensinamentos colhidos no Tribunal de Impostos e Taxas, bem como da coordenação de sucessivos cursos na Escola Fazendária, para não falar das excelentes aulas magnas que tem ministrado nas várias unidades do Instituto Brasileiro de Estudos Tributários (IBET). Trata-se de uma vivência considerável, principalmente se atinarmos à circunstância de que, toda ela, está voltada ao estudo do ICMS, imposto sobre operações relativas à circulação de mercadorias e sobre prestação de serviços de transporte interestadual e intermunicipal e de comunicação, cuja relevância pode ser evidenciada logo no primeiro exame do Texto Maior, tendo em vista o caráter nacional que foi conferido a esse tributo, pedindo ao exegeta uma interpretação que mantenha as proporções inteiras do sistema do direito positivo.

Explorar as questões afetas à regra-matriz do ICMS-Importação, propondo construções de sentido para os termos empregados pelo constituinte, figura como expressiva contribuição do Autor à Ciência do Direito, sendo de grande utilidade para todos que operam com as normas vigentes. Eis um dos muitos motivos pelos quais recomendo esta obra, não sem antes transmitir meus cumprimentos à Editora Noeses que, com sua publicação, torna-a acessível aos interessados no assunto.

São Paulo, 06 de novembro de 2014

**Paulo de Barros Carvalho**

*Professor Emérito e Titular da PUC/SP e da USP*

# INTRODUÇÃO

Esta obra apresenta visões jurídicas teórico-práticas do imposto de competência estadual, ICMS, nas suas operações relacionadas à aquisição de bens e mercadorias regularmente importados (o ICMS-importação).

A diversidade doutrinária e jurisprudencial de entendimentos sobre questões relacionadas ao ICMS-importação, em face das constantes alterações na legislação ocorridas desde o surgimento da exação estadual até os dias atuais, carece de análise metódica.

A importância da análise do tema por meio do método preconizado por Paulo de Barros Carvalho, e por nós adotado neste livro, está no rigor da preservação das premissas, como forma de dar credibilidade às conclusões obtidas.

Nesse sentido, temos duplo objetivo: **(i)** construir fundamentos teóricos restritos às necessidades interpretativas do contexto normativo do ICMS-importação e **(ii)** construir algumas Regras-Matrizes de Incidência Tributária possíveis do ICMS-importação em conjunto com a sua aplicação em algumas situações jurídicas relevantes no cenário tributário ligado ao imposto, como forma de demonstrar a eficácia dos fundamentos e do método de análise.

Nossa perspectiva cognoscente está alicerçada na visão doutrinária apresentada por Paulo de Barros Carvalho, discutindo (para nós, recriando) o mundo jurídico do ICMS-importação sob a ótica do constructivismo lógico-semântico. O método foi o de construção de

XIX

Regras-Matrizes de Incidência Tributária do ICMS e do ICMS-importação. Assim, reconstruímos linguisticamente o ICMS-importação.

Este livro está organizado da seguinte forma: iniciamos o estudo com uma visita panorâmica aos conceitos da teoria que admite o Direito como linguagem; na sequência, iniciamos o processo de positivação analisando o papel da lei complementar no cenário instituidor do ICMS.

A seguir, construímos a Regra-Matriz de Incidência Tributária do ICMS-operação relativa à circulação de mercadorias e fazemos uma construção evolutivo-semântica da materialidade do ICMS-importação, desde seu surgimento até os dias atuais, como ingrediente metódico interpretativo, definindo o *modus operandi* de nosso legislador tributário.

Depois, abordamos conceitos envolvendo a não-cumulatividade do ICMS, tanto na realização de operações relativas à circulação de mercadorias como na importação, tendo em vista a utilização de seus fundamentos na solução dos casos que apresentamos.

Finalmente, terminamos com a construção dos critérios da Regra-Matriz de Incidência Tributária do ICMS-importação por meio de discussão de casos práticos.

# CAPÍTULO 1 – CONHECENDO O DIREITO

## 1.1 O ato de conhecer

Estéril e não científica seria a busca de conhecimento sobre quaisquer objetos se não fincássemos firmes premissas indicativas de nossa visão do mundo intelectual e virtual do Direito e de nosso método de conhecimento. Assim ocorre, também, na particular busca do conhecimento sobre o ICMS-importação, objeto deste livro; conhecê-lo sem método equivale a não conhecê-lo, pois conhecimento sem método é desconhecimento.

Nesse sentido, Fabiana Del Padre Tomé destaca que o "(...) eventual descaso pelo método, decorrente da ânsia de oferecer farta cópia de informações, acaba por impedir o conhecimento".[1]

A fim de que esta obra não seja mera compilação de informações doutrinárias acerca dos aspectos relevantes sobre o ICMS-importação, partimos de singelas (mas não menos precisas) noções sobre o ato de conhecer.

Conhecimento é um juízo, uma proposição a respeito de um

---

1. TOMÉ, Fabiana Del Padre. Vilém Flusser e o constructivismo lógico-semântico. In: HARET, Florence; CARNEIRO, Jerson (Coords.). *Vilém Flusser e juristas*: comemoração dos 25 anos do grupo de estudos de Paulo de Barros Carvalho. São Paulo: Noeses, 2009, p. 322.

determinado objeto. Sobre esse assunto, Aurora Tomazini de Carvalho preleciona que conhecimento é aquisição de consciência sobre o algo a ser conhecido. Destaca a professora:

> Caracteriza-se, o conhecimento (na sua redução mais simples), como a forma da consciência humana por meio da qual o homem atribui significado ao mundo (isto é, o representa intelectualmente). Neste sentido, conhecer algo é ter consciência sobre este algo, de modo que se perder a consciência o ser humano nada mais conhece.[2]

Por sua vez, Paulo de Barros Carvalho afirma que o conhecimento "consubstancia-se na apreensão do objeto mediante ato específico e forma correspondente".[3]

Não prescinde, portanto, o ato de conhecer, de forma específica de aproximação do objeto pretendente ao conhecimento, sendo que o produto de tal esforço intelectual é a construção de proposições acerca das percepções apreendidas.

Nessa linha, é indistinto o conhecimento teórico do prático; ou se toma consciência do objeto em toda sua dimensão passível de apreensão pelo sujeito ou nada se pode afirmar sobre ele.

Lembrando Pontes de Miranda, afirma Paulo de Barros Carvalho, ao tratar das dimensões do conhecimento: "(...) não há diferença entre a teoria e a prática, mas aquilo que existe é o conhecimento do objeto; ou se conhece o objeto ou não se conhece o objeto".[4] Dessa forma, teoria e prática são facetas complementares e indissociáveis do processo de se conhecer o objeto, não havendo, assim, diferenças no produto *conhecimento*, se teórico ou prático.

Por outro lado, conhecer o objeto não significa adquirir

---

2. CARVALHO, Aurora Tomazini de. *Curso de teoria geral do direito*. 2. ed. São Paulo: Noeses, 2010, p. 6.

3. CARVALHO, Paulo de Barros. *Direito tributário, linguagem e método*. 3. ed. São Paulo: Noeses, 2009a, p. 12.

4. CARVALHO, Paulo de Barros. *Direito tributário*: fundamentos jurídicos da incidência. 7. ed. São Paulo: Saraiva, 2009b, p. 6.

consciência de algo no mundo do ser (objeto real em toda sua universalidade de detalhes), mas emitir juízo por uma versão linguística identificável e, portanto, apreensível desse objeto.

De acordo com Tácio Lacerda Gama[5], a relação de conhecimento não se estabelece com a coisa em si, mas com o significado contextual que tal coisa representa para o observador, de acordo com os horizontes de sua cultura. O conhecimento necessita da ocorrência de diálogo do texto com o contexto em que ele se encontra inserido.

Assim, o ato de conhecer não nos aproxima da essência dos objetos reais, mas nos permite enunciar construções linguísticas que formulam uma redutora e particular proposição sobre a representação que fazemos do objeto percebido. É uma organização linguística de nossa caótica percepção do objeto.

Sobre a imprescindível redução de complexidades do heterogêneo mundo-do-ser, destaca Paulo de Barros Carvalho que "(...) reduzir as complexidades do objeto da experiência é uma necessidade inafastável para se obter o próprio conhecimento".[6]

Assim, o conhecimento empresta homogeneidade fáctica à heterogênea percepção sobre o objeto. Tal organização homogênea (na verdade, uma construção organizacional) surge quando definimos o que percebemos.

Nesse sentido, Aurora Tomazini de Carvalho afirma que: "Assim, não há uma correspondência entre a linguagem e o objeto, pois este é criado por ela. A linguagem, nesta concepção, passa a ser o pressuposto por excelência do conhecimento".[7]

---

5. GAMA, Tácio Lacerda. Sentido, consistência e legitimação. In: HARET, Florence; CARNEIRO, Jerson (Coords.). *Vilém Flusser e juristas*: comemoração dos 25 anos do grupo de estudos de Paulo de Barros Carvalho. São Paulo: Noeses, 2009b, p. 231.

6. *Direito tributário, linguagem e método*. 3. ed. São Paulo: Noeses, 2009a, p. 8.

7. CARVALHO, Aurora Tomazini de. *Curso de teoria geral do direito*. 2. ed. São Paulo: Noeses, 2010, p. 14.

Nessa linha de raciocínio, há uma relação necessária entre linguagem e conhecimento.

## 1.2 O papel da linguagem

Sobre o papel da linguagem no processo de busca do conhecimento, Paulo de Barros Carvalho destaca que:

> (...) diante de um objeto de arte, reparo traços e movimentos que não estão expostos ao olhar frio e neutro do espectador comum, e sobre eles emito um juízo de valor, expressivo de minhas preferências. Eis o conhecimento se apresentando, na forma superior do emocional, mas igualmente declarado por um juízo lógico.[8]

O essencial papel da linguagem na emissão de juízos sobre o objeto pretendente ao conhecimento demonstra a relevância dos valores do sujeito emissor no ato de conhecer.

Acrescenta Aurora Tomazini de Carvalho:

> Não existe mais um mundo "em si", independente da linguagem, que seja copiado por ela, nem uma essência nas coisas para ser descoberta. Só temos o mundo e as coisas na linguagem; nunca "em si". Assim, não há uma correspondência entre a linguagem e o objeto, pois este é criado por ela. A linguagem, nesta concepção, passa a ser o pressuposto por excelência do conhecimento.[9]

Em suma, o ato de conhecer pode ser entendido como um processo de construção linguística individual a respeito de traços também linguísticos e convencionais captados, percebidos, do pretendente objeto a ser conhecido. O produto deste ato de conhecer é o que designamos de *conhecimento*.

Sem linguagem não há como identificar o objeto. Sem linguagem

---

8. CARVALHO, Paulo de Barros. *Direito tributário, linguagem e método*. 3. ed. São Paulo: Noeses, 2009a , p. 13.

9. CARVALHO, Aurora Tomazini de, op. cit., loc. cit.

não há objeto a ser percebido. As percepções sobre o desejado objeto a ser conhecido tornam-se *reais* (linguisticamente) com a sua enunciação por meio de proposições, com a emissão de juízos a seu respeito.

Tais conclusões nos levam a questionar o que seriam a realidade e a verdade sob o aspecto linguístico.

## 1.3 A realidade por meio da linguagem

A realidade como dado bruto (mundo do ser) é inatingível, pois a barreira instransponível da linguagem age na identificação de um objeto como um filtro cultural redutor de suas reais características naturais. A percepção do objeto é sempre parcial em face da particular associação linguística que lhe é atribuída. Os limites dessa parcialidade de apreensão do objeto estão no próprio sujeito cognoscente e nas suas condições culturais de percepção de mundo. A realidade como dado bruto do mundo-do-ser, com toda sua riqueza de detalhes, resta inatingível.

Nesse sentido, seguem alguns dos ensinamentos de Vilém Flusser:

> (...) As situações consistem de conceitos que são as sombras das palavras, como as palavras são as sombras dos conceitos. Em suma, a realidade, para além das situações, para além do comportamento das coisas umas em relação às outras, seria intelectualmente inatingível.[10]

> (...) as palavras são pequenos portais de acesso ao desconhecido que se abrem quando abrimos a boca, mas pelos quais não passamos, quedando-nos na soleira (...).[11]

> (...) Aquilo a que chamamos realidade é língua: determinada língua (...).[12]

---

10. FLUSSER, Vilém. *Língua e realidade*. 2. ed. São Paulo: Annablume, 2004, p. 14.

11. FLUSSER, Vilém. *Língua e realidade*. 2. ed. São Paulo: Annablume, 2004, p.17.

12. FLUSSER, Vilém. *Língua e realidade*. 2. ed. São Paulo: Annablume,

(...) A língua produz, contém e propaga a realidade, porque a realidade ela mesma é uma palavra, assim com 'existência' e 'existir' são palavras que retornam sobre as próprias pegadas (...).[13]

A realidade, como produto do conhecimento, não nos resta percebida senão por intermédio da linguagem, mas não de qualquer linguagem, e sim da pertencente e alcançável pelo agente pretendente ao conhecimento. A percepção do mundo que o cerca torna-se limitada e reduzida por meio da linguagem culturalmente nele convencionada.

Assim, o grau de aproximação da chamada "realidade" dá-se nos estreitos limites da linguagem, tanto em face da percepção do que é captado como real pelo sujeito cognoscente como no curso do processo investigativo (construtivo) de conhecimento (que também é linguístico, como vimos acima). Toda percepção do real passa pelo redutor canal da linguagem, a qual, portanto, é redutora de uma realidade percebida pelo homem como seu único mundo real.

Nesse sentido, Ludwig Wittgenstein declara que "os limites da minha linguagem significam os limites do meu mundo".[14]

Assim, se a linguagem é representativa do *eu*, se é a expressão do *eu*, então, não é possível ultrapassar seus limites, pois não se pode conceber a ultrapassagem de si mesmo.

A linguagem é o pensamento do sujeito, e seus limites são os do seu pensamento. Se apreende-se o mundo por meio do pensamento e este é limitado, como já vimos, pela linguagem (fruto de alcance cultural), então, a percepção (ou compreensão) do mundo também esbarra nos lindes permitidos pela linguagem.

Só é possível captar o que a linguagem permite identificar e

---

2004, p.19.

13. FLUSSER, Vilém. *Língua e realidade*. 2. ed. São Paulo: Annablume, 2004, p. 20.

14. WITTGENSTEIN, Ludwig. *Tratado lógico-filosófico, investigações filosóficas*. 2. ed. Lisboa: Serviço de Educação Fundação Calouste Gulbenkian, 1995, p. 114.

classificar; as outras coisas estão fora do alcance da compreensão humana. O homem é o limite do que apreende do mundo. Com isso, a linguagem que é representativa do *eu*, representa também o mundo particular (que é o único mundo para cada pessoa, pois não se apreende o não mundo ou o mundo exclusivo de outro *eu*). Nessa ótica, um sistema de referência torna-se relevante para o conhecimento por propiciar cortes políticos na realidade (frutos da livre escolha do homem), transformando o real-heterogêneo do mundo-do-ser em ideal-homogêneo capaz de ser apreendido.

Mas, nesse contexto da inarredável barreira linguística, como buscar a verdadeira realidade? Aliás, seria possível a identificação da verdade de forma absoluta?

## 1.4 Em busca da verdade

Nos dizeres de Vilém Flusser: "(...) a verdade é uma correspondência entre frases ou pensamentos, resultado das regras da língua".[15] Dessa forma, a verdade como expressão da realidade dos dados brutos é de impossível acesso, tendo em vista que a aproximação do real não ultrapassaria a barreira linguística peculiar a quem pretende enunciar a tal verdade. Considerando a verdade como a correspondência entre proposições, temos que o produto da investigação da *verdade dos fatos* se restringiria, assim, a uma mera comparação estruturada e hierarquizada de proposições equivalentes.

Nessa linha de pensamento, também Fabiana Del Padre Tomé quando preleciona que (...) a verdade não se dá pela relação entre a palavra e a coisa, mas entre as próprias palavras, ou seja, entre linguagens.[16]

Em conclusão, se a verdade e a realidade são dependentes da linguagem, e esta é dependente do grau cultural de quem busca a

---

15. FLUSSER, Vilém. *Língua e realidade*. 2. ed. São Paulo: Annablume, 2004, p. 46.
16. TOMÉ, Fabiana Del Padre. *A prova no direito tributário*. São Paulo: Noeses, 2005, p. 15.

apreensão das coisas do mundo, então todas as verdades e realidades enunciadas são relativas e parciais, são meras construções intelectuais.

## 1.5 A importância do método

Imprescindível nessa busca do conhecimento a adoção de procedimentos que nos aproximem do objeto a ser conhecido. Tais procedimentos serão os determinantes da verdade e da realidade sobre o objeto desejado de apreensão cognitiva. Eles configuram o método escolhido para o conhecimento pretendido.

O método determina a adoção de um modelo inicial, recheado de premissas que, conforme Aurora Tomazini de Carvalho reduz a complexidade do objeto a ser conhecido, devendo-se ser fiel ao método inicialmente adotado em todo o percurso do conhecer, a fim de que "suas proposições tenham sentido e coerência".[17] A adoção de um só método para cada Ciência seria a garantia da sua credibilidade como forma de aproximação de um objeto. Ausentes as premissas metodológicas, o objeto pretendente ao conhecimento restará de complexa e talvez impossível apreensão. Sem método as conclusões sobre o objeto refletirão não o conhecimento de um objeto possível, mas sim seu desconhecimento.

Com estas reflexões, sentimo-nos confortáveis em enunciar as premissas necessárias à compreensão do objeto direito positivo que trataremos a seguir.

## 1.6 Direito positivo: premissas necessárias

## 1.6.1 Os sistemas da Ciência do Direito e do direito positivo

O Direito é um sistema linguístico, logo, Direito é linguagem.

---

17. CARVALHO, Aurora Tomazini de. *Curso de teoria geral do direito*. 2. ed. São Paulo: Noeses, 2010, p. 46.

## ICMS - IMPORTAÇÃO

Para nós, sistema é conjunto de elementos que se relacionam mediante determinada e exclusiva forma, determinando peculiar identidade ao sistema e ditando-lhe regras de introdução, de permanência e de exclusão de seus elementos. Assim, o conceito de sistema distancia-se do de mero aglomerado de elementos.

A diferenciação entre os sistemas está na racionalidade inter-relacional dos elementos seus componentes, que serve, como leciona Paulo de Barros Carvalho, como "princípio unificador"[18] e identificador do próprio sistema.

É necessário ao conhecimento do Direito familiarizar-se com seu singular repertório linguístico, ultrapassando os rudimentos da mera percepção, atingindo o ápice da sua compreensão linguística, que, certamente, reconhece, como vimos acima, a intangibilidade da chamada verdade absoluta; mas que se conforma com a construção da chamada "verdade relativa" (sempre de parcial conhecimento).

Assim, destacamos o sistema jurídico da ciência (ou sistema da Ciência do Direito) que, por meio do método descritivo de sua particular linguagem, enuncia proposições verdadeiras ou falsas ao se aproximar, com fins cognitivos, de outro sistema jurídico, cujo traço formal unificador seria a linguagem predominantemente prescritiva (o direito positivo).

Portanto, reconhecemos que, como ensina Paulo de Barros Carvalho[19] os termos admitem várias significações, seja por ostentarem frequentes ambiguidades ou vaguidades, seja em face do contexto em que se apresentam. Assim, temos que a palavra "Direito" não foge à regra. Destacamos duas de suas possibilidades significativas: **(i)** a ciência do Direito e **(ii)** o direito positivo. O Direito como Ciência resta identificado como sistema linguístico descritivo, cujo objeto de análise é o sistema linguístico prescritivo do chamado "direito positivo". Assim, o objeto do sistema da **Ciência do Direito** é o sistema do **direito positivo**.

---

18. CARVALHO, Paulo de Barros. *Direito tributário, linguagem e método*. 3. ed. São Paulo: Noeses, 2009a, p. 214.

19. CARVALHO, Paulo de Barros. *Curso de Direito Tributário*. 23. ed. São Paulo: Saraiva, 2011, p. 38.

A **Ciência do Direito** é, portanto, o conjunto organizado de proposições (provenientes de observações, estudos, investigações) que tem no **direito positivo** seu objeto. Ela admite a utilização de uma linguagem exclusivamente descritiva (metalinguagem) sobre o objeto em análise, não tendo o condão de atuar sobre ele; não pretendendo modificá-lo, mas, somente, entendê-lo numa ótica de observação, segundo determinado sistema de referência escolhido pelo agente observador.

Nesse sentido, ela formula proposições descritivas a respeito do objeto. Por isso, Paulo de Barros Carvalho[20] aponta suas valências de falsidade ou de verdade.

Os elementos da Ciência do Direito são estruturas descritivas bimembres, ligadas por um conectivo apofântico (declarativo ou revelativo, segundo Nicola Abbagnano[21]), fruto de uma causalidade meramente observada, revelada, declarada. São as normas da Ciência do Direito (se algo ocorre, **então é** ocorre outro algo).

Estas declarações científicas (normas da Ciência) são construídas em face da observação dos elementos do sistema do direito positivo. Por sua vez, os elementos deste sistema são também estruturas formais bimembres, porém constituídas linguisticamente de uma descrição em seu antecedente e de uma prescrição de obrigatoriedade, facultatividade ou proibição em seu consequente.

A ligação entre a descrição antecedente e a prescrição consequente é feita por uma conexão deôntica (Se algo ocorre **então deve-ser** uma proibição, uma permissão ou uma proibição).

Como bem afirma Paulo de Barros Carvalho[22] os valores do que se enuncia não são os de falsidade ou verdade, como só ocorre nas normas da Ciência do Direito, mas são os de pertinência, ou não, ao

---

20. CARVALHO, Paulo de Barros. *Curso de direito tributário.* 23. ed. São Paulo: Saraiva, 2011, p. 36.

21. ABBAGNANO, Nicola. *Dicionário de Filosofia.* 4. ed. São Paulo: Martins Fontes, 2003, p. 73.

22. CARVALHO, Paulo de Barros. *Curso de direito tributário.* 23. ed. São Paulo: Saraiva, 2011, p. 35-36.

sistema do direito positivo (validade ou de invalidade).

Destacando, então, algumas diferenças entre Ciência do Direito e direito positivo:

| CIÊNCIA DO DIREITO<br>(sua linguagem como metalinguagem) | DIREITO POSITIVO<br>(sua linguagem como linguagem-objeto) |
| --- | --- |
| Em relação ao direito positivo, exterioriza-se através de linguagem descritiva científica: **metalinguagem**. | Em relação à Ciência do Direito, utiliza **linguagem objeto** predominantemente **prescritiva**, com escopo de alterar o comportamento social. |
| Seu objeto de estudo é o Direito posto, entendido este como um conjunto de normas jurídicas construídas de enunciados prescritivos. | Formado de enunciados (proposições) que se relacionam de forma deôntica, pretendendo direcionar a conduta humana na busca da solução dos conflitos. |
| A Ciência do Direito admite os valores de verdade ou de falsidade em suas proposições. Portanto, a **metalinguagem** trabalha no **mundo empírico do ser** e não do dever ser. | O direito positivo, como sistema, admite somente os valores de validade ou de não validade de seus elementos. Portanto, **a linguagem objeto**, própria do direito positivo, sobrevive no mundo do **dever- ser**. |

## 1.6.2 Conceitos essenciais

## 1.6.2.1 Sobre a norma jurídica

O elemento do sistema do direito positivo é a norma jurídica. Paulo de Barros Carvalho afirma que normas jurídicas são "(...) significações construídas a partir dos textos positivados e estruturadas consoante a forma lógica dos juízos condicionais, compostos pela associação de duas ou mais proposições prescritivas".[23]

Na mesma linha do professor, tem-se, portanto, que a norma jurídica, como estrutura bimembre formalizada, é construída **mentalmente** a partir de um texto físico recheado de enunciados implicacionais, sendo-lhe atribuída à descrição de um evento (situação ou conduta possível no mundo real, mundo do ser) uma consequência prescrevendo três únicas possibilidades: uma obrigação, uma permissão ou uma proibição.

Na construção da norma jurídica como estrutura mental, podem ser ultrapassados semanticamente os limites físicos das alíneas, dos incisos, dos artigos ou do próprio texto legal, podendo ser alcançados outros textos normativos, se necessário à sua formação com sentido. Numa visão estática do direito positivo, abordemos conceitos fundamentais à sua compreensão e operacionalização.

## 1.6.2.2 Sobre a validade

A validade da norma jurídica indica sua existência no sistema do direito positivo. Assim, norma válida é a existente para o direito positivo.

Lembrando, ainda, que validade indica a inserção de norma no sistema jurídico por agente competente e por procedimento previsto pelo próprio sistema. É atributiva de efeito prescritivo (permitido, obrigatório ou proibido) à descrição de uma porção da realidade possível do *mundo do ser* eleita como relevante pelo agente competente à enunciação legislativa.

Sobre esse tema, Cristiano Carvalho afirma que:

> A norma jurídica pode ser vista como um ato de fala, de força ilocucionária diretiva, que uma vez emanado pelo órgão competente, através de procedimento previsto, ingressa no sistema comunicacional jurídico. Para

---

23. CARVALHO, Paulo de Barros. *Direito tributário, linguagem e método*. 3. ed. São Paulo: Noeses, 2009a, p. 129.

## ICMS - IMPORTAÇÃO

que ingresse no sistema é imprescindível, todavia, o requisito da publicidade através de um canal específico (Diário Legislativo, Diário da Justiça, notificação do ato administrativo, etc.).[24]

Assim como o professor, também entendemos que tal procedimento constituinte da validade normativa, por ser fenômeno comunicacional, inclui a necessária publicidade.

De acordo com Paulo de Barros Carvalho, norma jurídica é norma válida, constituindo a validade uma relação formal de pertinência da norma ao sistema. O professor destaca que:

> (...) as normas jurídicas, proposições prescritivas que são, têm sua **valência própria**. Delas não se pode dizer que sejam verdadeiras ou falsas, valores imanentes às proposições descritivas da Ciência do Direito, **mas as normas jurídicas serão sempre válidas ou inválidas,** com referência a um determinado sistema "S"... A **validade** não é, portanto, atributo que qualifica a norma jurídica, tendo *status* de relação: é o **vínculo** que se estabelece entre a proposição normativa e o sistema do direito posto, de tal sorte que ao dizermos que **u'a norma "N" é válida, estaremos expressando que ela pertence ao sistema "S"**.[25] (Grifos nossos).

Assim, tem-se o Direito como uma construção intelectual vertida em linguagem que só reconhece os fatos sociais (morais, econômicos, financeiros, religiosos dentre outros) se internalizados no sistema jurídico por meio de códigos reconhecíveis pelo próprio Direito por meio das regras de linguagem que ele mesmo criou. Este direito não tem órgãos do sentido; ele não reconhece nem toca a realidade.

Nessa linha, Tárek Moysés Moussallem destaca que: "(1) sem linguagem não há realidade social (nem natural); (2) sem linguagem não há direito (objeto) e (3) sem linguagem não há conhecimento; logo,

---

24. CARVALHO, Cristiano. *Ficções jurídicas no direito tributário*. São Paulo: Noeses, 2008, p. 176.
25. CARVALHO, Paulo de Barros. *Direito tributário, linguagem e método*. 3. ed. São Paulo: Noeses, 2009a, p. 442-443.

sem linguagem não há Ciência do Direito".[26] Ainda sobre Direito e linguagem afirma o mestre capixaba: "O direito pertence à classe dos fatos culturais e, como tal, encontra-se necessariamente plasmado em uma linguagem: a linguagem em sua função prescritiva, objetivada em um corpus identificável na variedade dos textos normativos (...)".[27]

Podemos até discutir sobre a importância da linguagem no Direito: se ela o constitui, a ponto de afirmarmos que Direito é linguagem, ou se apenas dela o Direito se serve, tendo em vista que as coisas do mundo existem mesmo sem uma linguagem que as identifique. Observamos, porém, que há concordância entre os estudiosos quando tratam da intangibilidade entre o *mundo do ser* e o *mundo do dever-ser.*

Assim afirma ainda Tárek Moysés Moussallem "(...) a linguagem prescritiva (dever-ser) é irredutível à linguagem descritiva (ser). As funções da linguagem são inconfundíveis e, por isso, incomunicáveis entre si: são jogos linguísticos diferentes, cada qual com suas próprias regras".[28]

Os fatos brutos do *mundo do ser* (plataforma física onde ocorrem os eventos) não são percebidos automaticamente pelo Direito. Neste sentido Eurico Marcos Diniz de Santi esclarece que "a realidade é algo que não existe para o direito, que constrói sua verdade sobre os fatos para efeito de realizar seu processo de autorreprodução (...)".[29]

### 1.6.2.3 Sobre a autopoiese

O Direito é um sistema autorreferente que reconhece o mundo somente através da linguagem normativa, a qual equipara a existência

---

26. MOUSSALLEM, Tárek Moysés. *Fontes do direito tributário*. São Paulo: Noeses, 2006, p. 22.

27. MOUSSALLEM, Tárek Moysés. *Fontes do direito tributário*. São Paulo: Noeses, 2006, p. 20.

28. MOUSSALLEM, Tárek Moysés. *Fontes do direito tributário*. São Paulo: Noeses, 2006, p. 21.

29. SANTI, Eurico Marcos Diniz de. *Decadência e prescrição no direito tributário*. São Paulo: Max Limonad, 2000, p. 44.

# ICMS - IMPORTAÇÃO

de uma norma à sua validade. Uma norma é jurídica se for válida, se é válida, então **existe**; se não é válida, então não existe e não é norma jurídica.

A significação intensa das normas busca no próprio sistema suas respostas. A significação dos conceitos jurídicos e das respectivas definições conotativas ou denotativas encontra-se no próprio sistema jurídico, sempre considerando que o objetivo é a busca da precisão significativa dos textos interpretados, levando-se sempre em consideração o contexto normativo em que se inserem.

Explicando sobre a *autopoiese do Direito*, Niklas Luhmann afirma que o Direito produz as próprias distinções e descrições que utiliza, sendo que sua unidade estaria no fato de sua autoprodução. O professor explica:

> *La cuestión planteada se puede resolver si se logra describir el derecho como un sistema autopoiético y autodiferenciador. Este programa de teoria implica que el derecho mismo es quien produce todas las distinciones y descriciones que utiliza, y que la unidad del derecho no es más que el hecho de su autoproducción: 'autopoiesis.*[30]

Niklas Luhmann distingue a *autopoiesis* da auto-organização. Esta significaria a "(...) construção de estruturas próprias dentro do sistema"[31]; aquela significaria "(...) ao contrário, determinação do estado posterior do sistema, a partir da limitação anterior à qual a operação chegou".[32]

As limitações estruturais do Direito como sistema normativo reduzem suas possibilidades de respostas aos estímulos externos. O mundo exterior (seus fatos) é entendido por meio do filtro da linguagem normativa. Essa é a característica da autopoiese.

---

30. LUHMANN, Niklas. *O direito da sociedade*. Tradução de Javier Torres Nafarrate. São Paulo: [s. n.], [19?]. (Mimeografado), p. 18.

31. LUHMANN, Niklas. *Introdução à teoria dos sistemas*. Petrópolis: Vozes, 2010, p. 112.

32. LUHMANN, Niklas. *Introdução à teoria dos sistemas*. Petrópolis: Vozes, 2010, p. 113.

## 1.6.2.4 Sobre a vigência

Debruçamo-nos agora sobre o conceito de vigência, continuando a investigação dos elementos normativos do sistema do direito positivo.

Vigência é qualidade de norma jurídica que ostenta a possibilidade de alterar a natureza dos fatos. Ela atribui a qualificação de *jurídico* aos fatos, considerando estes como descrições de eventos do *mundo do ser* possivelmente realizados. Assim, vigência é a **causa imediata** da formação de fatos jurídicos. Arriscamo-nos a dizer que a vigência, sendo **causa imediata** da juridicidade de um fato é **causa mediata** dos efeitos provocados por este fato.

Validade é pressuposto lógico da vigência. A norma jurídica só é vigente se for válida; aliás, se a norma não for válida, então nem é jurídica. Normas jurídicas (válidas) destituídas de vigência, apesar de sua pertinência ao sistema jurídico, não são capazes de transformar fatos (relatos de possíveis eventos) em fatos jurídicos. É o caso da *vacatio legis*.

Tal visão tem reflexo na fundamentação das decisões jurídicas. De acordo com Paulo de Barros Carvalho[33] os fatos (construídos pelas descrições de possíveis eventos) somente terão a qualificação de **fatos jurídicos** (fatos juridicizados pelo Direito) **se forem expressões denotativas dos moldes conotativos insertos nas hipóteses normativas** previstas no segmento descritivo de norma abstrata (a que faz a previsão hipotética da realização de um evento possível); senão, serão meros fatos sem efeito jurídico algum.

Sobre a hipótese normativa, adverte, ainda, o professor "(...) que essas orações conotativas não abrigam propriamente fatos, mas elementos caracterizadores de eventuais ocorrências fácticas, pelo que, em termos rigorosos, *não devemos dizer que o fato jurídico esteja contido na hipótese"*.[34] (Grifos do autor).

---

33. CARVALHO, Paulo de Barros. *Direito tributário*: fundamentos jurídicos da incidência. 7. ed. São Paulo: Saraiva, 2009b, p. 122.

34. CARVALHO, Paulo de Barros. *Direito tributário*: fundamentos jurídicos da incidência. 7. ed. São Paulo: Saraiva, 2009b, p. 122.

Sobre as definições conotativas e denotativas, Tácio Lacerda Gama ensina:

> As conexões estabelecidas entre significante e significado – a ideia suscitada no intérprete pelo contato com o termo – podem ser percebidas de duas formas, sendo uma chamada de conotativa ou intencional e a outra denotativa ou extensional (...). A pesquisa pela denotação de um conceito seria aquela que busca perceber que elementos se ajustam às palavras. Já aquela, que põe no centro dos seus interesses as características do conceito, seria o campo da chamada semiótica conotativa.[35]

Com esses esclarecimentos entendemos, portanto, que conotação e denotação são formas de construção de ideias pelo intérprete quando em contato com os termos. Se compreendermos seus atributos, estaremos construindo a significação do tipo conotativa. Se percebermos os elementos que se ajustam ao termo, construímos significação denotativa. Assim, para que um fato seja considerado jurídico, temos que, de forma hipotética, os eventos nele relatados restem previstos em normas válidas e vigentes.

Se *eventos* do *mundo do ser* forem descritos, serão fatos. Porém, se tais eventos não tiverem sido eleitos pelo legislador competente como hipóteses normativas ligadas deonticamente a quaisquer efeitos jurídicos, então, apesar de admitirmos a sua possível ocorrência e veracidade, eles não integram normas válidas e vigentes; não possuem juridicidade. Não sendo fatos jurídicos, seu relato os constitui em simples fatos não juridicizados; insuficientes, por exemplo, a integrarem a motivação descritiva de norma decisória cancelando ou mantendo o prescrito em auto de infração.

---

35. GAMA, Tácio Lacerda. Sentido, consistência e legitimação. In: HARET, Florence; CARNEIRO, Jerson (Coords.). *Vilém Flusser e juristas*: Comemoração dos 25 anos do grupo de estudos de Paulo de Barros Carvalho. São Paulo: Noeses, 2009b, p. 234.

## 1.6.2.5 Sobre a verdade e a realidade no Direito

Agora, aplicando os conceitos de verdade e de realidade ao direito positivo, entendido como construção linguística normativa, temos Eurico Marcos Diniz de Santi que adverte: "No direito toda verdade é formal. A verdade material é tão apenas um princípio, um diretivo à conduta da autoridade, que orienta o ato de aplicação do direito".[36]

Ao buscarmos a verdade dos fatos em âmbito jurídico, devemos ter consciência de que a única verdade possível é aquela construída dentro das regras permitidas para tal busca; aquela que o ferramental linguístico jurídico permite que alcancemos; não cabendo, assim, falarmos de duas verdades *(formal ou material),* mas apenas daquela verdade a ser alcançada no âmbito das regras do jogo jurídico e não fora dele: *a verdade jurídica.*

Não há *verdade jurídica* possível, quando conseguida ao largo da teia linguística normativa. Tal verdade não seria fruto da aplicação de senso jurídico, mas sim da aplicação do nosso senso individual (bom ou mau).

Nessa linha de pensamento, Fabiana del Padre Tomé preleciona que:

> A doutrina costuma distinguir verdade material e verdade formal, definindo a primeira como a efetiva correspondência entre proposição e acontecimento, ao passo que a segunda seria uma verdade verificada no interior de determinado jogo, mas susceptível de destoar da ocorrência concreta, ou seja, da verdade real.[37]

> A verdade que se busca no curso de processo de positivação do direito, seja ele administrativo ou judicial, é a verdade lógica, quer dizer, a verdade em nome da qual se fala, alcançada mediante a constituição de fatos jurídicos, nos

---

36. SANTI, Eurico Marcos Diniz de. *Decadência e prescrição no direito tributário.* São Paulo: Max Limonad, 2000, p. 44.

37. TOMÉ, Fabiana Del Padre. *A prova no direito tributário.* São Paulo: Noeses, 2005, p. 23.

exatos termos prescritos pelo ordenamento: a verdade jurídica. Daí pro que leciona Paulo de Barros Carvalho que, 'para o alcance da verdade jurídica, necessário se faz o abandono da linguagem ordinária e a observância de uma forma especial. Impõe-se a utilização de um procedimento específico para a constituição do fato jurídico', pouco importando se o acontecimento efetivamente ocorreu ou não. Havendo construção de linguagem própria, na forma como o direito preceitua, o fato dar-se-á por juridicamente verificado e, portanto, verdadeiro.[38]

Assim, a *verdade jurídica*, mesmo conscientemente parcial e reduzida, em face de utilização de redutora linguagem normativa, só pode ser alcançada até onde os limites linguísticos do sistema jurídico o permitem. Dizer uma *verdade* fora destes limites é trapacear na articulação do sistema; não se obterá, assim, uma *verdade jurídica*, mas talvez uma *verdade moral ou econômica ou religiosa ou social*.

Interessante destacar que o Direito trabalha somente no plano das versões factuais, não do real. Assim, sendo o sistema do direito positivo destituído de órgãos dos sentidos, sua única porta para o mundo real é a hermética linguagem normativa. Por isso, sua desvinculação com o mundo real e sua singular vinculação com o mundo virtual de sua própria linguagem.

## 1.6.2.6 Sobre a incidência e a aplicação

Clarice Von Oertzen de Araujo ensina que:

> Em sua representação geométrica mecânica, a incidência foi uma forma que o jurista concebeu para observar a realidade social e jurídica em sua dinâmica; desde a criação dos fatos jurídicos, o desenvolvimento dos seus efeitos até a extinção das relações jurídicas por eles ocasionados. "[39]

---

38. TOMÉ, Fabiana Del Padre. *A prova no direito tributário*. São Paulo: Noeses, 2005, p. 25.
39. ARAUJO, Clarice Von Oertzen de. *Incidência jurídica*: teoria e prática. São Paulo: Noeses, 2011, p. 109.

Nessa linha, entendemos a incidência como resultado positivo de uma comparação linguística. Há uma comparação entre a linguagem que descreve uma ocorrência pretérita no *mundo do ser* e a linguagem descritora inserta na hipótese normativa e constitutiva de uma situação de possível ocorrência. O sucesso da incidência qualifica fatos como *jurídicos*. Lembrando que consideramos como *fato* a descrição de um evento em linguagem competente, dissociado da circunstância de sua ocorrência ou não no *mundo do ser*.

Da "co-incidência" entre a linguagem normativa descritor-hipotética (abstrata) e a descritor-factual (concreta), dá-se a chamada subsunção do fato à norma; mais precisamente, do fato à hipótese normativa: o sentido denotativo do fato (descrição de evento individualizado, determinado e possível) encaixa-se no molde conotativo da hipótese factual prevista em norma abstrata.

Por sua vez, aplicação do Direito é o ato de agente competente construir norma concreta (geral ou individual) no sentido da positivação ou concretização do Direito.

Ainda sobre a incidência normativa, Paulo de Barros Carvalho ensina:

> Em rigor, não é o texto normativo que incide sobre o fato social, tornando-o jurídico. É o ser humano que, buscando fundamento de validade em norma geral e abstrata, constrói a norma jurídica individual e concreta, na sua bimembridade constitutiva, empregando, para tanto, a linguagem que o sistema estabelece como adequada, vale dizer, a linguagem competente.[40]

Assim, fazer incidir a linguagem normativa sobre a linguagem da descrição parcial da realidade social, produzindo a linguagem da facticidade jurídica (fato jurídico) é o ponto culminante do processo de aplicação da norma. Portanto, aplicação e incidência ocorrem simultaneamente.

---

40. CARVALHO, Paulo de Barros. *Direito tributário, linguagem e método*. 3. ed. São Paulo: Noeses, 2009a, p. 151-152.

ICMS - IMPORTAÇÃO

Temos, então, que as normas não incidem automaticamente com a simples ocorrência de um evento no mundo real, porém, aguardam a figura do agente competente a fazê-las incidir sobre descrições redutoras de possíveis eventos, constituindo-as em fatos jurídicos. Aqui, *incidência só ocorre com a aplicação*. Sendo a norma vigente e restando ausentes quaisquer obstáculos ao exercício dessa vigência, teremos o fato jurídico como efeito da *subsunção* da linguagem do fato à linguagem da norma (ou do fato à norma, já que ambos só são reconhecíveis por meio da linguagem).

## 1.6.2.7 Sobre a eficácia técnica

Insistimos que não basta a só vigência de uma norma para que ela seja eficaz, para que produza seus pretendidos efeitos. Se houver algum obstáculo ao exercício de sua vigência, ou seja, à possibilidade de produção da linguagem da facticidade jurídica, diremos que a norma torna-se inaplicável por ineficácia técnica.

Como ensina Paulo de Barros Carvalho[41] tal obstáculo técnico pode advir da ausência de normas regulamentadoras necessárias ao exercício da vigência, ou por impossibilidade material da confecção da linguagem descritora do fato jurídico, ou, ainda, por existência de norma impeditiva (ordem judicial, por exemplo) tornando a norma vigente ineficaz tecnicamente.

Ainda sobre a eficácia técnica Paulo de Barros Carvalho destaca:

> Sob a rubrica de eficácia técnica vemos a condição que a regra de direito ostenta, no sentido de descrever acontecimentos que, uma vez ocorridos no plano do real-social tenham o condão de irradiar efeitos jurídicos, já removidos os obstáculos que impediam tal propagação.[42]

---

41. CARVALHO, Paulo de Barros. *Curso de direito tributário*. 23. ed. São Paulo: Saraiva, 2011, p. 115-116.
42. CARVALHO, Paulo de Barros. *Curso de direito tributário*. 23. ed. São Paulo: Saraiva, 2011, p. 115.

Se há eficácia técnica, então não há obstáculos à construção dos fatos jurídicos.

## 1.6.2.8 Sobre a eficácia jurídica

Paulo de Barros Carvalho[43] ensina que a eficácia jurídica é decorrente da construção de um fato jurídico, é qualidade de fato jurídico, e não de norma jurídica.

Os fatos são entendidos como descrições de eventos do *mundo do ser*, cujas provas - registros físicos de sua historicidade - devem confirmar sua realização. Assim, normas válidas e vigentes, sem obstáculos causadores de ineficácia técnica, adquirem a possibilidade de serem incididas sobre fatos, qualificando-os como fatos jurídicos. A construção de fatos juridicizados percute os efeitos previstos nos hipotéticos consequentes das normas que estão sendo incididas. Essa é a eficácia jurídica.

Somente a articulação linguística enunciada na forma prevista pelo Direito é fenômeno produtor dos efeitos previstos nos consequentes termos de normas jurídicas. A este desencadeamento de efeitos, provocado pela construção de fatos jurídicos, denominamos "eficácia jurídica".

A eficácia jurídica é consequência imediata do surgimento de fatos jurídicos, sendo, portanto, consequência mediata do exercício da vigência de uma norma válida e eficaz tecnicamente.

O Direito, porém, não garante se os efeitos jurídicos serão ou não observados socialmente pelos seus destinatários; limita-se a pretender a necessidade da observância de suas prescrições.

## 1.6.2.9 Sobre a eficácia social

Havendo o acatamento dos mandamentos prescritos em norma

---

43. CARVALHO, Paulo de Barros. *Direito tributário, linguagem e método*. 3. ed. São Paulo: Noeses, 2009a, p. 452.

ICMS - IMPORTAÇÃO

jurídica, teremos *eficácia social*. Nesse sentido, Paulo de Barros Carvalho leciona que "a eficácia social ou efetividade (...) diz com a produção das consequências desejadas pelo elaborador das normas, verificando-se toda vez que a conduta prefixada for cumprida pelo destinatário (...)".[44] Despiciendo à perenidade da eficácia jurídica, que ocorra ou não a eficácia social.

Validade, vigência, incidência, aplicação, eventos, fatos, fatos jurídicos, eficácia jurídica, eficácia técnica e eficácia social, dentre outros, são conceitos jurídicos fundamentais, necessários, portanto, à compreensão do Direito como ora operamos.

Ausente a construção destas imprescindíveis premissas, estaríamos a *navegar com imprecisão nas rotas demarcadas pelo Direito*, pois nossos discursos e conclusões seriam inócuos estéreis.

Sentimo-nos, agora, confortáveis para apresentar a forma como interpretamos os textos jurídicos.

## 1.7 Interpretando o Direito

Interpretar é uma atividade de construção. Interpreta-se o Direito quando são construídas normas jurídicas (atividade exclusivamente mental) a partir de suportes físicos (em nosso positivado Direito, a partir de textos legais escritos).

Fabiana Del Padre Tomé[45] explica que sendo o direito positivo uma construção linguística, não haveria a possibilidade de se confundir o produto norma jurídica com sua base física consubstanciada nos textos legais. Os textos são suportes físicos das normas, mas com elas não se confundem.

As normas jurídicas são construções mentais portadoras de

---

44. CARVALHO, Paulo de Barros. *Direito tributário, linguagem e método*. 3. ed. São Paulo: Noeses, 2009a, p. 453.

45. TOMÉ, Fabiana Del Padre. Vilém Flusser e o constructivismo lógico-semântico. In: HARET, Florence; CARNEIRO, Jerson (Coords.). *Vilém Flusser e juristas*: comemoração dos 25 anos do grupo de estudos de Paulo de Barros Carvalho. São Paulo: Noeses, 2009, p. 336.

estrutura formal peculiar, pois associam à descrição de algo um efeito prescritivo pretendido.

O suporte físico é o texto; a significação é a construção mental que o sujeito faz ao associar a sua particular percepção do texto aos significados dos termos ali insertos como manchas de tinta. Os significados seriam os objetos do mundo real, sempre reduzidos à linguagem própria de quem observa.

Os signos seriam as relações triádicas envolvendo suporte físico (texto legal), significado (objeto do mundo real identificado pelos termos no texto) e significação (construção mental que atribui sentido próprio aos significados).

Paulo de Barros Carvalho leciona que "(...) interpretar é atribuir valores aos símbolos, isto é, adjudicar-lhes significações e, por meio dessas, referências a objetos".[46]

Tácio Lacerda Gama[47] explica que razões culturais seriam as responsáveis pela utilização dos símbolos em suas criações de significação.

Assim, no processo construtivo de normas jurídicas, processo interpretativo, o contexto cultural de quem constrói influencia diretamente o resultado produzido.

Entende-se, também, como contexto cultural o ambiente normativo já criado pelo sujeito interpretante e que tem relação com as novas normas em processo de criação.

A credibilidade do produto dessa interpretação depende da utilização de um método interpretativo, um método criador de normas.

---

46. CARVALHO, Paulo de Barros. *Direito tributário*: fundamentos jurídicos da incidência. 7. ed. São Paulo: Saraiva, 2009b, p. 83.

47. GAMA, Tácio Lacerda. Sentido, consistência e legitimação. In: HARET, Florence; CARNEIRO, Jerson (Coords.). *Vilém Flusser e juristas*: Comemoração dos 25 anos do grupo de estudos de Paulo de Barros Carvalho. São Paulo: Noeses, 2009b, p. 232.

ICMS - IMPORTAÇÃO

## 1.7.1 O método interpretativo

Adotamos o método preconizado por Paulo de Barros Carvalho, iniciando a trajetória interpretativa a partir do plano da expressão física dos textos legais **(S1)**, sendo tal plano "exatamente o mesmo para todos os sujeitos, com independência do lugar e do tempo em que for submetido a exame".[48] A seguir, "(...) inicia o intérprete a trajetória pelo conteúdo",[49] construindo mentalmente isolados fragmentos prescritivos **(S2 – enunciados)**, agrupando-os em estruturas formais dotadas de sentido e voltadas "(...) à composição de unidades lógicas determinadas pela presença inafastável das estruturas condicionais"[50] **(S3-normas jurídicas – não contextualizadas)**, inserindo-as em um contexto normativo singular, integrando as normas criadas "nos eixos de subordinação e de coordenação, pois aquelas unidades não podem permanecer soltas, como se não pertencessem à totalidade sistêmica[51] **(S4)**. Sempre, em todas as fases é admitida a existência dos limites culturais de quem interpreta.

O constante "ir e vir" do texto **(S1)** ao contexto **(S4)** produziria uma possibilidade normativa como resultado. Dizemos possibilidade, em face dos ensinamentos de Hans Kelsen sobre a interpretação, quando critica aqueles que admitem o resultado interpretativo como sendo "(...) um ato intelectual de clarificação e de compreensão",[52] somente um ato da razão, não da vontade.

Em face das várias possibilidades significativas inerentes aos termos interpretados, sempre carregados de vaguezas e não raro de ambiguidades, aliadas a cultura de quem interpreta, obtém-se, como

---

48. CARVALHO, Paulo de Barros. *Direito tributário*: fundamentos jurídicos da incidência. 7. ed. São Paulo: Saraiva, 2009b, p. 104.

49. CARVALHO, Paulo de Barros. *Direito tributário*: fundamentos jurídicos da incidência. 7. ed. São Paulo: Saraiva, 2009b, p. 104.

50. CARVALHO, Paulo de Barros. *Direito tributário*: fundamentos jurídicos da incidência. 7. ed. São Paulo: Saraiva, 2009b, p. 105.

51. CARVALHO, Paulo de Barros. *Direito tributário*: fundamentos jurídicos da incidência. 7. ed. São Paulo: Saraiva, 2009b, p. 105.

52. KELSEN, Hans. *Teoria pura do direito*. 6. ed. São Paulo: Martins Fontes, 2000, p. 391.

resultado cognitivo, não uma única norma, mas uma "moldura",[53] no pensamento de Hans Kelsen, a indicar diversas possibilidades normativas. Assim, complementa o autor que:

> Dizer que uma sentença judicial é fundada na lei, não significa, na verdade, senão que ela se contém dentro da moldura ou quadro que a lei representa – não significa que ela é *a* norma individual, mas apenas que é *uma* das normas individuais que podem ser produzidas dentro da moldura da norma geral.[54]

A escolha de uma das possibilidades normativas da moldura, como ato de vontade que é, e sendo enunciada por aquele que tem a competência para "dizer" o Direito a ser aplicado em determinado contexto factual, não condiz com a ideia de uma justiça absoluta, mas sim na aceitação de que a justiça é sempre relativa. Nesse sentido, Hans Kelsen ainda destaca que "(...) Se podemos aprender algo da experiência espiritual do passado é o fato de que a razão humana só consegue compreender valores relativos".[55]

O autor sentencia que a "justiça absoluta é um ideal irracional";[56] absoluta seria a existência de conflitos de interesses a serem dirimidos. A consciência sobre a impossibilidade de se alcançar a absoluta justiça leva o autor a afirmar que: "Não é possível comprovar que somente uma, e não a outra solução, seja justa. Se se pressupõem a paz social como valor maior, a solução de compromisso pode ser vista como justa. Mas também a justiça da paz é uma justiça relativa, não absoluta".[57]

---

53. KELSEN, Hans. *Teoria pura do direito*. 6. ed. São Paulo: Martins Fontes, 2000, p. 390.

54. KELSEN, Hans. *Teoria pura do direito*. 6. ed. São Paulo: Martins Fontes, 2000, p. 391.

55. KELSEN, Hans. *O que é justiça?* 2. ed. São Paulo: Martins Fontes, 1998, p. 23.

56. KELSEN, Hans. *O que é justiça?* 2. ed. São Paulo: Martins Fontes, 1998, p. 23.

57. KELSEN, Hans. *O que é justiça?* 2. ed. São Paulo: Martins Fontes, 1998, p. 23.

ICMS - IMPORTAÇÃO

Tais afirmações nos levam a concluir que: se a absoluta justiça resta inalcançável, temos a mitigação de nosso inconformismo com a observância das normas jurídicas construídas dos textos legais positivados. A justiça é inatingível em face até da impossibilidade de defini-la, partindo da premissa de que não se pode compreender aquilo que não se define, por inexistente em nosso arcabouço linguístico a coisa pretendente à definição.

Mas tal prática construtiva normativa esbarra no singular horizonte cultural de quem interpreta os textos de lei, pois, como ensina Paulo de Barros Carvalho, "(...) o Direito é um objeto cultural e todo objeto cultural vem trazendo valores. Os valores são compreendidos mediante a nossa tábua, a nossa pauta de valores, que nem sempre é a mesma".[58]

Nesse contexto, exercita seu papel o jurista que não seria somente um construtor de sentido dos termos legais (semântico da linguagem do direito), mas, nas palavras do professor, "o jurista é o semântico, o sintático e o pragmático da linguagem do direito, que são os três ângulos que toda linguagem, para ser linguagem, tem de ser".[59]

Assim, o arranjo *com sentido* dos termos nas frases (aspecto sintático) e sua aplicação pelos usuários da linguagem jurídica (aspecto pragmático), também fazem parte da atividade interpretativa do jurista.

## 1.7.2 O papel da doutrina, da jurisprudência e da súmula não-vinculante

Nas nossas análises posteriores de situações reais ligadas ao ICMS-importação, discutiremos aspectos ligados à doutrina dominante e à jurisprudência, esta com destaque para as súmulas não vinculantes. Assim, necessitamos firmar seus conceitos e posicionarmos quanto à

---

58. CARVALHO, Paulo de Barros. ICMS: conferências e debates. *Revista de direito tributário*, São Paulo, v. 48, abr./jun. 1989, p. 177.

59. CARVALHO, Paulo de Barros. ICMS: conferências e debates. *Revista de direito tributário*, São Paulo, v. 48, abr./jun. 1989, p. 177.

sua influência no sistema prescritivo do Direito.

Sobre o conceito de *doutrina*, Paulo de Barros Carvalho ensina:

> Chama-se de *doutrina* ao domínio das lições, ensinamentos e descrições explicativas do direito posto, elaboradas pelos mestres e pelos juristas especializados. Sua linguagem é eminentemente *descritiva*, reproduzindo, de forma elucidativa, o conteúdo e os mecanismos de articulação próprios do direito positivo.[60]

Assim, a doutrina do Direito é Ciência do Direito. Sua linguagem é descritiva; portanto, não normativa. Não serve como fonte do Direito, pois, como afirma Tárek Moysés Moussallem: "(...) a doutrina não possui o condão de criar enunciados prescritivos".[61]

Para o termo *jurisprudência*, Tárek Moysés Moussallem enumera quatro significações: "(1) Ciência do Direito (utilizada com "j" maiúsculo – Jurisprudência); (2) decisão judicial; (3) conjunto de decisões judiciais; (4) conjunto de decisões judiciais uniformes, falando-se, nesse sentido, em 'firmar jurisprudência ou contrariar jurisprudência'".[62] Levando-se em consideração os possíveis conceitos construídos do termo *jurisprudência*, como bem destaca o professor, adotamos o de: *descrição de um conjunto de normas decisórias judiciais.*

Firmamos a premissa, na mesma linha de Tárek Moysés Moussallem, de que a jurisprudência quando invocada é forte instrumento psicológico de persuasão, mas não se reveste de força normativa a ser obrigatoriamente aplicada. Explica o professor que a jurisprudência "(...) apenas almeja influenciar a mente do magistrado no julgamento de um *outro* caso semelhante. A decisão judicial em um caso "x" não cria a obrigatoriedade de decisão judicial idêntica em

---

60. CARVALHO, Paulo de Barros. *Curso de direito tributário*. 23. ed. São Paulo: Saraiva, 2011, p. 88.

61. MOUSSALLEM, Tárek Moysés. *Fontes do direito tributário*. 2. ed. São Paulo: Noeses, 2006, p. 165.

62. MOUSSALLEM, Tárek Moysés. *Fontes do direito tributário*. 2. ed. São Paulo: Noeses, 2006, p. 165.

ICMS - IMPORTAÇÃO

um caso "y", igual ou semelhante a "x"".[63]

Prova deste convencimento é a linguagem meramente descritiva da jurisprudência invocada, que não é predominantemente prescritiva, como ocorre com as normas jurídicas. Por isso, seu tratamento como ciência: a Ciência dos tribunais, a Doutrina dos tribunais.

Ainda sobre o tema, Tárek Moysés Moussallem afirma que "(...) não há qualquer norma no direito brasileiro que obrigue um juiz a seguir as decisões de seus pares ou dos tribunais, exceto no caso do controle abstrato de constitucionalidade".[64]

Assim, também o tratamento que deve ser dado às súmulas não vinculantes, criadas com a finalidade de influenciar a mente do juiz na busca da uniformização jurisprudencial.[65] Tárek Moysés Moussallem explica tecnicamente a não qualificação normativa atribuível às súmulas, ensinando que: "(...) as súmulas não são vistas como veículos introdutores de enunciados-enunciados. Não são consideradas como veículos introdutores por estarem desprovidas de norma secundária (norma de atuação judicial) para o caso de seu descumprimento".[66]

Por não serem veículos normativos, apesar da aparente linguagem prescritiva com que são enunciadas, a construção mental das súmulas não-vinculantes denota a metalinguagem própria das Ciências. Elas indicam sugestões decisórias equalizadoras em face de uma tendência jurisprudencial firmada em determinado instante e

---

63. MOUSSALLEM, Tárek Moysés. *Fontes do direito tributário*. 2. ed. São Paulo: Noeses, 2006, p. 165.

64. MOUSSALLEM, Tárek Moysés. *Fontes do direito tributário*. 2. ed. São Paulo: Noeses, 2006, p. 149.

65. A recorrente lembrança de que estamos tratando somente de súmulas não-vinculantes é feita em face de que o ordenamento constitucional atual, pelo seu art. 103-A (incluído pela Emenda Constitucional 45/2004), criou a figura da súmula vinculante. Esta sim, norma jurídica a ser observada pelos órgãos judicantes do judiciário e da administração pública direta e indireta das esferas dos entes políticos das órbitas: federal, estadual, distrital e municipal.

66. MOUSSALLEM, Tárek Moysés. *Fontes do direito tributário*. 2. ed. São Paulo: Noeses, 2006, p. 154.

que lhes serviu como motivo de sua enunciação. Sem norma sancionatória, vislumbramos as súmulas não vinculantes como sugestões, também impregnadas de forte carga psicológica persuasiva, mas não com a força cogente das normas jurídicas.

## 1.7.3 Da jurisprudência contrária à lei

Um argumento comum nos tribunais administrativos é o de que se deve deixar de aplicar norma jurídica, apesar de encontrar-se válida, vigente e eficaz, tendo em vista jurisprudência em sentido contrário. Uma fundamentação desse jaez refletiria a preocupação de que o Poder Público não fosse condenado a eventual ônus de sucumbência numa possível contenda judicial.

Divergimos deste posicionamento. A interpretação das normas feita de forma harmônica com os princípios gerais e específicos do Direito é louvável e necessária. Destarte, entendemos e louvamos a intenção daqueles que se preocupam com a possível condenação da Fazenda Pública em sede judicial, acarretando prejuízo ao erário na forma de custas de sucumbência.

Porém, tendo em vista a qualificação de linguagem não prescritiva da jurisprudência invocada e buscando coerência em nossa visão interpretativa do ordenamento, entendemos que três princípios constitucionais também não devem ser esquecidos quando verificamos uma jurisprudência contrária à lei tributária: os princípios da legalidade, da supremacia do interesse público e da indisponibilidade do bem público. Esses princípios são considerados como normas, em nome da homogeneidade sintática do sistema jurídico. Nesse sentido, Paulo de Barros Carvalho declara que "(...) todas as unidades do sistema terão idêntica estrutura lógica, a despeito da multiplicidade extensiva de seus vectores semânticos".[67]

Sobre o tema, estamos com o professor, que define os princípios como normas jurídicas. Segundo ele, "(...) 'princípios' são 'normas

---

67. CARVALHO, Paulo de Barros. *Direito tributário, linguagem e método*. 3. ed. São Paulo: Noeses, 2009a, p. 256.

jurídicas' carregadas de forte conotação axiológica. É o nome que se dá a regras do direito positivo que introduzem valores relevantes para o sistema, influindo vigorosamente sobre a orientação de setores da ordem jurídica".[68]

É certo que todas as normas carregam um viés axiológico em face da escolha pelo legislador, tanto dos elementos hipotéticos que compõem o antecedente normativo como dos integrantes da tese normativa prescrita no seu consequente. Mas as normas-princípio, segundo os ensinamentos do professor, seriam normas estruturais (ou de conduta qualificada, pois direcionadas aos legisladores na sua tarefa enunciativa de normas), prescrevendo um eixo condutor de forte carga axiológica, cujo objetivo seria influenciar obrigatoriamente os legisladores em sua atividade de enunciação normativa.

Aliás, os princípios devem ser entendidos como normas em respeito à homogeneidade dos elementos integrantes de nosso sistema jurídico, pois se o princípio faz parte do Direito, o qual é composto somente por normas, então o princípio deve ser entendido com uma norma.

## 1.7.3.1 Do princípio da legalidade

Para nós, norma válida, vigente e eficaz só admite sua inaplicabilidade em face das seguintes situações:

(i) **Inexistência de fato a ser juridicizado por hipótese normativa;**

(ii) **Retirada de norma do sistema jurídico por declaração de sua invalidade:** afronta ao princípio da legalidade não aplicar norma geral e abstrata válida, vigente e eficaz em face de descrições jurisprudenciais; a linguagem jurisprudencial não é prescritiva;

(iii) **Revogação de norma:** se uma norma não sofreu revogação tácita (advento de norma com conteúdo

---

68. CARVALHO, Paulo de Barros. *Direito tributário, linguagem e método.* 3. ed. São Paulo: Noeses, 2009a, p. 257.

de validade em sentido contrário) ou expressa (norma posterior explicitamente revogando-a) temos que a norma discutida, potencialmente, permanece vigente, portanto, com o poder de transformar fatos em fatos jurídicos;

**(iv) Ineficácia técnica:** se inexistem obstáculos à aplicação normativa, dá-se a obrigatória subsunção do fato à hipótese normativa.

Portanto, deixar de aplicar uma norma válida, vigente e eficaz tecnicamente, na presença inconteste de fato passível de juridicização, seria violar o princípio da legalidade, sendo que a existência de disposição contrária da jurisprudência, por revestir-se de linguagem meramente descritiva não teria o condão de interferir no processo de incidência/aplicação da espécie normativa. A metalinguagem jurisprudencial está em dimensão linguística diversa da linguagem-objeto do direito positivo. Apesar de a jurisprudência revestir-se de forte instrumento motivador de conduta, ela não é prescritiva.

## 1.7.3.2 Da supremacia do interesse público

Viver em sociedade impõe ao homem, além de inúmeros direitos, uma série infindável de deveres para com a própria coletividade social de seu habitat. Dessa forma, *interesse público* pode ser entendido como *interesse da sociedade*, da coletividade. Por isso, a garantia da não ofensa ao princípio da supremacia do interesse público está calcada na aceitação da superioridade hierárquica de tal interesse em face de interesses individuais a ele contrapostos. Como exemplo, a garantia constitucional da possibilidade de desapropriação por interesse público como portadora de superior hierarquia em face da garantia à propriedade individual.

Mas *interesse público* e *interesse fazendário* não são, necessariamente, coincidentes; deveriam sê-lo, pois o Estado-Fazenda deveria gerir o erário em estrita observância aos ditames constitucionais, cujos valores expressos em prescrições normativas enunciadas encontram-se irradiados por todo o ordenamento. Este o ponto de ligação do

ICMS - IMPORTAÇÃO

princípio da supremacia do interesse público com o princípio da legalidade já discutido.

Em contrapartida, não há de se confundir, também, *interesse público* com *interesse de poderosos grupos econômicos*.

### 1.7.3.3 Da indisponibilidade dos bens públicos

Os princípios da indisponibilidade dos bens públicos e da supremacia do interesse público formam uma base segura de controle da coisa pública em face daqueles que direta ou indiretamente a estão gerindo. Esses princípios são de fundamental interesse no campo tributário à medida que impedem a disponibilização de bens públicos sem previsão legal.

A indisponibilidade do bem público é decorrente do princípio da legalidade, como afirma Paulo de Barros Carvalho, e pretende a conservação da coisa pública. De acordo com o professor:

> A disponibilidade dos interesses públicos está permanentemente retida no âmbito do Estado, que a manipula de modo soberano, exercitando sua função legislativa. Corolário desse princípio, no terreno dos tributos, é a premência absoluta de lei, em toda a circunstância em que ao administrador tributário cabe remitir débitos, transigir, efetuar compensações ou lidar, de algum modo, com a titularidade de bens ou interesses do Erário.[69]

A disponibilização do bem público deve, unicamente, advir de mecanismos jurídicos, sob pena de estarmos dispondo de forma ilegítima sobre bem indisponível.

Portanto, acórdãos porventura citados e usados como substitutos de motivação legal, apesar de sua forte *influência psicológica* sobre a questão ora tratada, como preleciona Tárek Moysés Moussallem[70] não

---

69. CARVALHO, Paulo de Barros. *Curso de direito tributário*. 23. ed. São Paulo: Saraiva, 2011, p. 207.
70. MOUSSALLEM, Tárek Moysés. *Fontes do direito tributário*. 2. ed. São Paulo: Noeses, 2006, p.148.

se revestem de força prescritiva suficiente a afastar a aplicação de norma não retirada do sistema jurídico.

## 1.8 Concretizando o direito positivo: das normas gerais e abstratas às individuais e concretas

Normas construídas da Carta Maior facultam aos entes políticos de todas as órbitas (Federal, Estadual, Distrital e Municipal) a instituição de tributos. São as chamadas "normas de competência tributária". São normas de estrutura, na linguagem de Paulo de Barros Carvalho[71] as direcionadas aos órgãos produtores de normas, que dispõem sobre a forma de produção, de transformação e de retirada de outras normas do sistema jurídico.

A modalização deôntica das normas de competência tributária é, em regra, do tipo permitido. Roque Antonio Carrazza[72] lembra que, de forma excepcional, o exercício da competência para criar o ICMS não seria facultativo em face do disposto pelo art. 155, §2º, XII, "g" da CF/88, que vincula a concessão e a revogação de isenções e de benefícios fiscais à deliberação dos demais entes federados.

Nesse sentido, Paulo de Barros Carvalho declara que "falando pela via ordinária, os titulares da competência para instituir o ICMS não podem deixar de fazê-lo e, além, disso, terão que seguir os termos estritos que as leis complementares e as resoluções do Senado prescrevem, por virtude de mandamentos constitucionais".[73]

Tácio Lacerda Gama[74] faz interessante menção à diferença entre a renúncia à competência e o seu não exercício facultativo, pois renunciar seria uma forma de alteração da estrutura de competência

---

71. MOUSSALLEM, Tárek Moysés. *Fontes do direito tributário*. 2. ed. São Paulo: Noeses, 2006, p. 187.

72. CARRAZZA, Roque Antonio. *Curso de direito constitucional tributário*. 24. ed. São Paulo: Malheiros, 2008, p. 662.

73. CARVALHO, Paulo de Barros. *Direito tributário, linguagem e método*. 3. ed. São Paulo: Noeses, 2009a, p. 762.

74. GAMA, Tácio Lacerda. *Competência tributária*: fundamentos para uma teoria da nulidade. São Paulo: Noeses, 2009a, p. 274-275.

ICMS - IMPORTAÇÃO

fincada pela Constituição Federal (CF/88)[75], o que seria vedado. O não exercício permissivo da competência representaria o direito de não criar norma. O autor concorda com Roque Antonio Carrazza e com Paulo de Barros Carvalho sobre a impossibilidade de não exercício da competência tributária do ICMS, destacando, porém, que "(...) essa observação não merece retoques se a competência para instituir o ICMS for entendida como competência incondicionada, outorgada a apenas um sujeito, no caso dos estados e o Distrito Federal".[76]

Cristiane Mendonça[77] apresenta posicionamento diverso ao considerar que mesmo o Estado-juiz não poderia agir de forma coercitiva numa possível ação processual, em face da omissão de Poder Legislativo de ente federado em instituir o ICMS. Não haveria hipótese normativa prevendo quaisquer efeitos jurídicos à vista de tal de inércia. Afirma a professora que:

> (...) a competência legislativa-tributária foi traçada pelo legislador constituinte originário enquanto autorização-permissão. A ordem jurídica vigente não oferece subsídios para que adotemos posicionamento diverso (...) a ilação é aplicável, inclusive, à competência para edificar a regra -matriz de incidência do ICMS.[78]

Entendemos como Paulo de Barros Carvalho, Roque Antonio Carrazza e Tácio Lacerda Gama que a instituição do ICMS é de obrigatória observância, pois ao ente político estatal ou distrital, não é dada a possibilidade de concessão ou de revogação de isenções de forma unilateral, como prescreve ao artigo 155, §2º, XII, *g*, da CF/88, menos ainda a possibilidade de deixar de instituir o tributo. Isso considerando que revogação de isenção sem prazo certo equivaleria à

---

75. BRASIL. Constituição (1988). *Constituição da República Federativa do Brasil.* <Disponível em: http://www.planalto.gov.br/ccivil_03/Constituicao/Constituicao.htm>. Acesso em: 14 ago. 2011.

76. Ibidem, p. 279-280.

77. MENDONÇA, Cristiane. *Competência tributária.* São Paulo: Quartier Latin, 2004, p. 126.

78. MENDONÇA, Cristiane. *Competência tributária.* São Paulo: Quartier Latin, 2004, p. 127.

instituição de tributo.

Simultaneamente, há a previsão constitucional de normas de incompetência (imunidades) impedindo que os entes políticos instituam tributos em face de determinadas situações ou pessoas.

Por sua vez, os entes federados, no exercício de sua competência constitucional, instituem os tributos. O que isso significa? Para nós, a **criação de Regra-Matriz de Incidência Tributária** (norma de conduta, na linha de Paulo de Barros Carvalho[79]) que, ao lado de diversas outras regras, constitui, por intermédio de um emaranhado de normas inter-relacionadas, um subsistema jurídico específico do tributo criado.

Fixemo-nos na **Regra-Matriz de Incidência Tributária.** Que tipo de norma é essa? É uma norma de conduta geral e abstrata voltada à pretensão de comportamentos futuros, com estrutura formal bimembre, que associa à descrição de hipotética realização de um determinado evento lícito e possível no *mundo do ser* (hipótese normativa abstrata) a necessária instauração de relação jurídica nos moldes gerais ali estabelecidos (tese normativa), pela qual determinado conjunto possível de pessoas (sujeitos passivos) teriam o dever jurídico de recolher certa quantia em dinheiro a título de tributo ao ente estatal (ou a alguém por ele escolhido), sujeito ativo com direito subjetivo a tal prestação. Em suma, é uma norma **geral,** porque é dirigida a todos os possíveis atingidos pelos seus efeitos, ainda não individualizados, e **abstrata**, pois se refere a acontecimentos futuros, ainda não ocorridos, mas de possível ocorrência.

Frise-se que a Regra-Matriz de Incidência Tributária não contém uma relação jurídica, tendo em vista seu atributo de generalidade. Ela prescreve o estabelecimento de uma relação no caso da ocorrência factual (linguística, descritiva) de sua hipótese.

Desse modo, quais são os componentes dessa regra-matriz? Quais são seus critérios relevantes?

---

79. CARVALHO, Paulo de Barros. *Curso de direito tributário*. 23. ed. São Paulo: Saraiva, 2011, p. 187 e p. 317.

ICMS - IMPORTAÇÃO

Segundo Paulo de Barros Carvalho, toda norma jurídica possui um **antecedente**[80], descritor de um evento possível relevante para o ordenamento, e um **consequente**[81], prescritor de efeitos em face da realização da hipótese normativa, ambos conectados logicamente por uma constante necessária representada por um *dever-ser não modalizado.*

O **antecedente normativo** da Regra-Matriz de Incidência Tributária é composto pelos critérios material, espacial e temporal. Analisemos cada um deles.

- **Critério material**

Paulo de Barros Carvalho destaca que no critério material "(...) o legislador expede conceitos que selecionam propriedades do evento",[82] assim o critério material define a *ação* ou a *qualificação* de uma possível realização por ente com *personalidade jurídica dispensável,* na linha de pensamento do professor.[83]

O critério material é expresso por um verbo de ação ou de estado e por seu complemento. A materialidade tributária traduz a *essência conotativa* (como critério de uso) *da linguagem do evento relevante* (seu conceito) que, uma vez *denotativamente* descrito (objeto ajustado ao conceito), conforme a suposta historicidade fornecida pelas provas faz surgir o chamado "fato jurídico tributário".

Reforçamos que o ente capaz de realizar a hipótese normativa, o possuidor de capacidade tributária para realizar o fato jurídico, *não precisa ter personalidade jurídica,* como é o caso das sociedades de fato, das unidades econômicas ou dos profissionais e dos agregados familiares.

---

80. CARVALHO, Paulo de Barros. *Direito tributário*: fundamentos jurídicos da incidência. 7. ed. São Paulo: Saraiva, 2009b, p. 26.
81. CARVALHO, Paulo de Barros. *Direito tributário*: fundamentos jurídicos da incidência. 7. ed. São Paulo: Saraiva, 2009b, p. 30.
82. CARVALHO, Paulo de Barros. *Direito tributário*: fundamentos jurídicos da incidência. 7. ed. São Paulo: Saraiva, 2009b, p. 323.
83. CARVALHO, Paulo de Barros. *Curso de direito tributário.* 23. ed. São Paulo: Saraiva, 2011, p. 378.

## • Critério espacial

O critério espacial é a descrição do local em que o evento tributário previsto no critério material deve ser realizado, para que ocorra a incidência tributária. Paulo de Barros Carvalho[84] destaca que o legislador teria a opção de explicitar ou não os locais relevantes à incidência normativa. É certo que indícios expressos devem ser suficientes à construção normativa do elemento espacial ou então o critério espacial não poderia ser enunciado.

## • Critério temporal

Critério temporal é o exato instante da realização da ação ou da qualificação prevista no critério material. Na mesma linha de Paulo de Barros Carvalho[85] destacamos que, com o relato em linguagem competente da ocorrência da possível realização do evento previsto no critério material, dá-se o nascimento da relação jurídica tributária (obrigação tributária).

Paulo de Barros Carvalho destaca, ainda, que o "legislador tributário brasileiro utilizou duas equações"[86] para indicar o exato instante da realização do critério material: **(i)** firmando "uma fração de tempo determinada",[87] como seriam, por exemplo, o IPTU ou o IPVA ou **(ii)** indicando um determinado fato que, uma vez descrito como realizado, representaria no tempo a realização material hipotética, como ocorreria, por exemplo, com o antigo ICM (atual ICMS) ou o imposto de importação ou mesmo o imposto de exportação. Afirma o professor que "(...) quem legisla pode eleger qualquer fato denotador,

---

84. CARVALHO, Paulo de Barros. *Curso de direito tributário*. 23. ed. São Paulo: Saraiva, 2011, p. 327.

85. CARVALHO, Paulo de Barros. *Curso de direito tributário*. 23. ed. São Paulo: Saraiva, 2011, p. 331.

86. CARVALHO, Paulo de Barros. *A regra-matriz do ICM*. 1981. Tese (Livre-Docência em Direito Tributário) - Pontifícia Universidade Católica, São Paulo, 1981, p. 253 et seq.

87. CARVALHO, Paulo de Barros. *A regra-matriz do ICM*. 1981. Tese (Livre-Docência em Direito Tributário) - Pontifícia Universidade Católica, São Paulo, 1981, p. 253 et seq.

ICMS - IMPORTAÇÃO

desde que seja ele colhido no quadro existencial do fenômeno descrito. Deve, pois, estar ligado a um instante do critério material do suposto. A ele não pode ser alheio".[88]

O *consequente normativo* da Regra-Matriz de Incidência Tributária é composto de sujeitos ativo e passivo, base de cálculo e alíquota.

- **Sujeito Ativo**

Sujeito Ativo e ente político competente para instituir tributos são pessoas com funções jurídicas diferentes. Clélio Chiesa esclarece:

> Cumpre, ainda, diferençar a competência tributária para legislar, da capacidade ativa para exigir o gravame. A primeira, conforme já salientado, consiste na faculdade atribuída as pessoas políticas para instituir, mediante lei, tributos. Já a segunda consiste na possibilidade que o legislador tem, no momento de instituir o tributo, de transferir à outra pessoa a capacidade para exigi-lo. Em outros termos, a pessoa habilitada para editar a lei instituidora do tributo nomeia outra entidade para compor o liame jurídico tributário, atribuindo-lhe a condição de sujeito ativo.[89]

Assim, sujeito ativo é o ente com **capacidade tributária ativa.** Ele é o titular do direito subjetivo pretendente à prestação pecuniária. Tal ente pode ser o competente constitucionalmente para a instituição do tributo (o ente político) ou aquele que, por meio de delegação, possui apenas capacidade tributária suficiente para figurar no polo ativo do liame obrigacional.

- **Sujeito Passivo**

Sujeito passivo é o ente dotado de **personalidade jurídica**

---

88. CARVALHO, Paulo de Barros. *A regra-matriz do ICM*. 1981. Tese (Livre-Docência em Direito Tributário) - Pontifícia Universidade Católica, São Paulo, 1981, p. 253 et seq.

89. CHIESA, Clélio. *ICMS*: sistema constitucional tributário: algumas inconstitucionalidades da LC 87/96. São Paulo: LTr, 1997, p. 62.

obrigatória (pessoa física ou jurídica), titular do dever jurídico de cumprir a prestação pecuniária pretendida pelo correlato sujeito ativo. A obrigatoriedade do reconhecimento da existência jurídica pelo ocupante do polo passivo de relação jurídica é justificada por Paulo de Barros Carvalho em face de pretensões processuais que dariam "(...) significado e conteúdo de coatividade às aspirações fazendárias".[90] Esclarece ainda o professor que a CF/88 "(...) não aponta quem deva ser o sujeito passivo das exações",[91] deixando ao legislador ordinário tal tarefa.

Esta autoridade legislativa competente "(...) apanha um sujeito, segundo o critério de sua participação direta e pessoal com a ocorrência objetiva e passa a chamá-lo de 'contribuinte'",[92] escolhendo às vezes outras pessoas com relacionamento indireto com a hipótese material, na condição de "responsáveis", assim preenchendo o polo passivo da obrigação tributária.

Maria Rita Ferragut, seguindo os passos de Paulo de Barros Carvalho, define sujeito passivo como:

> (...) a pessoa física ou jurídica, privada ou pública, detentora de personalidade, e de quem juridicamente exige-se o cumprimento da prestação. Consta, obrigatoriamente, do polo passivo de uma relação jurídica, única forma que o direito reconhece para obrigar alguém a cumprir determinada conduta.[93]

A autora esclarece que contribuinte seria aquele que, além de realizar o fato tributário, estaria no polo passivo da relação jurídica tributária. Assim, contribuinte é o sujeito do verbo do critério material determinado constitucionalmente e também eleito pelo legislador

---

90. CARVALHO, Paulo de Barros. *Curso de direito tributário*. 23. ed. São Paulo: Saraiva, 2011, p. 382.

91. CARVALHO, Paulo de Barros. *Direito tributário, linguagem e método*. 3. ed. São Paulo: Noeses, 2009a, p. 624.

92. CARVALHO, Paulo de Barros. *Direito tributário, linguagem e método*. 3. ed. São Paulo: Noeses, 2009a, p. 625.

93. FERRAGUT, Maria Rita. *Responsabilidade tributária e o Código Civil de 2002*. São Paulo: Noeses, 2005, p. 29.

ordinário como sujeito passivo.

O responsável seria alguém existente para o Direito, colocado pelo legislador ordinário no polo passivo de obrigação tributária, mas não o sujeito do verbo indicador do material aspecto já definido constitucionalmente.

- **Base de Cálculo**

A base de cálculo representa a faceta quantitativa do critério material do antecedente normativo.

Aires Barreto critica a definição da base de cálculo compreendida como "(...) uma perspectiva dimensível da hipótese de incidência"[94], em face da característica abstrata do antecedente normativo, tornando incabível sua medição. Ele entende mais precisa a postura de ser a base de cálculo um "(...) padrão, critério ou referência para medir um fato tributário".[95]

Em que pese à crítica do professor, talvez a conciliação dos conceitos seja obtida ao se considerar a base de cálculo como a faceta quantitativa de uma hipótese tributária realizada, sendo que tal perspectiva seria obtida concretamente por um critério ou padrão de medição.

Conforme Paulo de Barros Carvalho[96] a base de cálculo tem por finalidades: **(i) mensurar** manifestações exteriores do fato jurídico capazes de serem quantificadas, tais como: valor da operação, valor de mercado, valor venal etc.; **(ii) demarcar** os contornos da dívida tributária; **(iii) propiciar** verdadeiro procedimento de confrontação em face do critério material, a fim de **confirmá-lo** (eleito padrão de medida coerente com a essência do fato jurídico), **infirmá-lo** (incoerência da escolha do padrão de medida, em face do núcleo

---

94. BARRETO, Aires. *Base de cálculo, alíquota e princípios constitucionais.* 2. ed. São Paulo: Max Limonad, 1998, p. 50.

95. BARRETO, Aires. *Base de cálculo, alíquota e princípios constitucionais.* 2. ed. São Paulo: Max Limonad, 1998, p. 51.

96. CARVALHO, Paulo de Barros. *Curso de direito tributário.* 23. ed. São Paulo: Saraiva, 2011, p. 405.

dimensionável do fato jurídico) ou **afirmá-lo** (quando há dúvidas sobre a formulação da lei, devendo o critério material revestir-se da natureza da ação ou da qualificação tipificadas que estão sendo mensuradas).

- **Alíquota**

Geraldo Ataliba ensina que a lei estabelece a base de cálculo tendo em vista a fixação e a qualificação da grandeza de algo, "Sobre esta se aplica outra grandeza, exterior a ela, a alíquota, número fixado na lei. A combinação das duas permite a individualização do débito, ou seja, fixação do *quantum* devido em cada caso concreto."[97]

Assim, a alíquota alia-se à base de cálculo para compor a grandeza numérica do fato jurídico do critério material do antecedente normativo. Por meio de sua utilização (fixa ou proporcional) pretendem-se a igualdade tributária e o controle para se evitar a prática confiscatória, assim como, possibilitam-se intenções tributárias extrafiscais, como a alíquota zero do IPI, por exemplo.

Paulo de Barros Carvalho destaca a importância da alíquota como instrumento "(...) na realização de elevados desígnios constitucionais, como a diretriz do respeito à capacidade contributiva e, por decorrência, a implementação da igualdade".[98]

Sobre capacidade contributiva, em análise do artigo 145, §1º da CF/88, distingue o professor a capacidade **absoluta ou objetiva** que retrataria "(...) a eleição, pela autoridade legislativa competente, de fatos que ostentem signos de riqueza"[99], da **relativa ou subjetiva,** que expressaria a "(...) repartição do impacto tributário, de tal modo que os participantes do acontecimento contribuam de acordo com o tamanho econômico do evento".[100] Esta última atenderia ao primado da

---

97. ATALIBA, Geraldo. *Hipótese de incidência tributária*. 5. ed. São Paulo: Malheiros, 1998, p. 105.

98. CARVALHO, Paulo de Barros. *Direito tributário, linguagem e método*. 3. ed. São Paulo: Noeses, 2009a, p. 620.

99. CARVALHO, Paulo de Barros. *Direito tributário, linguagem e método*. 3. ed. São Paulo: Noeses, 2009a, p. 327.

100. CARVALHO, Paulo de Barros. *Direito tributário, linguagem e método*. 3.

igualdade reclamada no tratamento dos contribuintes e só se tornaria, nas palavras do professor, "(...) exequível na exata medida em que se concretize, no plano pré-jurídico"[101], a escolha do fato econômico tributável, a fim que este seja dimensionável e passível de se tomar uma parcela sua como devida pelo sujeito passivo. Desse modo, é de se notar que o princípio da capacidade contributiva refere-se ao patrimônio do sujeito passivo.

No plano da norma, a alíquota é um indicador da parcela a ser tomada em relação à base de cálculo. No plano dos fatos, da aplicação da norma, a alíquota é fato que aliado à base de cálculo já calculada produz como resultado o objeto da prestação pecuniária, ou seja, o valor do débito tributário.

Essa é a norma geral abstrata denominada "Regra-Matriz de Incidência Tributária", como nos ensina Paulo de Barros Carvalho.[102] A partir de sua instituição por lei e uma vez descrita a realização de evento tributário em linguagem competente (linguagem reconhecível pelo Direito), cujo perfil denotativo resta incluso no conceito previsto na hipótese normativa da Regra-Matriz de Incidência Tributária, teremos a sua incidência, com a consequente formação do fato jurídico tributário. Não nos esquecendo, como visto acima, que apenas o ordenamento não reconhece o acontecimento previsto em sua hipótese se o fato descrito não estiver "traduzido" em linguagem competente (feita por agente e procedimento credenciados pelo ordenamento). A *incidência normativa* (como resultado positivo de comparação linguística entre o descrito como fato e o previsto como hipótese) só ocorre com a presença do homem realizando a *aplicação* do Direito.

A formalização factual-tributária dá-se por procedimentos específicos construtivos de ato-norma formalizador de autolançamento ou de lançamento, este considerado ato-norma administrativo na

---

ed. São Paulo: Noeses, 2009a, p. 327.

101. CARVALHO, Paulo de Barros. *Curso de direito tributário*. 23. ed. São Paulo: Saraiva, 2011, p. 216.

102. CARVALHO, Paulo de Barros. *Curso de direito tributário*. 23. ed. São Paulo: Saraiva, 2011, caps. IX e X.

qualificação dada por Eurico Marcos Diniz de Santi.[103]

A formalização realizada exclusivamente pelo particular (credenciado pelo Direito) é denominada "ato-norma de autolançamento". Expressão utilizada por Estevão Horvath[104] e aqui compreendida como uma força jurídica capaz de criar relação jurídica tributária, de forma similar ao lançamento de ofício efetuado exclusivamente por autoridades administrativas, porém prescindindo de quaisquer providências homologatórias por parte da administração pública, como admitido por Paulo de Barros Carvalho[105] quando explica que o ato homologatório sobre o procedimento do particular é mera norma fiscalizatória, no exercício de um controle de legalidade.

Portanto, uma parcial faceta do evento percebido do mundo real, *mundo do ser*, é entendido pelo Direito como um fato jurídico tributário quando, por meio de sua formalização, tal acontecimento é traduzido em linguagem reconhecível pelo sistema jurídico, por encontrar-se previsto de forma hipotética em norma abstrata.

Com o fato jurídico, dá-se a relação jurídico-tributária (obrigação tributária), cujos polos estão ocupados concretamente pelos respectivos sujeitos e cujo objeto (tributo) do objeto (prestação pecuniária) da obrigação tributária admite valor determinado.

Portanto, com a aplicação/incidência da Regra-Matriz de Incidência Tributária à descrição de determinado acontecimento (juridicização do fato), temos o surgimento de *norma individual e concreta* estruturalmente idêntica à norma-matriz geral e abstrata instituída pelo ente tributante competente.

Utilizamos os termos "aplicação e incidência" tendo em vista os ensinamentos de Paulo de Barros Carvalho, quando afirma que "(...) é importante dizer que não se dará a incidência se não houver um ser

---

103. SANTI, Eurico Marcos Diniz de. *Lançamento tributário*. 2. ed. São Paulo: Max Limonad, 2001, p. 155.
104. HORVARTH, Estevão. *Lançamento tributário e "autolançamento"*. São Paulo: Dialética, 1997, p. 79.
105. CARVALHO, Paulo de Barros. *Curso de direito tributário*. 23. ed. São Paulo: Saraiva, 2011, p. 511-512.

ICMS - IMPORTAÇÃO

humano fazendo a subsunção e promovendo a implicação que o preceito normativo determina".[106]

Essa norma individual e concreta surgida pela aplicação/incidência da regra-matriz à determinada descrição de um evento (agora fato jurídico) é uma redução denotativa da amplitude conotativa dessa regra-matriz. As descrições factuais são unidades linguísticas que atendem às propriedades requisitadas pelas hipóteses normativas a serem incididas.

Essa é a subsunção ou *inclusão de classes*, na abordagem de Paulo de Barros Carvalho, quando afirma reconhecer "(...) que uma ocorrência concreta, localizada num determinado ponto do espaço social e numa específica unidade de tempo, inclui-se na classe dos fatos previstos no suposto da norma geral e abstrata (...)".[107]

Temos, com isso, duas normas: uma **(i)** Regra-Matriz de Incidência Tributária geral e abstrata, voltada para o futuro e aguardando ser novamente aplicada quando da "notícia" da realização de sua hipótese tributária e uma **(ii)** norma individual e concreta, surgida com a formalização do evento, cujo perfil jurídico supõe-se estar previsto no antecedente normativo da Regra-Matriz de Incidência Tributária.

Dando-se a aplicação de tal regra-matriz, é criada **a** norma *individual* (dirigida a sujeito passivo determinado) e *concreta* (referente a acontecimento supostamente ocorrido; as provas que o confirmem) de mesma estrutura da regra-matriz, contendo, porém, em seu bojo, um *fato jurídico* em seu antecedente e uma *obrigação tributária* (como relação jurídica) em seu consequente.

Esse é o processo de concretização (ou de positivação), como aludimos acima, que culmina com a norma individual e concreta pretendente a atuar diretamente sobre a conduta de determinada pessoa.

---

106. CARVALHO, Paulo de Barros. *Direito tributário*: fundamentos jurídicos da incidência. 7. ed. São Paulo: Saraiva, 2009b, p. 11.
107. CARVALHO, Paulo de Barros. *Direito tributário*: fundamentos jurídicos da incidência. 7. ed. São Paulo: Saraiva, 2009b, p. 11.

Feitas essas considerações introdutórias e atentos à crítica de Paulo de Barros Carvalho[108] sobre a natureza meramente descritiva da maioria dos escritos sobre o tema, sentimo-nos aptos a examinar de forma crítica aspectos sobre o ICMS, mais detidamente sobre o ICMS na importação.

---

108. CARVALHO, Paulo de Barros. *Direito tributário, linguagem e método*. 3. ed. São Paulo: Noeses, 2009a, p. 726.

# CAPÍTULO 2

## POSSIBILIDADES MATERIAIS DO ICMS NA CONSTITUIÇÃO FEDERAL DE 1988 E O PAPEL DAS NORMAS GERAIS EM MATÉRIA DE LEGISLAÇÃO TRIBUTÁRIA

### 2.1 Uma sigla, vários impostos

O artigo 155, II da CF/88 prescreve aos entes federados (Estados e Distrito Federal) competência para a instituição do imposto sobre operações relativas à circulação de mercadorias e sobre prestações de serviços de transporte interestadual e intermunicipal e de comunicação, ainda que tais operações e prestações tenham início no exterior (ICMS).

São oportunas as lições de Clélio Chiesa[109] e de Roque Antonio Carrazza[110] quando alertam sobre a possibilidade de a União também instituir o ICMS em duas situações específicas. Com base no artigo 147 da CF/88, a União pode instituir o ICMS em Território Federal e,

---

109. CHIESA, Clélio. *ICMS*: sistema constitucional tributário: algumas inconstitucionalidades da LC 87/96. São Paulo: LTr, 1997, p. 67-68.

110. CARRAZZA, Roque Antonio. *ICMS*. 15. ed. São Paulo: Malheiros, 2011, p. 37.

com fundamento no seu artigo 154, II pode, ainda, instituí-lo em casos excepcionais de guerra externa ou na sua iminência.

> Art. 147 - Competem à União, em Território Federal, os impostos estaduais e, se o Território não for dividido em Municípios, cumulativamente, os impostos municipais; ao Distrito Federal cabem os impostos municipais.
>
> (...)
>
> Art. 154 - A União poderá instituir:
>
> (...)
>
> II - na iminência ou no caso de guerra externa, impostos extraordinários, compreendidos ou não em sua competência tributária, os quais serão suprimidos, gradativamente, cessadas as causas de sua criação.

Interessante a observação de Eliud José Pinto da Costa de que não bastaria a existência de guerra externa entre diferentes países, até com reflexos diretos em nossa economia, para que houvesse a possibilidade do exercício da competência excepcional da União. Haveria a necessidade de que "(...) a soberania nacional, a integridade territorial e a segurança interna (...)"[111] do Brasil estivessem ameaçadas. Assim adverte o autor sobre a impossibilidade de eventuais conflitos externos, que não atinjam os atributos citados, ensejarem a possibilidade competencial extraordinária do artigo 154, II da CF/88, mesmo com risco à nossa economia.

Verifica-se, outrossim, que a sigla ICMS congrega diversas espécies de impostos; tantas quantas forem as materialidades de origem constitucional (critérios materiais) possíveis de serem construídas, aliadas às correspondentes bases de cálculo (facetas quantitativas dos qualitativos critérios materiais).

Premissa esta com fundamento normativo construído do artigo 154, I da CF/88 enunciando o princípio da tipologia tributária, conforme lições de Paulo de Barros Carvalho, que destaca que o tipo

---

111. COSTA, Eliud José Pinto da. *ICMS mercantil*. São Paulo: Quartier Latin, 2008, p. 104.

ICMS - IMPORTAÇÃO

tributário "(...) é definido pela integração lógico-semântica de dois fatores: hipótese de incidência e base de cálculo (...)". O professor também considera que há necessidade de se entender no artigo 154, I que "(...) a disjunção 'ou' há de ser substituída pelo conjuntor 'e', como imperativo do sistema".[112]

De acordo com a CF/88,

> Art. 154 - A União poderá instituir:
>
> I - mediante lei complementar, impostos não previstos no artigo anterior, desde que sejam não cumulativos e não tenham fato gerador ou base de cálculo próprios dos discriminados nesta Constituição.

Lembramos que para cada conjunto materialidade/base de cálculo construído teremos uma regra-matriz que lhe corresponda. Cada regra-matriz do imposto previsto constitucionalmente consideraremos uma espécie distinta de ICMS.

Entendemos que a instituição de imposto não é atributo da CF/88; é do ente político competente. Mas as normas constitucionais de competência dirigidas a estes entes políticos facultam (ou obrigam, como vimos em relação ao ICMS) a enunciação, por intermédio de veículo normativo próprio, de regras-matrizes instituidoras de impostos.

Esse plano competencial constitucional, ao lado das normas estruturais de incompetência (imunidades), restringe as possibilidades construtoras das regras-matrizes pelos entes políticos. Essa é a exaustividade tributária constitucional. Assim considerando, temos que as várias regras-matrizes de ICMS a serem criadas possuem um núcleo normativo comum e um grupo limitado de normas peculiares e únicas que as diferenciam como espécie.

Alguns doutrinadores divergem sobre tais possibilidades de construção de regras-matrizes do ICMS. Destacamos algumas.

---

112. CARVALHO, Paulo de Barros. *Curso de direito tributário*. 23. ed. São Paulo: Saraiva, 2011, p. 212-213.

Paulo de Barros Carvalho[113] vislumbra três regras-matrizes relacionadas às seguintes materialidades hipotéticas: **(i)** realizar operações relativas à circulação de mercadorias; **(ii)** prestar serviços de comunicação, mesmo com início no exterior e **(iii)** prestar serviços de transporte interestadual e intermunicipal. Com essa montagem podemos deduzir que o professor classifica o ICMS na importação de produtos **(ICMS-importação)** como subespécie de imposto da espécie ICMS-operações relativas à circulação de mercadorias **(ICMS-ocm)**.

Roque Antonio Carrazza[114] vislumbra cinco regras-matrizes. Além das três já apontadas, constrói as relacionadas à: **(iv)** produção, importação, circulação, distribuição ou consumo de lubrificantes e combustíveis líquidos e gasosos e de energia elétrica e **(v)** extração, circulação, distribuição ou consumo de minerais. Em relação ao ICMS-importação, o professor cria, dentre outras, uma espécie distinta do ICMS-ocm: quando o complemento do verbo do critério material (importar) for restrito a lubrificantes, combustíveis líquidos e gasosos e energia elétrica.

A nosso ver, Roque Antonio Carrazza admite duas possibilidades de regras-matrizes do ICMS na importação; depende do produto que for importado. Se lubrificantes, combustíveis líquidos e gasosos e energia elétrica teríamos uma nova espécie de ICMS: o ICMS-importação. De forma residual, todas as demais importações seriam subespécies do ICMS-ocm.

Marcelo Viana Salomão[115], de forma diversa, enxerga apenas duas possibilidades: **(i)** sobre operações relativas à circulação de mercadorias e **(ii)** sobre prestações de serviços envolvendo comunicações e transporte interestadual e intermunicipal. Assim, tantos outros estudiosos do tema divergem em suas construções.

---

113. CARVALHO, Paulo de Barros. *Direito tributário, linguagem e método*. 3. ed. São Paulo: Noeses, 2009a, p. 726-727.

114. CARRAZZA, Roque Antonio. *ICMS*. 15 ed. São Paulo: Malheiros, 2011, p. 37.

115. SALOMÃO, Marcelo Viana. *ICMS na importação*. 2. ed. São Paulo: Atlas, 2001, p. 49.

# ICMS - IMPORTAÇÃO

Nosso interesse não é pela quantidade de regras-matrizes possíveis; a questão é que cada regra-matriz criada, por ser espécie de imposto inserto nas possibilidades normativas reunidas sob a sigla-gênero "ICMS", possui um contexto normativo singular que, além de influenciar e restringir sua aplicação, distingue-a como espécie.

Essa é a *diferença específica*, apontada por Paulo de Barros Carvalho. Explica o professor que "diferença específica é o nome que se dá ao conjunto de qualidades que se acrescentam ao gênero para a determinação da espécie, de tal modo que é lícito anunciar: a (E) espécie é igual ao (G) gênero específico mais a (De) diferença específica (E = G + De)"[116], responsável pela singularidade existencial de uma espécie em face de todas as outras espécies do mesmo gênero.

Na mesma linha, anota Eurico Marcos Diniz de Santi que "(...) diferença de uma espécie é aquela parte da conotação do nome específico, ordinário, especial ou técnico, que distingue a espécie em questão de todas as outras espécies de dado gênero a que em determinada ocasião nos referimos".[117]

A espécie admite conotação mais intensa (maior quantidade de atributos) do que o gênero a que pertence; assim também a subespécie em relação à sua espécie-mãe.

Lembramos que Tácio Lacerda Gama ensina que o plano conotativo é aquele em que a inclusão ou a exclusão de um objeto em uma determinada classe depende dos critérios de uso da expressão que representa tal classe. Seriam tais critérios "(...) aqueles atributos segundo os quais um termo pode ou não ser utilizado em certo contexto. Passando a analisar os objetos que se ajustam aos conceitos, estaremos no plano das denotações (extensão)".[118]

---

116. CARVALHO, Paulo de Barros. IPI: Comentários sobre as regras de interpretação da tabela NBM/SH (TIPI/TAB). *Revista dialética de direito tributário*, São Paulo, n. 12, p. 55-65, set. 1996, p. 54.

117. SANTI, Eurico Marcos Diniz de. As classificações no sistema tributário brasileiro. In: CONGRESSO INTERNACIONAL DE DIREITO TRIBUTÁRIO, 1. 1998, Vitória, ES. *Justiça tributária*. São Paulo: Max Limonad, 1998, p. 129.

118. GAMA, Tácio Lacerda. Sentido, consistência e legitimação. In:

O primeiro foco deste livro é classificar, ou melhor, reclassificar **o ICMS-importação** em face do ICMS-operação relativa à circulação de mercadorias **(ICMS-ocm)**. É posicionar-se de forma normativamente fundamentada sobre o fato de o ICMS-importação ser uma espécie do gênero ICMS, em relação de coordenação com o ICMS-ocm, ou como subespécie deste.

A importância de tal classificação se fará presente quando analisarmos algumas aplicações situacionais envolvendo o ICMS-importação. Questões sobre a não-cumulatividade na importação de bens por pessoa física ou por não contribuinte do ICMS-ocm ou sobre a imunidade na importação de bens por entidades assistenciais ou, ainda, situações envolvendo importação via *leasing* estão diretamente relacionadas à tomada de posição classificatória sobre o ICMS-importação (espécie ou subespécie de ICMS).

## 2.2 O papel das normas gerais em matéria tributária

A discussão sobre o que são *"normas gerais em matéria tributária"* não é nova. Mesmo sob a égide da anterior ordem constitucional, os doutrinadores já discutiam sobre o fato do preciso significado do termo.

A Constituição Federal de 1967, modificada profundamente pela Emenda Constitucional 1, de 17 de outubro de 1969, prescrevia:

> Artigo 18, §1º - Lei complementar estabelecerá normas gerais de direito tributário, disporá sobre conflitos de competência nesta matéria entre a União, os Estados, o Distrito Federal e os Municípios, e regulará as limitações constitucionais ao poder de tributar.

O Código Tributário Nacional (CTN), recepcionado como lei complementar e, posteriormente, o Decreto-Lei 406 de 1968 ao

---

HARET, Florence; CARNEIRO, Jerson (Coords.). *Vilém Flusser e juristas*: Comemoração dos 25 anos do grupo de estudos de Paulo de Barros Carvalho. São Paulo: Noeses, 2009b, p. 235.

ICMS - IMPORTAÇÃO

definirem fatos geradores, sujeito passivo e base de cálculo deram causa a discussões sobre o real alcance das *normas gerais* estabelecidas por lei complementar. Destaco que o decreto-lei revogou alguns artigos do CTN, sendo aceito como veículo normativo adequado ao tratamento de matérias atinentes à lei complementar.

Tal questão não passou despercebida a Alcides Jorge Costa, que destacou a necessidade de se resolver o alcance jurídico das *normas gerais,* concluindo preliminarmente que a conceituação do tema dependeria "(...) antes da posição política em que se coloca o intérprete do que do desenvolvimento de um raciocínio lógico".[119] O autor acrescenta que os defensores de que seja dado um "(...) maior poder decisório para os Estados adotam um conceito mais restrito de norma geral; os que postulam maior centralização do poder decisório perfilham conceito mais amplo".[120] Ele conclui que "(...) a definição de fato gerador, base de cálculo e sujeito passivo está abrangida pelo conceito de 'norma geral'",[121] sendo que a lei complementar que a veicula "(...) pode, com a nova incidência, alargar o campo dentro do qual o Estado pode exercer a competência que a Constituição lhe atribui".[122]

Alcides Jorge Costa também cita o exemplo do ICM-importação, introduzido pelo Decreto-Lei 406 de 1968, afirmando que a complementar norma "(...) ampliou o campo de incidência do ICM para fazê-lo recair também sobre a entrada, em estabelecimento comercial, industrial ou produtor, de mercadoria importada do exterior pelo titular do estabelecimento".[123]

É de suma importância esta conclusão sobre a possibilidade de

---

119. COSTA, Alcides Jorge. *ICM na Constituição e na Lei Complementar.* São Paulo: Resenha Tributária, 1979, p. 56.

120. COSTA, Alcides Jorge. *ICM na Constituição e na Lei Complementar.* São Paulo: Resenha Tributária, 1979, p. 57.

121. COSTA, Alcides Jorge. *ICM na Constituição e na Lei Complementar.* São Paulo: Resenha Tributária, 1979, p. 59.

122. COSTA, Alcides Jorge. *ICM na Constituição e na Lei Complementar.* São Paulo: Resenha Tributária, 1978, p. 60.

123. COSTA, Alcides Jorge. *ICM na Constituição e na Lei Complementar.* São Paulo: Resenha Tributária, 1978, p. 60.

ARGOS CAMPOS RIBEIRO SIMÕES

ampliação da materialidade do antigo ICM por norma infraconstitucional, em face da aquisição de mercadorias importadas, como aceita pelo professor. Voltaremos ao assunto no estudo sobre tal possibilidade (ou não) mais à frente.

Por sua vez, Geraldo Ataliba destaca que "(...) nem o legislador complementar nem o ordinário (...)"[124] teriam liberdade para estabelecer outros elementos essenciais ao tributo que já não tivessem sido prescritos pela CF/88.

E mais, ao contrário de Alcides Jorge Costa, Geraldo Ataliba[125] não admite a expansão material de tributo por veículo infraconstitucional, ensinando que "o próprio texto constitucional é que fixa os contornos essenciais do ICM" e que "Sendo esta uma norma inaugural e primeira na ordenação jurídica, não pode ser interpretada como tem sido feita – à luz da lei".

A divergência doutrinária persiste na atual ordem constitucional, em que o art. 146 da CF/88 tem suscitado diversas discussões entre os doutrinadores sobre qual seria o papel das leis complementares no processo de produção normativa das normas instituidoras dos tributos e qual o real alcance das *normas gerais* por elas veiculadas, como previsto no inciso III da norma constitucional.

Transcrevendo *in totum,* o art. 146 da CF/88:

> Art. 146. Cabe à lei complementar:
> I - dispor sobre conflitos de competência, em matéria tributária, entre a União, os Estados, o Distrito Federal e os Municípios;
> II - regular as limitações constitucionais ao poder de tributar;
> III - estabelecer normas gerais em matéria de legislação tributária, especialmente sobre:
> a) definição de tributos e de suas espécies, bem como, em

---

124. ATALIBA, Geraldo. ICM: não incidência. In: *Estudos e pareceres de direito tributário.* São Paulo: Revista dos Tribunais, 1978c, v. 1, p. 143.

125. ATALIBA, Geraldo. ICM: não incidência. In: *Estudos e pareceres de direito tributário.* São Paulo: Revista dos Tribunais, 1978c, v. 1, p. 143.

## ICMS - IMPORTAÇÃO

relação aos impostos discriminados nesta Constituição, a dos respectivos fatos geradores, bases de cálculo e contribuintes;

b) obrigação, lançamento, crédito, prescrição e decadência tributários;

c) adequado tratamento tributário ao ato cooperativo praticado pelas sociedades cooperativas.

d) definição de tratamento diferenciado e favorecido para as microempresas e para as empresas de pequeno porte, inclusive regimes especiais ou simplificados no caso do imposto previsto no art. 155, II, das contribuições previstas no art. 195, I e §§ 12 e 13, e da contribuição a que se refere o art. 239.

Parágrafo único. A lei complementar de que trata o inciso III, d, também poderá instituir um regime único de arrecadação dos impostos e contribuições da União, dos Estados, do Distrito Federal e dos Municípios, observado que:

I - será opcional para o contribuinte;

II - poderão ser estabelecidas condições de enquadramento diferenciadas por Estado;

III - o recolhimento será unificado e centralizado e a distribuição da parcela de recursos pertencentes aos respectivos entes federados será imediata, vedada qualquer retenção ou condicionamento;

IV - a arrecadação, a fiscalização e a cobrança poderão ser compartilhadas pelos entes federados, adotado cadastro nacional único de contribuintes.

Nesse tópico, a importância da discussão sobre o artigo 146 está exatamente na tomada de posição interpretativa sobre o alcance do termo *normas gerais* (inciso III), tendo em vista que diversos aspectos da regra-matriz de incidência tributária dos impostos, inclusive do nosso objeto de análise, o ICMS, são instituídos pelos entes políticos competentes sob o crivo estrutural destas *normas gerais*.

O processo de positivação normativa dos impostos reclama, entre a norma estrutural de competência constitucional e a norma de conduta instituidora do tributo da lei ordinária, *normas gerais* estruturais veiculadas por lei complementar tratando da definição de fatos geradores (na sua acepção de hipótese de incidência em suas três vertentes: material, espacial e temporal), bases de cálculo, contribuintes (aspectos contemplados pela alínea "a" do inciso III), responsáveis e sujeito ativo (em face do termo "obrigação" da alínea "b" do inciso III).

No caso do ICMS, *normas gerais* prescrevendo alíquotas também fazem parte deste processo intermédio estrutural, porém com limites veiculados por resoluções do Senado, conforme veremos adiante.

Clélio Chiesa descreve as correntes doutrinárias que se formaram em face de diferentes interpretações sobre o prescrito pelo artigo 146 da CF/88. Destaca o professor:

> Portanto, formaram-se duas correntes bem definidas: a dicotômica e a tricotômica. A primeira defende a tese de que o papel das normas gerais de direito tributário consiste em dispor sobre conflitos de competência entre as entidades tributantes e regular as limitações constitucionais a poder de tributar. Já a corrente tricotômica defende a ideia de que a lei complementar prevista no art. 146 da Constituição Federal tem a tríplice função de dispor sobre conflitos de competência entre as pessoas políticas em matéria tributária, regular as limitações constitucionais ao poder de tributar e estabelecer normas gerais em matéria de legislação tributária.[126]

Conclui o professor que a rigidez constitucional, no seu arranjo estrutural de determinação da competência impositiva, restringiu a atividade do legislador enunciante das *normas gerais em matéria de legislação tributária*, limitando-o a "(...) veicular comandos de caráter meramente didático".[127] Ele atribui às *normas gerais*:

> (...) a missão de veicular preceitos destinados a harmonizar

---

126. CHIESA, Clélio. ICMS incidente na aquisição de bens ou mercadorias importados do exterior e contratação de serviços no exterior: inovações introduzidas pela EC 33/2001. In: ROCHA, Valdir de Oliveira (Coord.). *O ICMS e a EC 33*. São Paulo: Dialética, 2002, p. 150-151.

127. CHIESA, Clélio. ICMS incidente na aquisição de bens ou mercadorias importados do exterior e contratação de serviços no exterior: inovações introduzidas pela EC 33/2001. In: ROCHA, Valdir de Oliveira (Coord.). *O ICMS e a EC 33*. São Paulo: Dialética, 2002, p. 156.

ICMS - IMPORTAÇÃO

a atuação dos entes tributantes para evitar que ocorra a bitributação, uniformizar os procedimentos administrativos tributários a serem adotados pelas pessoas políticas, emitir comandos destinados a coibir abusos no exercício da competência tributária a eles outorgada pela Carta Magna, que nem sempre é bem interpretada.[128]

José Souto Maior Borges rejeita a mera função didática das normas gerais, quando afirma: "Pretende-se que as normas gerais de direito tributário não constituem simples 'recomendações' dirigida à União, Estados e Municípios, nem, para a sua eficácia, necessitam de recepção pela lei tributária material da União, Estados e Municípios".[129]

Também não vemos somente recomendações didáticas no papel das *normas gerais,* pois, por serem normas, são dotadas de linguagem prescritiva de cunho estrutural, vinculando os entes políticos competentes na sua atividade instituidora de tributos (atividade de enunciação dos diversos aspectos de suas respectivas Regras-Matrizes de Incidência Tributária).

É relevante, portanto, a discussão sobre a natureza deste vínculo estrutural. O que deve ser observado pelos entes políticos em face destas *normas gerais?* Que tipo de vínculo é esse? Pode a lei complementar editar normas gerais dispondo livremente sobre todos os aspectos instituidores dos impostos ou há restrições a tal prática enunciativa?

- **Prevenindo conflitos**

Paulo de Barros Carvalho[130] entende que a lei complementar ao estabelecer *normas gerais em matéria de legislação tributária* deva

---

128. CHIESA, Clélio. ICMS incidente na aquisição de bens ou mercadorias importados do exterior e contratação de serviços no exterior: inovações introduzidas pela EC 33/2001. In: ROCHA, Valdir de Oliveira (Coord.). *O ICMS e a EC 33*. São Paulo: Dialética, 2002, p. 156.

129. BORGES, José Souto Maior. *Lei Complementar tributária.* São Paulo: Revista dos Tribunais, 1975, p. 59-60.

130. CARVALHO, Paulo de Barros. *Direito tributário, linguagem e método*. 3. ed. São Paulo: Noeses, 2009a, p. 391.

fazê-lo com dois únicos objetivos: **(i)** para dirimir conflitos de competência em matéria tributária entre os entes políticos e **(ii)** para regular limitações ao seu poder de tributar. Conforme a interpretação sobre o artigo 146, III da CF/88.

> Art. 146 da CF/88: Cabe à lei complementar:
>
> I – dispor sobre conflitos de competência, em matéria tributária, entre a União, os Estados, o Distrito Federal e os Municípios;
>
> II – regular as limitações ao poder de tributar;
>
> III - estabelecer normas gerais em matéria de legislação tributária, especialmente sobre:
>
> (a) definição de tributos e de suas espécies, bem como, em relação aos impostos discriminados nesta Constituição, a dos respectivos fatos geradores, bases de cálculo e contribuintes;
>
> (b) obrigação (...).

O motivo destacado pelo professor é o de que a lei complementar, como norma de estrutura de caráter nacional, prestigie "(...) os primados da Federação e da autonomia municipal para, dentro desse contexto, encontrar-se a amplitude semântica que devemos outorgar às locuções empregadas pelo legislador constituinte".[131]

Maria do Rosário Esteves também partilha desse entendimento, porém ela destaca que a única função da lei complementar, conforme artigo 146 da Lei Maior, seria a de produzir *normas gerais*, sendo que estas teriam dupla tarefa. A professora afirma que:

> 15. Adotando uma interpretação sistemática e privilegiando não apenas os princípios positivados pelo nosso constituinte – o federativo, o da autonomia municipal e o da isonomia das pessoas constitucionais -, como também, a rígida repartição de competências tributárias, minuciosamente delineada no Texto Supremo, reconhecemos que o art. 146 da Carta de 88 confere à lei complementar uma única função: ser o instrumento introdutório de normas

---

131. CARVALHO, Paulo de Barros. *Direito tributário, linguagem e método*. 3. ed. São Paulo: Noeses, 2009a, p. 386-387.

gerais de direito tributário, e estas, por seu turno, têm a finalidade de: a) dispor sobre conflitos de competência entre as entidades tributantes e b) regular as limitações constitucionais ao poder de tributar.[132]

Explica ainda Maria do Rosário Esteves que a lei complementar atua nas "zonas nebulosas"[133] das normas constitucionais de competência tributária tratando de evitar possíveis conflitos.

Clélio Chiesa reforça esse entendimento, porém observa que "(...) a lei não dirime conflitos de competência, mas a divergência sobre a natureza do fato sujeito à tributação".[134]

No sentido dicotômico de interpretar o alcance das *normas gerais em matéria de legislação tributária*, Roque Antonio Carrazza leciona:

> Do quanto expusemos, evidencia-se que o Código Tributário Nacional (Lei nacional 5.172/1966) só trata de normas gerais em matéria de legislação tributária enquanto dispõe sobre conflitos de competência entre as entidades tributantes ou regula as limitações constitucionais ao exercício da competência tributária.[135]

Alerta, contudo o professor, que "'dispor sobre conflitos de competência' não significa dirimi-los"[136], devendo o Poder Judiciário exercer seu papel constitucional tutelar jurisdicional e nesse sentido ser acionado.

---

132. ESTEVES, Maria do Rosário. *Normas gerais de direito tributário*. São Paulo: Max Limonad, 1997, p. 123.

133. ESTEVES, Maria do Rosário. *Normas gerais de direito tributário*. São Paulo: Max Limonad, p. 124.

134. CHIESA, Clélio. ICMS incidente na aquisição de bens ou mercadorias importados do exterior e contratação de serviços no exterior: inovações introduzidas pela EC 33/2001. In: ROCHA, Valdir de Oliveira (Coord.). *O ICMS e a EC 33*. São Paulo: Dialética, 2002, p. 157.

135. CARRAZZA, Roque Antonio. *Curso de direito constitucional tributário*. 24. ed. São Paulo: Malheiros, 2008, p. 937.

136. CARRAZZA, Roque Antonio. *Curso de direito constitucional tributário*. 24. ed. São Paulo: Malheiros, 2008, p. 938.

ARGOS CAMPOS RIBEIRO SIMÕES

A estrutura tributária prescrita pela lei complementar busca, por meio das *normas gerais*, evitar (e não resolver) eventuais conflitos de competência impositiva entre os entes políticos na incumbência de instituição dos aspectos de suas regras-matrizes de incidência tributária.

A função preventiva de evitar conflitos, e não de dirimi-los, como bem afirma Roque Antonio Carrazza quando atribui tal função ao poder judiciário, é prescrição estrutural das *normas gerais* que evidencia a primeira vinculação constritora direcionada à atividade de enunciação legislativa dos entes políticos instituidores de impostos, conforme construção do artigo 146, III da CF/88.

- **Limitando o poder de tributar**

A segunda função vinculativa atribuída pela CF/88 às *normas gerais*, conforme artigo 146, III, seria a de limitar o poder de tributar dos entes políticos enunciadores de impostos.

Destaca Roque Antonio Carrazza que "as *limitações ao poder de tributar* já existem na Constituição"[137] (grifos do autor) e que a lei complementar serviria apenas para facilitar a sua execução.

Compreendemos a função "facilitadora" da lei complementar, assim tratada pelo professor, como uma integrante essencial do processo de positivação normativa determinado pela Lei Maior para cuidar dos temas das alíneas "a" a "d" do inciso III do artigo 146 da CF/88. A lei complementar é o veículo normativo competente para tratar das *normas gerais* destacadas no artigo 146, III da CF/88.

Nessa linha, Maria do Rosário Esteves ensina que:

> A lei complementar prevista no art. 146 da CF não cria limitações ao poder de tributar. Nem tampouco pode ampliar, restringir ou anular tais limitações. A ela só cabe regular legislativamente essas limitações, prescrevendo-as nos lindes já traçados pela Constituição, uma vez que as

---

137. CARRAZZA, Roque Antonio. *Curso de direito constitucional tributário.* 24. ed. São Paulo: Malheiros, 2008, p. 940.

ICMS - IMPORTAÇÃO

limitações constituem o próprio desenho das competências tributárias.[138]

Frederico Araújo Seabra de Moura atribui às *normas gerais* uma função harmonizadora da enunciação legislativa de impostos. Nesse sentido, o autor afirma que "(...) as normas gerais harmonizadoras da atividade legislativa dos Estados e Municípios – no que tange à instituição de impostos – implicam em delimitação e, por isso, têm a função secundária de prevenir conflitos de competência".[139] Complementa o autor que o próprio texto constitucional seria uma grande limitação à atividade impositiva estatal. Ele destaca que "ao longo de toda a Constituição Federal se observam limites ao poder estatal, em função, na maioria das vezes, das garantias outorgadas aos particulares. Especialmente na matéria tributária, esse viés é nítido, o que não poderia ser diferente".[140]

Na sua vocação de instrumento de proteção à propriedade e à liberdade dos cidadãos, as normas tributárias representam limites à atividade exacional estatal.

As *normas gerais em matéria de legislação tributária* introduzidas no ordenamento por complementar veículo, conforme inciso III do artigo 146 da CF/88, seriam, assim, um destes instrumentos protecionistas, tanto no desenho estrutural das regras-matrizes dos impostos, definindo seus aspectos, conforme sua alínea "a" e termo *obrigação* da alínea "b" (exceção quanto às alíquotas que são estruturadas por Resolução do Senado Federal), como na formação do arquétipo normativo atinente a lançamento, crédito, prescrição e decadência tributários (alínea "b"), além das demais funções prescritas nas suas alíneas "c" e "d" e em seu parágrafo único.

Na premissa de que a lei complementar do artigo 146 da Lei Maior somente trata de *normas gerais*, entendemos que a regulação

---

138. ESTEVES, Maria do Rosário. *Normas gerais de direito tributário*. São Paulo: Max Limonad, 1997, p. 124.

139. MOURA, Frederico Araújo Seabra de. *Lei Complementar tributária*. São Paulo: Quartier Latin, 2009, p. 302-303.

140. MOURA, Frederico Araújo Seabra de. *Lei Complementar tributária*. São Paulo: Quartier Latin, 2009, p. 310-311.

às limitações constitucionais ao poder de tributar também diz respeito às chamadas "imunidades condicionadas", em que normas gerais estruturais veiculadas por lei complementar prescrevem os requisitos necessários ao gozo destas imunidades. Clélio Chiesa[141] segue essa linha por nós adotada.

Frederico Araújo Seabra de Moura, por sua vez, assevera que as pessoas políticas instituidoras de impostos "(...) não podem nomear mais quaisquer outros condicionantes para a fruição das imunidades, por intermédio de suas respectivas legislações ordinárias".[142] O professor analisa o artigo 150, VI, "a" da CF/88, que transcrevemos:

> Sem prejuízo de outras garantias asseguradas ao contribuinte, é vedado à União, aos Estados, ao Distrito Federal e aos Municípios instituir impostos sobre patrimônio, renda ou serviços dos partidos políticos, inclusive suas fundações, das entidades sindicais dos trabalhadores, das instituições de educação e de assistência social, sem fins lucrativos, atendidos os requisitos da lei.

Sobre o dispositivo, destaca Frederico Araújo Seabra de Moura que:

> Não há como vislumbrar que a Constituição, no aludido artigo, ao mencionar os 'requisitos da lei', estivesse falando em legislação emanada por uma das ordens parciais (União, Estados ou Municípios). Essa hipótese faria com que as pessoas políticas pudessem dispor sobre as condições livremente, deixando os destinatários daquela norma em total estado de insegurança e incerteza.[143]

O aspecto da segurança também não escapou a Tercio Sampaio

---

141. O ICMS na importação após a Emenda Constitucional nº 33/2001. ROCHA, Valdir de Oliveira (Coord.). *O ICMS e a EC 33*. São Paulo: Dialética, 2002, p. 158.

142. MOURA, Frederico Araújo Seabra de. *Lei Complementar tributária*. São Paulo: Quartier Latin, 2009, p. 320.

143. MOURA, Frederico Araújo Seabra de. *Lei Complementar tributária*. São Paulo: Quartier Latin, 2009.p. 321-322.

ICMS - IMPORTAÇÃO

Ferraz Junior quando, sobre a significação jurídica das *normas gerais* veiculadas por lei complementar (Carta Magna dê 1967, em seu artigo 18, §1º), afirma:

> Saber se as "normas gerais" (...) devem ter por conteúdo regular limitações e conflitos de competência (teoria dicotômica) ou se, ao contrário, este conteúdo é mais específico, no sentido de codificação de princípios gerais (teoria tricotômica), é um problema, que, a nosso ver, pode esclarecer a noção de segurança e sua própria amplitude, tendo em vista a exigência de igualdade e certeza.[144]

Assim, nesse contexto, *normas gerais* veiculadas por lei complementar atenderiam ao princípio da segurança jurídica, vez que: **(i)** a homogeneidade **material** dos conteúdos prescritos assegurariam a necessária certeza do pretendido (para nós, preservariam a faceta assecuratória da previsibilidade), assim como, nos dizeres de Tercio Sampaio Ferraz Junior, **(ii)** a "uniforme e não conflitiva discriminação geral das competências"[145] restaria suficiente, **formalmente**, a prevenir decisões contraditórias e que implicassem em desigualdade.

- **Do caráter nacional das normas gerais**

Frederico Araújo Seabra de Moura destaca o caráter nacional do veículo normativo complementar introdutório das *normas gerais* quando ensina que:

> (...) a lei complementar que trouxer normas gerais em seu corpo terá caráter nacional, capaz de subjugar as ordens parciais. Seus ditames devem ser seguidos à risca por elas. São balizas que precisam ser respeitadas, pois encerram prescrições que a Constituição determinou que fossem

---

144. FERRAZ JUNIOR, Tercio Sampaio. Segurança jurídica e normas gerais de Direito Tributário. *Revista de direito tributário*, São Paulo, n. 17-18, jul. 1981, p. 53.
145. FERRAZ JUNIOR, Tercio Sampaio. Segurança jurídica e normas gerais de Direito Tributário. *Revista de direito tributário*, São Paulo, n. 17-18, jul. 1981, p. 52.

ARGOS CAMPOS RIBEIRO SIMÕES

feitas por intermédio da União.[146]

O autor vai mais além, quando afirma que *normas gerais* introduzidas por veículo complementar de caráter nacional não afrontam aos princípios constitucionais da preservação da federação e da autonomia dos Municípios quando não invadem competência exclusiva dos entes políticos e tendo em vista que sua disposição fora feita pelo "legislador constituinte originário".[147]

Partilhando desse entendimento, aceitamos que o caráter nacional da lei complementar serve aos propósitos constitucionais atribuíveis às *normas gerais:* o de evitar conflitos de competência impositiva tributária entre os entes políticos e o de regular as limitações ao poder de tributar.

Sobre o caráter nacional da qualificada lei e sua obrigatória observância pelos entes políticos, Frederico Araújo Seabra de Moura complementa que:

> (...) a lei complementar que cuidar dessas matérias deve ser obedecida pelos legisladores ordinários dos diversos entes, pois as normas gerais são normas nacionais, tendo eficácia em todos os Estados da Federação que, portanto, devem acatar suas prescrições globais.[148]

Portanto, quando o veículo normativo complementar nacional estabelecer *normas gerais* sobre impostos, tratando da definição de seus *fatos geradores (aspectos material, temporal e espacial), bases de cálculo (aspecto quantitativo) e contribuintes (aspecto subjetivo),* deve fazê-lo, exclusivamente, com o propósito de evitar conflitos de competência, mas não de dirimi-los, e de limitar o poder de tributar dos entes competentes à instituição desses gravames. Assim, a federação

---

146. MOURA, Frederico Araújo Seabra de. *Lei Complementar tributária.* São Paulo: Quartier Latin, 2009, p. 125.

147. MOURA, Frederico Araújo Seabra de. *Lei Complementar tributária.* São Paulo: Quartier Latin, 2009, p. 125.

148. MOURA, Frederico Araújo Seabra de. *Lei Complementar tributária.* São Paulo: Quartier Latin, 2009, p. 144.

## ICMS - IMPORTAÇÃO

e a autonomia municipal restarão preservadas, como também, os direitos e garantias constitucionais relacionados à propriedade e à liberdade.

*Normas gerais* também podem dispor sobre a *sujeição ativa* e sobre os *responsáveis tributários,* ambos inseridos no termo *obrigações* do artigo 146, III, "b" da CF/88. Para esse entendimento, servimo-nos das lições de Paulo de Barros Carvalho[149] ao conceituar o termo *obrigações tributárias* como relações jurídicas em que o sujeito ativo teria o direito subjetivo de exigir algo, em face de um sujeito passivo (contribuinte ou responsável) portador de correlato dever jurídico, considerando como objeto desta relação uma prestação de dar, cujo objeto desta prestação seria um montante a título de tributo (obrigação, portanto, sempre com cunho patrimonial).

Com isso, temos os aspectos da regra-matriz de incidência tributária do ICMS estruturados por *normas gerais* veiculadas por lei complementar, exceto a questão das alíquotas que possuem estrutura limitativa veiculada por meio de Resolução do Senado Federal.

- **Do respeito à materialidade constitucional**

Há outro limite intransponível às *normas gerais* veiculadas de forma complementar que deve ser observado pelo legislador nacional: a materialidade constitucional do imposto considerado. Tal materialidade deve ser respeitada, sob pena de sua não observância ser considerada ação enunciativa inconstitucional.

Assim, tendo como imutáveis os limites materiais traçados pela Lei Maior (aspecto material rigidamente posto), os demais aspectos temporal, espacial, subjetivo ativo, subjetivo passivo e quantitativo (base de cálculo e alíquotas) devem ter ligação direta com a materialidade constitucional a que correspondem.

Portanto, em face do discutido, a lei complementar destacada no artigo 146 da CF/88, no caso da instituição das várias regras-matrizes dos ICMS, entendendo-o como sigla-gênero de diferentes impostos,

---

149. CARVALHO, Paulo de Barros. *Curso de direito tributário.* 23. ed. São Paulo: Saraiva, 2011, p. 358-359.

teria o único papel estrutural de veicular *normas gerais* de caráter nacional, pretendendo evitar conflitos de competência entre os entes políticos instituidores de impostos e também traçando limites ao exercício de tal competência (em respeito às garantias individuais da propriedade e da liberdade).

Com esses objetivos "harmonizadores" e no intuito de sua constitucionalidade, os diversos aspectos das regras-matrizes, definidos pelas normas gerais veiculadas pela lei complementar referida no artigo 146, devem estar relacionados aos aspectos materiais já definidos pela CF/88.

Mas, em termos específicos de ICMS, como se daria esta direta ligação? Em face de nossas premissas, a resposta é obtida do próprio ordenamento.

# CAPÍTULO 3

## ICMS-OCM: MATERIALIDADE CONSTITUCIONAL E A ESTRUTURA DA REGRA-MATRIZ DE INCIDÊNCIA TRIBUTÁRIA NA LEI COMPLEMENTAR 87/96

### 3.1 A materialidade constitucional do ICMS-ocm

Na mesma linha de Paulo de Barros Carvalho,[150] a CF/88 em seu artigo 155, II prescreve como limites conceituais à materialidade do ICMS os seguintes verbos e complementos:

(i) Realizar operações relativas à circulação de mercadorias, ainda que as operações se iniciem no exterior - (ICMS-ocm). Essa possibilidade de *início em outro país* não fora destacada por Paulo de Barros Carvalho;

(ii) Prestar serviços de comunicação, ainda que as prestações se iniciem no exterior - (ICMS-comunicação);

(iii) Prestar serviços de transporte interestadual e intermunicipal, ainda que as prestações se iniciem no exterior - (ICMS-transporte). Essa possibilidade de

---

150. CARVALHO, Paulo de Barros. *Direito tributário, linguagem e método*. 3. ed. São Paulo: Noeses, 2009a, p. 726-727.

início no estrangeiro também não fora destacada por Paulo de Barros Carvalho.

Por ora, ficaremos restritos à análise conceitual apenas da materialidade do ICMS-ocm: *realizar operações relativas à circulação de mercadorias*. A questão envolvendo as *operações com início no exterior* será abordada quando da construção da materialidade do ICMS-importação.

No âmbito constitucional, tal análise refere-se à construção de uma definição conotativa do critério material rigorosamente estabelecido. Quais as propriedades necessárias que um fato, como articulação linguística, deve ter, a fim de que se encaixe na hipótese material do ICMS-ocm? Quais os critérios de uso dos termos que formam essa materialidade tributária?

Paulo de Barros Carvalho destaca que a investigação se inicia com as possibilidades semânticas do termo *operações*, sendo que, posteriormente, "(...) pode-se partir para a identificação da presença dos demais requisitos: circulação e mercadorias".[151] O autor alerta, ainda, que tais termos reduzem "(...) o campo semântico do termo 'operações', para dizer que a incidência não se realiza em qualquer de suas espécies, mas apenas naquelas 'relativas à circulação de mercadorias'".[152]

No mesmo sentido, entendemos que o limite constitucional à enunciação hipotético-material do ICMS-ocm está na seleção feita sobre o conjunto de *operações* possíveis, considerando relevante ao sucesso tributário apenas aquelas relativas à *circulação*, exclusivamente, de *mercadorias*.

É inevitável a investigação semântica dos termos: *operações, circulação* e *mercadorias*, como estágio necessário à compreensão do

---

151. CARVALHO, Paulo de Barros. *Direito tributário, linguagem e método*. 3. ed. São Paulo: Noeses, 2009a, p. 729.

152. CARVALHO, Paulo de Barros. *Direito tributário, linguagem e método*. 3. ed. São Paulo: Noeses, 2009a, p. 729.

ICMS - IMPORTAÇÃO

critério material como um todo. Porém, faremos suas análises contextualizadas na expressão *operações relativas à circulação de mercadorias,* como forma de afastar significações irrelevantes ao sucesso tributário dessa espécie de ICMS.

Geraldo Ataliba, na vigência da ordem constitucional anterior, posicionou-se sobre a relevância do termo *operações* em relação aos demais componentes hipotético-materiais, afirmando que "(...) toda ênfase deve ser posta no termo 'operações' mais do que no termo 'circulação'. A incidência seria sobre as operações e não sobre o fenômeno da circulação".[153] Ele complementa que os termos *circulação* e *mercadorias* seriam "(...) meros elementos 'adjetivos', de qualificação, da operação tributada".[154] O autor atribui ao termo *operações* a significação jurídica de "atos jurídicos; atos regulados pelo Direito; atos produtores de efeitos jurídicos; atos juridicamente relevantes".[155] Ao termo *circulação,* frisando seu caráter eminentemente jurídico, ele entendeu ser imprescindível a mudança de titularidade ("mudar de dono"[156]), afastando concepções de caráter meramente físico ou econômico, afirmando que "não há identidade entre circulação física ou econômica (inapreensível juridicamente) e circulação jurídica".[157]

Porém, tal mudança de titularidade não implicaria em necessária transmissão de propriedade, mas sim, em obrigatória transferência de disponibilidade sobre o bem transmitido. Explica o professor:

> Há circulação quando alguém recebe direitos de disponibilidade (poder de dispor) sobre uma mercadoria. Este conceito constitucional (circulação jurídica) é mais amplo

---

153. ATALIBA, Geraldo. *Sistema constitucional tributário brasileiro.* São Paulo: Revista dos Tribunais, 1968, p. 246.

154. ATALIBA, Geraldo; GIARDINO, Cleber. ICM e circulação jurídica. *Revista de direito administrativo,* n. 144, p. 227-233, abr./jun. 1981a.

155. ATALIBA, Geraldo. *Estudos e pareceres do direito tributário.* São Paulo: Revista dos Tribunais, 1978a, v. 1, p. 122.

156. ATALIBA, Geraldo. ICMS na Constituição. *Revista de direito tributário,* São Paulo, n. 57, p. 91-104, jul./set. 1991, p. 99.

157. ATALIBA, Geraldo. *Estudos e pareceres do direito tributário.* São Paulo: Revista dos Tribunais, 1978a, v. 1, p. 123.

ARGOS CAMPOS RIBEIRO SIMÕES

do que a simples transferência de domínio, estritamente compreendida pelo direito privado. Não deixa, entretanto, de ser um conceito juridicamente apreensível. Logo, não só a transferência de propriedade *stricto sensu* importa circulação. Também a mera transferência de posse – a título negocial – produz 'circulação', quando implique transferir poderes jurídicos típicos do domínio, conferindo ao transmitido *disponibilidade jurídica* sobre a mercadoria. A 'disponibilidade', por ser atributo destacável do domínio, pode ou não ser titularizada pelo *dominus*.[158]

Assim, para Geraldo Ataliba, tanto a transmissão da posse como a da propriedade de mercadoria caracterizariam a "circulação jurídica" prevista hipoteticamente no material aspecto da regra-matriz de incidência do ICMS-ocm, desde que também fosse transmitida a correspondente capacidade de dispor da mercadoria transacionada. Afirma o autor que "convenciona-se designar por 'titularidade de uma mercadoria' à circunstância de alguém deter poderes jurídicos *de disposição* sobre a mesma, *sendo ou não seu proprietário* (disponibilidade jurídica)".[159]

Destaca Geraldo Ataliba[160] de forma denotativa as operações passíveis de serem alcançadas pelo ICMS, quando tratam de circulação de mercadorias, tais como: compra e venda mercantil, comissão mercantil, consignação mercantil e dação em pagamento. Sobre *mercadorias*, em face do antigo ICM, o autor atribui ao termo a significação de "(...) objeto de uma atividade que juridicamente se qualifica como *mercancia*".[161]

É de utilidade ao nosso estudo a diferenciação que o professor faz entre *bens* e *mercadorias*, destacando estas como espécie e aqueles

---

158. ATALIBA, Geraldo; GIARDINO, Cleber. ICM e circulação jurídica. *Revista de direito administrativo*, n. 144, p. 227-233, abr./jun. 1981a, p. 230.

159. ATALIBA, Geraldo; GIARDINO, Cleber. ICM e circulação jurídica. *Revista de direito administrativo*, n. 144, p. 227-233, abr./jun. 1981a, p. 230.

160. ATALIBA, Geraldo. ICMS na Constituição. *Revista de direito tributário*, São Paulo, n. 57, p. 91-104, jul./set. 1991, p. 99.

161. ATALIBA, Geraldo. *Estudos e pareceres de direito tributário*. São Paulo: Revista dos Tribunais, 1978a, v. 1, p. 123.

ICMS - IMPORTAÇÃO

como gênero. Ele admite que:

> Só a espécie foi contemplada pela Constituição. Não é lícito ao intérprete confundir o que a norma discerniu. Não pode o exegeta ampliar o conteúdo de uma dicção constitucional, mormente em matéria rigorosa como o é a discriminação de competência tributária.[162]

Geraldo Ataliba[163] arremata que o aspecto material do ICM seria o ato jurídico mercantil relativo à circulação de mercadorias, objeto de mercancia, sempre com transmissão de titularidade, entenda-se, transferência de disponibilidade.

Por sua vez, Paulo de Barros Carvalho enfatiza a redução semântica do termo *operações* proporcionada pelo complemento *relativas à circulação de mercadorias*. Mais à frente o professor alerta que "revelaria intolerável açodo centralizar as atenções no vocábulo 'operações', em detrimento dos outros dois termos que lhe completam o sentido, dando a verdadeira grandeza do preceito constitucional".[164]

Nesse sentido, o autor contextualiza o termo *operações* entendendo-o como "(...) atos ou negócios jurídicos hábeis para provocar a circulação de mercadorias".[165] Ao termo *circulação*, ele entende ser imprescindível a transferência jurídica de mercadorias entre pessoas diversas e ao termo *mercadorias* empresta o conceito de "coisa móvel, corpórea, que está no comércio".[166]

---

162. ATALIBA, Geraldo. *Estudos e pareceres de direito tributário*. São Paulo: Revista dos Tribunais, 1978a, v. 1, p. 129.

163. ATALIBA, Geraldo. *Estudos e pareceres de direito tributário*. São Paulo: Revista dos Tribunais, 1978a, v. 1, p. 126.

164. CARVALHO, Paulo de Barros. *A regra-matriz do ICM*. 1981. Tese (Livre-Docência em Direito Tributário) - Pontifícia Universidade Católica, São Paulo, 1981, p.167-168.

165. CARVALHO, Paulo de Barros. *A regra-matriz do ICM*. 1981. Tese (Livre-Docência em Direito Tributário) - Pontifícia Universidade Católica, São Paulo, 1981, p. 167-168.

166. CARVALHO, Paulo de Barros. *Direito tributário, linguagem e método*. 3. ed. São Paulo: Noeses, 2009a, p. 730.

Para Paulo de Barros Carvalho[167] há uma coincidência significativa entre os termos "venda de mercadorias" e "operação de circulação de mercadorias". Ele considera ser imprescindível ao sucesso do ICMS-ocm a ocorrência de negócios jurídicos como "atos jurídicos que promovem a transmissão de direito, *in casu,* a propriedade de mercadorias".[168]

Nessa linha, Marcelo Viana Salomão conceitua *operações* como o "negócio jurídico, ou seja, uma manifestação de vontades que cria, modifica ou extingue direitos".[169] Ele aceita, também, a necessária mudança de titularidade como requisito essencial à *circulação,* entendendo que as *mercadorias* são espécies de bens ou produtos, sendo assim consideradas somente aquelas feitas ou compradas com o intuito de obter-se lucro em sua venda.[170]

José Eduardo Soares de Melo[171] atribui às *operações* a significação de ato jurídico responsável pela transmissão de um direito de posse ou de propriedade, destacando que a circulação de mercadorias seria somente a jurídica (com alteração de titularidade), restando irrelevantes as circulações de cunho econômico ou físico.

Por sua vez, Roque Antonio Carrazza faz a mesma advertência restritiva de Paulo de Barros Carvalho, porém incluindo a variável econômica de que o ICMS somente incidiria sobre as operações que conduzissem mercadorias "(...) mediante sucessivos contratos mercantis, dos produtores originários aos consumidores finais".[172] O professor ainda complementa que para que:

---

167. CARVALHO, Paulo de Barros. *Direito tributário, linguagem e método.* 3. ed. São Paulo: Noeses, 2009a, p. 729.

168. CARVALHO, Paulo de Barros. *Direito tributário, linguagem e método.* 3. ed. São Paulo: Noeses, 2009a, p. 729.

169. SALOMÃO, Marcelo Viana. *ICMS na importação.* 2. ed. São Paulo: Atlas, 2001, p. 31.

170. SALOMÃO, Marcelo Viana. *ICMS na importação.* 2. ed. São Paulo: Atlas, 2001, p. 31-33.

171. MELO, José Eduardo Soares de. *ICMS*: teoria e prática. 11. ed. São Paulo: Dialética, 2009, p. 11-15.

172. CARRAZZA, Roque Antonio. *ICMS.* 15 ed. São Paulo: Malheiros, 2011, p. 40.

## ICMS - IMPORTAÇÃO

(...) um ato configure uma *operação mercantil* é mister que: *a)* seja regido pelo Direito Comercial; *b)* tenha sido praticado num contexto de atividades empresariais; *c)* tenha por finalidade, pelo menos em linha de princípio, o lucro (resultados econômicos positivos); e *d)* tenha por objeto uma mercadoria.[173]

Roque Antonio Carrazza[174] na mesma linha dos autores já citados, admite como essencial à possibilidade de incidência do ICMS-ocm a chamada "circulação jurídica" em contraposição à mera "circulação física", pressupondo a transferência da posse ou da propriedade das *mercadorias* de uma pessoa para outra. Em continuação, o professor afirma que "sem mudança de titularidade da mercadoria, não há falar em tributação por meio de ICMS".[175] Quanto ao termo *mercadorias*, ele cita[176] e concorda com Paulo de Barros Carvalho, aceitando que a natureza mercantil de um bem está em sua específica destinação e não em quaisquer propriedades que lhe sejam intrínsecas.

A vertente econômica não escapou a Alcides Jorge Costa quando destaca que "(...) a operação a que se refere a Constituição é qualquer ato voluntário que impulsione mercadorias da fonte de produção até o consumo, tenha ou não a natureza de negócio jurídico".[177]

Busca Alcides Jorge Costa[178] precisão na sua afirmação sobre o caráter prescindível do negócio jurídico ao ICMS, fazendo a distinção entre os enfoques privado e público na operação relativa à circulação de mercadorias. Sobre a órbita privada poderia constituir-se como

---

173. CARRAZZA, Roque Antonio. *ICMS*. 15 ed. São Paulo: Malheiros, 2011, p. 40.

174. CARRAZZA, Roque Antonio. *ICMS*. 15 ed. São Paulo: Malheiros, 2011, p. 39.

175. CARRAZZA, Roque Antonio. *ICMS*. 15 ed. São Paulo: Malheiros, 2011, p. 40.

176. CARRAZZA, Roque Antonio. *ICMS*. 15 ed. São Paulo: Malheiros, 2011, p. 44-45.

177. COSTA, Alcides Jorge. *ICM na Constituição e na Lei Complementar*. São Paulo: Resenha Tributária, 1978, p. 91.

178. COSTA, Alcides Jorge. *ICM na Constituição e na Lei Complementar*. São Paulo: Resenha Tributária, 1978, p. 91-92.

ato ou negócio jurídico (na linha dos autores já citados) ou como ato sem relevância jurídica. Na ordem público-tributária deveria sempre apresentar-se como fato jurídico *stricto sensu*, por terem suas consequências jurídicas independentes das vontades das partes. Conclui, assim, o professor:

> Em suma, a operação é um ato voluntário que pode ser ou não relevante para outros ramos do direito que não o direito tributário; relevante por exemplo, quando é uma venda e irrelevante quando se trata de transferência de mercadoria de um para outro estabelecimento da mesma empresa. Embora ato voluntário e embora possa dizer-se ato jurídico porque a Constituição o juridiciza, a operação sob o ponto de vista da lei fiscal é sempre um fato jurídico como o são todos os fatos geradores, pois as consequências de ordem tributária independem da vontade das partes.[179]

Ao tratar do tema, Hugo de Brito Machado destaca de longa data uma alteração de seu posicionamento, pois não mais entende como imprescindível ao sucesso da incidência do tributo estadual a mudança de propriedade. Enfatiza o autor que:

> (...) não se exige que a operação transfira a propriedade ou a posse da mercadoria, mas apenas que seja *relativa* à circulação, vale dizer, capaz de realizar o trajeto da mercadoria da produção até o consumo, ainda que permanecendo no patrimônio da mesma pessoa jurídica. É o caso, por exemplo, de uma remessa de mercadoria em *consignação*.[180]

Esse viés econômico faz parte também da cultura estatal/fiscal do ICMS, influenciando o modo de pensar do fisco no trato da matéria. José Roberto Rosa bem demonstra esse posicionamento quando afirma: "Então podemos entender operações de circulação de mercadorias como cada uma das operações ou situações em que um contribuinte

---

179. COSTA, Alcides Jorge. *ICM na Constituição e na Lei Complementar*. São Paulo: Resenha Tributária, 1978, p. 91-92.
180. MACHADO, Hugo de Brito. *Aspectos fundamentais do ICMS*. São Paulo: Dialética, 1997, p. 26.

ICMS - IMPORTAÇÃO

impulsiona a mercadoria para mais perto do consumidor final".[181]

Em face de nossa visão exclusivamente normativa do Direito, como descrita no capítulo 1 desta obra, a única faceta possível de apreensão sobre a significação da expressão *"realizar operações relativas à circulação de mercadorias"* é a de cunho jurídico.

Geraldo Ataliba e Cléber Giardino[182] no sentido jurídico do termo *circulação,* afirmam:

> Não se nega ser econômico o substrato pré-jurídico desse tributo (a circulação econômica). Nem se nega que a motivação do constituinte tenha partido de tal preocupação. Nem mesmo se pretende infirmar a tese – válida para as ciências econômicas – de que é a "circulação econômica" o fenômeno visado pelo pressuposto ou suporte fático do tributo. Isso é válido no plano pré-jurídico. O que se nega – e peremptoriamente – é que se tenham esses fatores refletido nas normas, e que o jurista deva conhecer essas categorias substanciais (econômicas, pré-jurídicas).

Assim, quaisquer facetas perceptíveis (econômica, física, social etc.) somente serão relevantes se contempladas com efeitos prescritos em estrutura normativa. Perspectiva essa que não passou despercebida a Geraldo Ataliba e a Cléber Giardino quando, também sobre o termo *operações,* afirmam "(...) que ao intérprete só interessa o **sentido jurídico** (...)".[183] (Grifos do autor).

A CF/88 tratou de prever a restrita possibilidade de instituição do ICMS-ocm somente para aquelas situações em que houver operações circunscritas a uma circulação jurídica de mercadorias.

Como Geraldo Ataliba e Cléber Giardino, partilhamos do entendimento de que o termo *operações* é o "cerne da materialidade da

---

181. ROSA, José Roberto. *Curso de ICMS.* São Paulo: Ottoni, 2008, p. 10.

182. ATALIBA, Geraldo; GIARDINO, Cleber. ICM e circulação jurídica. *Revista de direito administrativo,* n. 144, p. 227-233, abr./jun. 1981a, p. 227.

183. ATALIBA, Geraldo; GIARDINO, Cleber. Núcleo da definição constitucional do ICM. *Revista de direito tributário,* n. 25-26, 1983, p. 104.

ARGOS CAMPOS RIBEIRO SIMÕES

hipótese de incidência".[184] Porém, estamos atentos às observações de Paulo de Barros Carvalho, que atenua tal enfoque ao lembrar da importância dos termos *circulação* e *mercadorias* "(...) que lhe completam o sentido, dando a verdadeira grandeza do preceito constitucional".[185]

O termo *operações* pode ser definido conotativamente como *atos com efeitos jurídicos negociais*, assim, envolvendo pessoas diferentes. O negócio jurídico estabelecido entre pessoas diversas é uma relação jurídica. Portanto o reconhecimento da existência de uma *operação* significa reconhecer a existência de uma relação jurídica. Mas não de qualquer relação, pois com o ingresso constritor da expressão *"relativas à circulação de mercadorias"*, a relação jurídica surpreendida nas *operações* significativas ao ICMS-ocm seria somente aquela que envolvesse a troca de titularidade (*circulação*) de bens destinados à comercialização (*mercadorias*).

Concordamos com a ideia dos autores que ressaltam a necessidade da interpretação jurídica do termo *circulação*, excluindo de nosso método interpretativo, como destacamos acima, a visão meramente econômica que *enxerga* tal *circulação* em toda trajetória de mercadorias destinadas da produção ao consumo.

Essa visão econômica reconstrói, a nosso ver, de forma inadequada, a materialidade do ICMS-ocm, transformando-o em imposto sobre a circulação e não sobre as operações, como está previsto constitucionalmente no artigo 155, inciso II. Por isso a nossa discordância.

Também concordamos com aqueles que, como Geraldo Ataliba e Cléber Giardino[186] vislumbram no termo *circulação* a necessária mudança de titularidade, compreendida como transferência de

---

184. ATALIBA, Geraldo; GIARDINO, Cleber. Núcleo da definição constitucional do ICM. *Revista de direito tributário*, n. 25-26, 1983, p. 104.

185. CARVALHO, Paulo de Barros. *A regra-matriz do ICM*. 1981. Tese (Livre-Docência em Direito Tributário) - Pontifícia Universidade Católica, São Paulo, 1981, p. 168.

186. ATALIBA, Geraldo; GIARDINO, Cleber. ICM e circulação jurídica. *Revista de direito administrativo*, n. 144, p. 227-233, abr./jun. 1981a, p.230.

ICMS - IMPORTAÇÃO

"poderes jurídicos de *disposição*", acompanhada ou não de transferência de propriedade. Assim, a transferência de posse de mercadoria, que faculta ao adquirente dela dispor, restaria suficiente a caracterizar a *circulação* como jurídica.

Destacamos que o artigo 1228 do Código Civil[187] prescreve que o proprietário de um bem tem a faculdade de seu *uso, gozo ou disposição*. Como a mudança de titularidade, fato necessário à circulação jurídica, no contexto do ICMS-ocm, ocorreria com a simples transmissão do poder de disposição sobre a mercadoria envolvida no negócio mercantil, desnecessárias as transmissões das faculdades de uso e gozo para o sucesso do material aspecto do imposto estadual.

Por isso, a realização de operações relativas à circulação de mercadorias prescinde da transmissão de propriedade (faculdade de usar, gozar e de dispor), bastando a transmissão de titularidade representada pela singela transferência do poder de disposição.

Assim compreendemos o termo *circulação*, no contexto das *operações* relevantes ao ICMS-ocm, em face de sua significação constitucional ampla de translação de direitos entre pessoas diferentes, não vislumbrando necessária transmissão de domínio (de propriedade). Nesse sentido, afirmam Geraldo Ataliba e Cléber Giardino que: "(...) para a Constituição, a circulação corresponde a uma transmissão de *poderes jurídicos de disposição sobre uma mercadoria*. Por isso a circulação juridicamente relevante, para efeito de ICM, é a que consubstancia transferência, ou cessão, de *poderes jurídicos*".[188]

Geraldo Ataliba justifica seu posicionamento analisando e citando o anteprojeto da Emenda Constitucional 18, de 1º de dezembro de 1965, peça pré-legislativa inaugural do antigo ICM, cujo núcleo material resta inserto no atual ICMS. Destaca o professor sobre o anteprojeto:

---

187. BRASIL. Presidência da República. *Lei 10.406, de 10 de janeiro de 2002*. Institui o Código Civil. <Disponível em: http://www.planalto.gov.br/ccivil_03/Leis/2002/L10406.htm>. Acesso em: 14 ago. 2011.

188. ATALIBA, Geraldo; GIARDINO, Cleber. ICM e circulação jurídica. *Revista de direito administrativo*, n. 144, p. 227-233, abr./jun. 1981a, p. 231.

ARGOS CAMPOS RIBEIRO SIMÕES

Efetivamente, nessa peça se vê que o ICM veio substituir o antigo imposto sobre vendas e consignações (imposto sobre ato jurídico) por um outro, de âmbito mais amplo, onerando outros negócios mercantis de idêntico efeito, além das vendas e consignações.

Realmente, aí se vê que a previsão do ICM "... começa... por desvincular o imposto dos negócios jurídicos específicos de compra-e-venda ou da consignação". Ao ICM "atribui-se... incidência genérica sobre as operações relativas à circulação de mercadorias... de modo a preservar a natureza mercantil do tributo, de resto já indicada pela identificação da circulação como sendo a de mercadorias" *(Reforma da Discriminação Constitucional de Rendas – Anteprojeto*, publicação FGV-MF, vol. 6, 1965, pág. 29).

O leitor desarmado, sem preconceitos e objetivo, verá, com honestidade científica, que o que moveu a reforma – no concernente ao assunto – foi só o desígnio de ampliar a faixa de incidência do IVC. Se este se circunscrevia às vendas e consignações, seu substituto (ou "sucedâneo", como o designa Souto Borges) iria poder abranger outros negócios mercantis, além destes.[189]

A transcrição é longa, porém extremamente esclarecedora e fundamentada. A evolução constitucional do imposto autoriza, assim, a exegese. A Emenda Constitucional 18/1965, que inaugurou a cobrança do ICM prevendo a sua materialidade como *operações relativas à circulação de mercadorias*, veio em substituição ao anterior *Imposto sobre Vendas e Consignações*, aumentando o rol de *operações* eleitas como relevantes ao sucesso tributário do novo imposto estadual: o ICM. As *operações* que estavam contempladas pela Constituição de 1946 eram as de *vendas* e as de *consignações*. Com a alteração constitucional em face da Emenda 18/65, todas as *operações* que estivessem relacionadas à *circulação de mercadorias* foram contempladas, fato que se manteve na atual ordem constitucional em relação ao ICMS.

---

189. ATALIBA, Geraldo. ICM: hipótese de incidência. Bens importados para uso próprio. In: *Estudos e pareceres de Direito Tributário*. São Paulo: Revista dos Tribunais, 1978b, v. 1, p. 120-138.

ICMS - IMPORTAÇÃO

As *operações relativas à circulação de mercadorias* são relações jurídicas de cunho privado, cuja descrição em linguagem competente tem o efeito normativo de estabelecer relação jurídica na órbita pública tributária, envolvendo, no caso do ICMS, o particular como sujeito passivo (contribuinte ou responsável) e o ente político estatal (Estado ou DF) como polo ativo da relação obrigacional.

Portanto, a nosso ver, o aspecto material do fato-relacionalespecífico ao sucesso descritivo do ICMS-ocm possui as seguintes propriedades: **(i)** é a realização de ato de cunho privado que envolve pessoas diversas e **(ii)** refere-se à troca de titularidade, com transferência da disponibilidade jurídica de bem móvel com obrigatória destinação mercantil em preciso instante prescrito pelo ordenamento (seu critério temporal, que pode restar exteriorizado por saídas ou entradas físicas ou não físicas de mercadorias).

Com relação à qualificação de um bem móvel transacionado como mercadoria ou como não mercadoria, há de ser observada sua destinação no exato momento eleito como critério temporal construído na regra-matriz aplicável.

Paulo de Barros Carvalho destaca que "a natureza mercantil do produto não está, absolutamente, entre os requisitos que lhe são intrínsecos, mas na destinação que lhe se dê".[190] Assim, se o critério temporal do ICMS-ocm considerado estiver exteriorizado por saídas físicas ou não físicas (mas sempre com transferências de titularidade) devemos observar, também, que a destinação relevante ao reconhecimento de que se trata de mercadoria ou não é daquele que transmite tal titularidade. Para este o bem móvel deve "ser" mercadoria no momento de sua transmissão, sendo que para aquele que recebe o bem, pode fazê-lo com quaisquer intuitos, inclusive o de destiná-lo ao seu uso, consumo ou integração ao seu ativo fixo.

Em suma, o bem móvel transmitido deve "ser" mercadoria para o responsável pela troca de titularidade, no momento dessa troca, exteriorizada por uma saída de feição física ou não física, sendo

---

190. CARVALHO, Paulo de Barros. *Direito tributário, linguagem e método*. 3. ed. São Paulo: Noeses, 2009a, p. 730.

ARGOS CAMPOS RIBEIRO SIMÕES

irrelevante a destinação que o sucessor dessa titularidade lhe atribuir.

De forma análoga, se o critério temporal for uma aquisição e não uma saída, o bem deve *ser* mercadoria para o adquirente respectivo. A destinação que este lhe atribuir será a causa de sua qualificação como mercadoria ou como não mercadoria.

Ora a expressão dessa transmissão dá-se com a tradição da mercadoria (entrega física); ora somente com a transmissão de sua titularidade, ausente a tradição física. Assim, a transmissão física ou a não física podem ser qualificadas como jurídicas, para fins de ICMS, dependendo se há ou não hipótese normativa a lhes ser incidida por procedimento de aplicação correlato.

Portanto, relações jurídicas privadas de cunho mercantil em que haja transferência de titularidade de bens que *sejam* mercadorias no momento dessa transmissão podem ser consideradas operações relativas à circulação de mercadorias. É essa a materialidade constitucional que deve ser observada pelos veículos infraconstitucionais que tratam do tema.

Firmados os critérios de uso da expressão descritiva hipotética do ICMS-ocm, cabe-nos denotar quais fatos-relacionais mercantis ali estão contemplados e quais não estão, indicando os motivos de sua não inclusão.

Porém, é imprescindível ao cumprimento dessa tarefa investigar as definições materiais insertas na LC 87/96, tendo em vista que nossa Carta Magna, em seu artigo 146, III, *a*, prescreve que veículo normativo complementar é competente para estabelecer normas gerais definindo *fatos geradores* de impostos.

Definir *fato gerador*, na sua faceta hipotético-normativa, é construir de forma conotativa ou de forma denotativa três aspectos[191] desse fato, o material, o temporal e o espacial, pois as marcas espaço-temporais são imprescindíveis à determinação completa do fato.

A menção a *aspectos* do fato gerador reporta-nos aos ensinamentos

---

191. ATALIBA, Geraldo. *Hipótese de incidência tributária*. 5. ed. São Paulo: Malheiros, 1998, p. 77.

de Geraldo Ataliba quando ensina:

> 28.1 Hipótese de incidência é a descrição legislativa (necessariamente hipotética) de um fato a cuja ocorrência *in concretu* a lei atribui a força jurídica de determinar o nascimento da obrigação tributária. 28.2 Pois esta categoria ou protótipo (hipótese de incidência) se apresenta sob variados aspectos, cuja reunião lhe dá entidade "[192].

Alfredo Augusto Becker reforça essa visão afirmando que "os fatos (núcleo e elementos adjetivos) que realizam a hipótese de incidência, necessariamente, acontecem num determinado tempo e lugar, de modo que a realização da hipótese de incidência sempre está condicionada às coordenadas de tempo e às de lugar".[193]

Os eventos do *mundo do ser* não estão soltos no espaço, mas ocorrem em determinados locais e momentos. As ações ou qualificações neles insertas somente foram consideradas relevantes pelo legislador, que lhes atribuiu efeitos prescritivos, quando acontecidas em determinado instante e em específico lugar.

Paulo de Barros Carvalho ensina que "ao escolher os fatos que lhe interessam como pretexto para desencadear efeitos jurídicos, o legislador expede conceitos que selecionam propriedades do evento".[194] Lembra, ainda, da impossibilidade da captação absoluta da universalidade das propriedades dos eventos selecionados. Assevera o professor: "Seria impossível cogitar de uma descrição que pudesse captar o evento na infinita riqueza de seus predicados".[195]

Assim, o mundo virtual paralelo do *dever-ser* (mundo do Direito, mundo jurídico) capta tais eventos por meio de sua tradução jurídica

---

192. ATALIBA, Geraldo. *Hipótese de incidência tributária*. 5. ed. São Paulo: Malheiros, 1998, p. 77.

193. BECKER, Alfredo Augusto. *Teoria geral do direito tributário*. 3. ed. São Paulo: Lejus, 1998, p. 333.

194. CARVALHO, Paulo de Barros. *Curso de direito tributário*. 23. ed. São Paulo: Saraiva, 2011, p. 323.

195. CARVALHO, Paulo de Barros. *Curso de direito tributário*. 23. ed. São Paulo: Saraiva, 2011, p. 323.

fáctica redutora (por ser linguística), preservando as mesmas três essenciais características: **(i)** a ação ou qualificação tida como ocorrida (aspecto material) em **(ii)** determinado local (aspecto espacial) e em **(iii)** determinado momento (aspecto temporal).

Lembramos que Paulo de Barros Carvalho em vez do termo *aspectos* utiliza o termo *critérios*, tanto na designação da hipótese de incidência como no seu efeito relacional prescritivo (tese ou consequente normativo). Leciona o professor:

> Ao conceituar o fato que dará ensejo ao nascimento da relação jurídica do tributo, o legislador também seleciona as propriedades que julgou importantes para caracterizá-lo. E, desse conceito, podemos extrair critérios de identificação que nos permitam reconhecê-lo toda vez que, efetivamente, aconteça.[196]

Neste livro utilizamos de forma indistinta os termos *aspectos* ou *critérios* quando da identificação dos elementos normativos integrantes das regras-matrizes a serem construídas.

Se o aspecto (ou critério) material do ICMS-ocm encontra-se enunciado de forma expressa na CF/88 (artigo 155, II), o mesmo não acontece com seus aspectos (ou critérios) espacial e temporal. Estes, a Carta Maior designou à lei complementar a sua definição, assim como prescreveu ao veículo normativo complementar a competência enunciativa da sujeição ativa, passiva e de sua base de cálculo.

Tal recurso constitucional não representa que a lei complementar tenha plena autonomia em face do já disposto pela Lei Maior. Todos os aspectos faltantes da regra-matriz de incidência tributária do ICMS-ocm devem estar relacionados ao aspecto material já posto pelo artigo 155, II da CF/88 e devem estar relacionados à *realização de operações relativas à circulação de mercadorias,* sob pena de serem considerados inconstitucionais.

Vimos acima a estreita relação entre o aspecto (ou critério)

---

196. CARVALHO, Paulo de Barros. *Curso de direito tributário.* 23. ed. São Paulo: Saraiva, 2011, p. 323, *in fine.*

ICMS - IMPORTAÇÃO

material e o temporal ao qualificarmos um bem como mercadoria. Vejamos, agora, como a LC 87/96 exerce seu papel estruturante no estabelecimento do ICMS-ocm.

## 3.2 A estrutura da regra-matriz do ICMS-ocm na LC 87/96

É certo que, em relação ao ICMS, a CF/88 não se deteve nas prescrições do artigo 146, III na sua rota estrutural construtiva das regras-matrizes de incidência tributária a serem instituídas pelos Estados e pelo Distrito Federal. Esse fato não passou despercebido a Paulo de Barros Carvalho quando, sobre o papel da lei complementar, em face do artigo 155, § 2º da CF/88, declara que "esta categoria de estatuto legislativo recebe as incumbências do inc. XII, alíneas *a* até *i*, onde valiosos tópicos do ICMS são referidos".[197]

Sobre o ICMS, prescreve o inciso XII do §2º do artigo 155 da CF/88:

> XII - cabe à lei complementar:
>
> a) definir seus contribuintes;
>
> b) dispor sobre substituição tributária;
>
> c) disciplinar o regime de compensação do imposto;
>
> d) fixar, para efeito de sua cobrança e definição do estabelecimento responsável, o local das operações relativas à circulação de mercadorias e das prestações de serviços;
>
> e) excluir da incidência do imposto, nas exportações para o exterior, serviços e outros produtos além dos mencionados no inciso X, a;
>
> f) prever casos de manutenção de crédito, relativamente à remessa para outro Estado e exportação para o exterior, de serviços e de mercadorias;
>
> g) regular a forma como, mediante deliberação dos Estados e do Distrito Federal, isenções, incentivos e benefícios fiscais serão concedidos e revogados.
>
> h) definir os combustíveis e lubrificantes sobre os quais o imposto incidirá uma única vez, qualquer que seja a sua

---

197. CARVALHO, Paulo de Barros. *Direito tributário, linguagem e método*. 3. ed. São Paulo: Noeses, 2009a, p. 386.

finalidade, hipótese em que não se aplicará o disposto no inciso X, b;

i) fixar a base de cálculo, de modo que o montante do imposto a integre, também na importação do exterior de bem, mercadoria ou serviço.

Frederico Araújo Seabra de Moura destaca o papel da lei complementar citada na norma constitucional afirmando que:

> (...) é facilmente perceptível que o artigo 155, parágrafo 2º, XII especifica quais serão as normas gerais a serem veiculadas em lei complementar a respeito do ICMS, pois além da definição do tributo, dos fatos geradores, bases de cálculo e contribuintes, ainda prevê o disciplinamento de questões relativas, por exemplo, à substituição tributária, compensação, responsabilidade, crédito, regulamentação de isenções, incentivos e benefícios fiscais.[198]

Contextualizando o artigo supra, em face do disposto no artigo 146, III da CF/88, não podemos deixar de aceitar que o papel da lei complementar, nas suas atribuições prescritas pelo artigo 155, §2º, XII da CF/88, é o de estabelecer *normas gerais* em seu duplo papel de **(i)** evitar conflitos de competência e de **(ii)** regular as limitações ao poder de tributar em relação às atividades enunciativas de normas relacionadas ao ICMS.

Estruturemos, agora, a regra-matriz do ICMS-ocm, como disposta pela LC 87/96, à luz dos artigos 146, III e 155, §2º, XII, ambos da CF/88, sempre construindo cada aspecto (ou critério) dentro da órbita material constitucionalmente posta.

## 3.2.1 O aspecto material do ICMS-ocm

A materialidade do ICMS-ocm encontra-se enunciada na CF/88 em seu artigo 155, II, que prescreve norma de competência direcionada aos entes políticos para que tenham a permissão (ou obrigação no

---

198. MOURA, Frederico Araújo Seabra de. *Lei Complementar tributária.* São Paulo: Quartier Latin, 2009, p. 144.

caso do ICMS, como já discutimos) de instituir o imposto sobre as *operações relativas à circulação de mercadorias.*

O critério material, analisado isoladamente em face de suas marcas espaço-temporais e formado pela associação de um verbo de ação ou de qualificação (de predicação incompleta) ao seu complemento, segundo as lições de Paulo de Barros Carvalho[199] nos leva ao seguinte aspecto material: **realizar operações relativas à circulação de mercadorias.**

Nossa definição de cunho conotativo sobre os termos *operação, circulação e mercadorias* levou-nos, como já vimos, a aceitar que o aspecto material constitucional do ICMS-ocm seria a realização de negócios jurídicos de cunho mercantil em que bens móveis são transmitidos de uma para outra pessoa, com transferência de sua titularidade, não necessitando de uma transferência de domínio (de propriedade), mas exigindo obrigatória transmissão de direitos de disposição sobre a mercadoria transmitida (transferência de disponibilidade). *Operações* como relações jurídicas negociais; *circulação* como transferência de titularidade (ou aquisição, como sói ocorre no ICMS-importação de mercadorias), com circulação física ou não e; *mercadorias* como bens móveis que se destinam à mercancia em momento específico designado pelo ordenamento.

A LC 87/96[200] em face do prescrito pelo artigo 146, III, "a" da CF/88, enunciou em seu artigo 2º, inciso I, primeira parte, a mesma materialidade constitucional da realização de *operações relativas à circulação de mercadorias.* Recordemos que o termo *fatos geradores* inserto no artigo 146, III, "a" da CF/88 encerra três facetas: a material, a temporal e a espacial. Portanto, é aplicável a sua menção como fundamento normativo ao estabelecimento da materialidade aqui destacada.

---

199. CARVALHO, Paulo de Barros. *Curso de direito tributário.* 23. ed. São Paulo: Saraiva, 2011, p. 324-326.

200. BRASIL. Presidência da República. *Lei Complementar 87, de 13 de setembro de 1996.* <Disponível em: http://www.planalto.gov.br/ccivil_03/Leis/LCP/Lcp87.htm>. Acesso em: 14 ago. 2011.

Nesse aspecto, a LC 87/96 atuou nos limites materiais constitucionais exaustivamente estabelecidos pelo artigo 155, II da Carta Maior, atendendo ao seu papel de veicular somente *normas gerais* de caráter nacional na definição de fatos geradores.

Reforçamos que todos os outros aspectos da regra-matriz de incidência tributária do ICMS-ocm devem estar relacionados ao aspecto material e serem, assim, com ele compatíveis, sob pena de inconstitucionalidade.

Observando o artigo 2º da LC 87/96 verificamos que outras materialidades (verbos e complementos) foram enunciadas pelo legislador nacional complementar, que entendeu se tratarem de subespécies do ICMS-ocm, tais como: fornecer alimentos e bebidas em bares, restaurantes e similares, fornecer mercadorias com prestação de serviços não compreendidos na competência tributária dos municípios, realizar o mesmo fornecimento de mercadorias sujeitas ao ICMS, mas com os serviços previstos na lista do ISS etc.

A adequação constitucional na instituição de tais aspectos materiais por ora escapa ao primeiro foco de nosso trabalho, que é o de conceituar o ICMS-importação como subespécie do ICMS-ocm ou como espécie do gênero ICMS.

- **A questão da autonomia dos estabelecimentos**

Questão paralela, mas não menos importante, seria o fato de a LC 87/96 considerar que há realização de operações relativas à circulação de mercadorias na transferência de mercadorias entre estabelecimentos de mesma empresa.

A importância dessa discussão está na busca de coerência sobre o aspecto material do ICMS-ocm conceituado. Como se pode pensar em operação sem relação jurídica, já que esta pressupõe pessoas diversas? Como pode haver transferência de titularidade (circulação) no âmbito da mesma pessoa jurídica? Se não há operação, nem circulação, como cobrar o ICMS, conforme previsão legal? Seria a lei complementar inconstitucional nessa pretensão?

Todas essas questões necessitam ser discutidas por estarem diretamente relacionadas ao ICMS na importação, envolvendo aquisição

ICMS - IMPORTAÇÃO

e transferências de bens e mercadorias entre estabelecimentos de uma mesma empresa. Problemas relacionados à sujeição ativa e passiva na importação nesse tipo de operação necessitam de um posicionamento jurídico.

A LC 87/96 prescreve a chamada "autonomia dos estabelecimentos para fins de cobrança do ICMS". A prescrição normativa não é inédita, pois o Decreto-Lei 406/68, em seu artigo 6º, §2º, enunciava, na vigência da ordem constitucional anterior: "Os Estados poderão considerar como contribuinte autônomo cada estabelecimento comercial, industrial ou produtor, permanente ou temporário do contribuinte, inclusive veículos utilizados por este no comércio ambulante".

Já na vigência da CF/88, o Convênio 66/88[201], veículo normativo de natureza material complementar, também adotava a aludida **autonomia,** prescrevendo:

> Art. 22 – Considera-se autônomo cada estabelecimento produtor, extrator, gerador, inclusive de energia, industrial, comercial e importador ou prestador de serviços de transportes e de comunicação, do mesmo contribuinte, ainda que as atividades sejam integradas e desenvolvidas no mesmo local.

Os dispositivos normativos complementares da LC 87/96 que tratam atualmente dessa matéria são os seguintes:

> Art. 11 - § 3º Para efeito desta Lei Complementar, estabelecimento é o local, privado ou público, edificado ou não, próprio ou de terceiro, onde pessoas físicas ou jurídicas exerçam suas atividades em caráter temporário ou permanente, bem como onde se encontrem armazenadas mercadorias, observado, ainda, o seguinte:
>
> I – na impossibilidade de determinação do estabelecimento, considera-se como tal o local em que tenha sido efetuada a operação ou prestação, encontrada a mercadoria ou contatada a prestação;

---

201. BRASIL. Ministério da Fazenda. Convênio ICM 66/88. Fixa normas para regular provisoriamente o ICMS e dá outras providências. *Diário Oficial da União*, Brasília, DF, 16 de dezembro de 1988.

ARGOS CAMPOS RIBEIRO SIMÕES

II - é autônomo cada estabelecimento do mesmo titular;

III - considera-se também estabelecimento autônomo o veículo usado no comércio ambulante e na captura de pescado;

IV - respondem pelo crédito tributário todos os estabelecimentos do mesmo titular.

Art. 12. Considera-se ocorrido o fato gerador do imposto no momento:

I - da saída de mercadoria de estabelecimento de contribuinte, ainda que para outro estabelecimento do mesmo titular;

Não são poucas as lições dos doutrinadores sobre a possibilidade jurídica de se considerar, em relação ao ICMS, como autônomo cada estabelecimento de uma mesma pessoa jurídica. Vejamos alguns posicionamentos.

Geraldo Ataliba e Cléber Giardino não enxergam a possibilidade de existir *operação ou circulação* na "(...) movimentação de bens dentro da mesma empresa",[202] pois aí não haveria o necessário negócio jurídico. Seria aceitar o impossível: realizar *negócio* consigo mesmo. No entanto admitem, em nome da preservação da federação, a possibilidade da incidência do então ICM nas remessas interestaduais, a fim de que se assegure "equânime repartição de receitas".[203] Para os autores, tal exceção confirmaria a regra de que o sucesso da incidência do antigo ICM só seria alcançado na presença de operações negociais, sendo que "(...) a questão do 'ICM nas transferências de mercadorias entre estabelecimentos do mesmo titular'" seria matéria de exclusivo interesse em "relações interestaduais".[204]

Roque Antonio Carrazza caminha no mesmo sentido. Ele destaca a impossibilidade da cobrança de ICMS na simples remessa de

---

202. ATALIBA, Geraldo; GIARDINO, Cleber. Núcleo da definição constitucional do ICM. *Revista de direito tributário*, n. 25-26, p. 101-119, 1983, p. 105.

203. ATALIBA, Geraldo; GIARDINO, Cleber. Núcleo da definição constitucional do ICM. *Revista de direito tributário*, n. 25-26, p. 101-119, 1983, p. 108.

204. ATALIBA, Geraldo; GIARDINO, Cleber. Núcleo da definição constitucional do ICM. *Revista de direito tributário*, n. 25-26, p. 101-119, 1983, p. 109.

ICMS - IMPORTAÇÃO

mercadoria entre estabelecimentos da mesma empresa e fundamenta que, neste caso, "(...) inocorre operação mercantil, mas simples movimentação física".[205] Aponta, contudo, como o faz Geraldo Ataliba, a exceção nas transferências entre estabelecimentos de mesma empresa que estejam localizados em diferentes unidades da federação. O autor fundamenta seu entendimento nos princípios da federação e da autonomia distrital, a fim de evitar que estes entes políticos "(...) se locupletem uns às custas dos outros (...)",[206] admitindo, assim, a ficção jurídica da existência de "operações tributáveis",[207] no caso de transferências interestaduais de mercadorias envolvendo estabelecimentos de mesma empresa. Ele afirma que a ideia é a de "(...) preservar as fontes de receitas tributárias e financeiras dos Estados".[208]

Clélio Chiesa analisa o entendimento de Roque Antonio Carrazza, porém acusa a inconstitucionalidade da ficção jurídica prescrita pela LC 87/96 em seus artigos 11, inciso II do §3º e 12, inciso I, pois se estaria autorizando "(...) a tributação do mero deslocamento da mercadoria de um estabelecimento para outro do mesmo titular (...)"[209], o que restaria vedado pela CF/88.

José Eduardo Soares de Melo, em idêntico sentido, afirma a inconstitucionalidade da parte final do artigo 12, inciso I da LC 87/96, que prescreve a incidência de ICMS na mera transferência de mercadorias entre estabelecimentos de mesma empresa, destacando que "a inexistência de mutação patrimonial não materializa o ICMS por não tipificar a realização de 'operações jurídicas', mas simples circulações físicas que sequer denotam relevância para o Direito".[210]

---

205. CARRAZZA, Roque Antonio. *ICMS*. 15 ed. São Paulo: Malheiros, 2011, p. 49.

206. CARRAZZA, Roque Antonio. *ICMS*. 15 ed. São Paulo: Malheiros, 2011, p. 61.

207. CARRAZZA, Roque Antonio. *ICMS*. 15 ed. São Paulo: Malheiros, 2011, p. 61.

208. CARRAZZA, Roque Antonio. *ICMS*. 15 ed. São Paulo: Malheiros, 2011, p. 61.

209. CHIESA, Clélio. *ICMS*: sistema constitucional tributário: algumas inconstitucionalidades da LC 87/96. São Paulo: LTr, 1997, p. 154.

210. MELO, José Eduardo Soares de. *ICMS:* teoria e prática. 11. ed. São

ARGOS CAMPOS RIBEIRO SIMÕES

Cita o professor[211] jurisprudência do STJ, cristalizada na Súmula 166[212] que enuncia: "Não constitui fato gerador do ICMS o simples deslocamento de mercadoria de um para outro estabelecimento do mesmo contribuinte", noticiando, ainda, sobre a existência de inúmeros julgados considerando irrelevante o fato dos estabelecimentos encontrarem-se em entes políticos distintos.

Por sua vez, Alcides Jorge Costa admite a possibilidade de incidência do antigo ICM nas transferências entre estabelecimentos de mesma empresa, porém não aceita a ficção jurídica, supostamente fundamentada pelo ordenamento, de personalização passiva de estabelecimentos. Afirma o professor:

> (...) entendemos que o artigo 6°, §2°, do decreto-lei n° 406/68 não altera a sujeição passiva, nem cria sujeitos passivos através de uma despersonificação dos que existem, e personificação dos estabelecimentos. Personificação que, de resto, iria desembocar no mesmo sujeito passivo pré-existente, ou seja, o titular do estabelecimento, pessoa física ou pessoa jurídica de direito privado ou de direito público.[213]

Lembrando que o dispositivo citado pelo professor já prescrevia a chamada *"autonomia dos estabelecimentos de um mesmo titular"*, nos moldes da prescrição complementar atual, temos que suas razões estariam ligadas a possíveis problemas de competência impositiva que os Estados teriam em caso de centralização em um único estabelecimento do cálculo do tributo. Aponta, assim, um possível desrespeito à Federação se a tal *autonomia dos estabelecimentos* não fosse considerada válida.

---

Paulo: Dialética, 2009, p. 29.

211. MELO, José Eduardo Soares de. *ICMS:* teoria e prática. 11. ed. São Paulo: Dialética, 2009, p. 30.

212. BRASIL. Superior Tribunal de Justiça. *Súmula n. 166.* Não constitui fato gerador do ICMS o simples deslocamento de mercadoria de um para outro estabelecimento do mesmo contribuinte. Brasília, DF, 14 de agosto de 1996. Disponível em: <http://www.stj.jus.br/>. Acesso em: 14 ago. 2011.

213. COSTA, Alcides Jorge. *ICM na Constituição e na Lei Complementar.* São Paulo: Resenha Tributária, 1978, p. 147.

ICMS - IMPORTAÇÃO

Para Alcides Jorge Costa, os dispositivos normativos que tratam da *autonomia dos estabelecimentos* permitiriam, tão só, que "(...) as leis estaduais determinem que o mesmo sujeito passivo apure o ICM devido em separado, para cada um de seus estabelecimentos".[214]

Por sua vez, Aroldo Gomes de Mattos também se posiciona pela incidência do ICMS nas transmissões de mercadorias entre estabelecimentos do mesmo titular, porém aceita a possibilidade de a legislação complementar autorizar os Estados a "(...) elegerem como contribuinte do ICMS, embora sem personalidade jurídica autônoma", por ficção legal, o estabelecimento, não a empresa".[215] O autor admite a constitucionalidade[216] da incidência em face do **(i)** princípio da competência impositiva (entendendo que os entes estatais têm competência para arrecadar tributos em operações realizadas em seu território, *ex vi* artigo 155, II da CF/88), do **(ii)** princípio da repartição das receitas do ICMS (em que Municípios não teriam seu *quantum* de ICMS garantido, se não fosse cobrado o estadual tributo em transferências intermunicipais, *ex vi* artigo 158, IV da CF/88) e **(iii)** do princípio da não-cumulatividade (em que a não incidência poderia causar a cumulatividade na cobrança do imposto nos casos de transferência de mercadorias com destino à exportação, *ex vi* artigo 155, §2°, inciso II, alínea "b" da CF/88).

Paulo de Barros Carvalho, no entanto, admite que a ficção no Direito não deve ser repudiada por razões meramente ontológicas. Segundo ele:

> Desborda dos limites do presente estudo levantar e sustentar a teoria de que inexistem ficções, já que a própria realidade do Direito tem natureza ficta, fruto que é de construções mentais do ser humano, podendo coincidir ou não com as relações concretas do mundo material. Vamos

---

214. COSTA, Alcides Jorge. *ICM na Constituição e na Lei Complementar*. São Paulo: Resenha Tributária, 1978, p. 146-147.

215. MATTOS, Aroldo Gomes de. *ICMS*: comentários à legislação nacional. São Paulo: Dialética, 2006, p. 217-218.

216. MATTOS, Aroldo Gomes de. *ICMS*: comentários à legislação nacional. São Paulo: Dialética, 2006, p. 218.

ARGOS CAMPOS RIBEIRO SIMÕES

admitir, para efeitos descritivos do direito posto, que toda edificação jurídica, construída em discrepância com a realidade física, tenha nome de 'ficção'.[217]

Assim, admitindo a possibilidade do recurso à ficção, desde que normativa, o autor entende ser constitucional a cobrança do estadual imposto nas transferências de mercadorias entre estabelecimentos da mesma empresa. Ele alerta, porém, que a ficção legal restaria limitada a capacitar cada estabelecimento de um mesmo titular a "(...) realizar o fato imponível, nunca para ser sujeito passivo da obrigação tributária"[218], já que o estabelecimento, pelas regras do Direito Privado, não possui personalidade jurídica. Leciona o professor que:

> Nas transações que se efetuem entre matriz e filial, ou entre duas filiais da mesma empresa, o sujeito passivo será sempre e invariavelmente a pessoa jurídica, titular do conjunto empresarial. Tudo o mais serão jogos contábeis e medidas de escrituração, meios que facilitam o controle, a fiscalização e a arrecadação do tributo. A existência de livros próprios a cada estabelecimento, com lançamentos individualizados de suas operações, presta para o objetivo de organizar o conhecimento da entidade que promoveu a realização do fato típico, como providências adjutórias da operatividade sistêmica que o imposto deve manter. O sujeito passivo, entretanto, continua sendo a empresa considerada como ente dotado de personalidade jurídica, centro de imputação de direitos e obrigações.[219]

Fica claro que, para Paulo de Barros Carvalho, a admissão da ficção jurídica, que torna autônomo cada estabelecimento de um mesmo titular, tem o intuito operacional de facilitar a logística fiscal

---

217. CARVALHO, Paulo de Barros. *A regra-matriz do ICM*. 1981. Tese (Livre-Docência em Direito Tributário) - Pontifícia Universidade Católica, São Paulo, 1981, p. 194-195.

218. CARVALHO, Paulo de Barros. *A regra-matriz do ICM*. 1981. Tese (Livre-Docência em Direito Tributário) - Pontifícia Universidade Católica, São Paulo, 1981, p. 197.

219. CARVALHO, Paulo de Barros. *A regra-matriz do ICM*. 1981. Tese (Livre-Docência em Direito Tributário) - Pontifícia Universidade Católica, São Paulo, 1981, p. 197-198.

nas suas atividades de controle, de fiscalização e de arrecadação do ICMS, sem, contudo, alterar o sujeito passivo que continua sendo a pessoa jurídica titular dos estabelecimentos em que sua atividade empresarial é realizada. Complementa o professor que, dessa forma, não há "(...) qualquer risco de inconstitucionalidade na iniciativa do legislador complementar".[220]

No mesmo sentido de Paulo de Barros Carvalho, entendemos que o fato de se considerar autônomo cada estabelecimento de um mesmo titular é uma qualificação jurídica, possível fruto de ficção, atualmente prescrita pela LC 87/96 de acordo com os artigos supratranscritos.

A LC 87/96, em seu artigo 11, §3º e inciso I, definiu *estabelecimento* como um local onde entes personalizados realizam suas atividades mercantis ou onde armazenam suas mercadorias. Essa interpretação é restrita somente a estes dispositivos e não dá margem ao entendimento de que os estabelecimentos teriam personalização de quaisquer espécies; aliás, expressamente destaca-se que estabelecimento é local e não a pessoa que realiza as atividades alcançáveis pelo ICMS, ou seja, a que efetua operações relativas à circulação de mercadorias.

Assim, está em sintonia a qualificada lei com o disposto no Código Civil quando define *estabelecimento*. Dispõem os artigos 1.142 e 1.143 do código privado:

> **Artigo 1.142** – Considera-se estabelecimento todo complexo de bens organizado, para exercício da empresa, por empresário, ou por sociedade empresária.
>
> **Artigo 1.143** – Pode o estabelecimento ser objeto unitário de direitos e de negócios jurídicos translativos ou constitutivos, que sejam compatíveis com a sua natureza.

Ser "objeto unitário de direitos e de negócios jurídicos" não significa personificação. Assim, a nosso ver, em face somente dos

---

220. CARVALHO, Paulo de Barros. *A regra-matriz do ICM*. 1981. Tese (Livre-Docência em Direito Tributário) - Pontifícia Universidade Católica, São Paulo, 1981, p. 199.

dispositivos normativos citados (artigo 11, §3º e seu inciso I da LC 87/96 e artigos 1.142 e 1.143 do Código Civil), temos que a figura do estabelecimento autônomo, como prescrito pelo ordenamento e atinente ao ICMS, não gozaria da qualificação jurídica de "pessoa em quaisquer circunstâncias", tanto suficiente a realizar fatos jurídicos como a integrar polo passivo de relação jurídica obrigacional.

A ficção jurídica fundante da personificação restrita ao ICMS dos seus estabelecimentos constrói-se da análise interpretativa conjunta dos incisos II, III e IV do §3º do artigo 11 e do inciso I do artigo 12; todos da LC 87/96.

A nosso ver, a *autonomia* expressa nos incisos II e III deve ser entendida como suficiente à personificação, tanto para realizar os fatos jurídicos do ICMS como para ser sujeito passivo da obrigação tributária consequente.

O inciso IV do mesmo dispositivo fundamenta tal conclusão. Ao prescrever que **"respondem pelo crédito todos os estabelecimentos do mesmo titular"**, a LC 87/96 personificou, ao menos para os efeitos atinentes ao ICMS, cada estabelecimento da mesma pessoa jurídica.

A preocupação de expressamente prescrever, a nosso ver, a solidariedade dos estabelecimentos em face de crédito tributário devido, reforça o entendimento de sua personificação, tanto para realizar operações de cunho privado relevantes ao ICMS como para integrar o polo passivo das correlatas obrigações tributárias.

O legislador complementar reforça este entendimento quando prescreve no seu inciso I do artigo 12 critério temporal exteriorizado pela "saída de mercadoria de estabelecimento de contribuinte, **ainda que para outro estabelecimento do mesmo titular**". Assim, o legislador nacional complementar criou a possibilidade de ocorrência de relação jurídica de cunho mercantil, cujo objeto seria a transferência de disponibilidade de mercadorias entre estabelecimentos de uma mesma empresa. Tal possibilidade é fruto da ficção jurídica de personificação dos estabelecimentos em que se realizam atividades atinentes ao ICMS.

94

ICMS - IMPORTAÇÃO

Sem essa ficta personificação não se poderia pensar sequer em **(i) operação** (como relação jurídica, pois esta inexiste sem distintas pessoas que se relacionem; não há relação consigo mesmo) ou em **(ii) circulação** (como transmissão ou aquisição de titularidade, pois não se pode transmitir ou adquirir aquilo que já lhe pertence; inexiste a figura da autotransmissão) ou em **(iii) mercadoria** (mero deslocamento de estoque não tem, no seu curso interno, a mercancia como seu destino). Resta saber se a personificação dos estabelecimentos feita pela lei tributária seria constitucional.

O STF entende que não. A Ministra Ellen Gracie no RE 267.599-AgR/Minas Gerais cita inúmeros julgados que teriam firmado "o entendimento de que a transferência de mercadorias de um estabelecimento para outro de mesma titularidade não enseja a incidência do ICMS" [221], pois não haveria a transferência de propriedade.

Com a ressalva de nosso entendimento sobre a desnecessária transferência de propriedade para a circulação atinente ao ICMS, bastando mera troca de disponibilidade, inclinamo-nos pela constitucionalidade dos dispositivos da LC 87/96 que autorizariam a incidência do imposto em deslocamentos entre estabelecimentos de mesmo titular, seja dentro ou fora dos limites dos entes estatais, na esteira do pensamento já descrito de Paulo de Barros Carvalho com o adendo da possibilidade de personificação passiva dos autônomos estabelecimentos; senão vejamos.

A União tem competência privativa para legislar sobre direito civil e comercial (artigo 22, I da CF/88), assim como tem competência concorrente para legislar sobre direito tributário. A competência privativa é diversa da competência exclusiva. José Afonso da Silva explica que:

> A diferença que se faz entre competência *exclusiva* e competência *privativa* é que aquela é indelegável e esta

---

221. BRASIL. Supremo Tribunal Federal. *Recurso Extraordinário 267.599 – AgR/MG*, da Segunda Turma. Relatora: Ministra Ellen Gracie. Brasília, DF, 24 de novembro de 2009. Disponível em: <http://www.stf.jus.br/>. Acesso em: 14 ago. 2011.

ARGOS CAMPOS RIBEIRO SIMÕES

é delegável. Então, quando se quer atribuir competência própria a uma entidade ou a um órgão com possibilidade de delegação de tudo ou de parte, declara-se que *compete privativamente* a ele a matéria indicada. Assim, no art. 22 se deu competência *privativa* (não exclusiva) à União para legislar sobre: (...), porque parágrafo único faculta à lei complementar autorizar os Estados a legislar sobre questões específicas das matérias relacionadas nesse artigo.[222]

Por sua vez, o artigo 155, §2º, inciso XII, alínea "d" da CF/88 prescreve que, em relação ao ICMS, cabe à lei complementar fixar o local das operações relativas à circulação de mercadorias para efeito de **definição de estabelecimento responsável.**

Em que pese à atecnia do legislador em diversas passagens do nosso ordenamento, decorrência da sua formação cultural heterogênea e não necessariamente técnica-jurídica, um dos traços da democracia, temos que a Lei Maior dá a entender, em face do destaque normativo supra, que os estabelecimentos possam adquirir, de forma excepcional no trato do ICMS, personificação, pois não se pode atribuir responsabilidades a quem não tenha personalidade jurídica.

Somente entes juridicamente personificados podem ser responsáveis. A ficção jurídica de considerar como pessoa, para fins do ICMS, os estabelecimentos tem fundamento constitucional.

Se veículo normativo complementar pode, em face do parágrafo único do artigo 22 da CF/88, delegar aos Estados a possibilidade de enunciação de normas específicas que tratem de direito civil e comercial, então pode, a nosso ver, a própria lei complementar enunciada pela União e com caráter nacional legislar sobre o tema.

A LC 87/96, nos seus incisos II, III e IV do §3º do artigo 11, exerceu a possibilidade constitucional, superando possível antinomia com o prescrito pelo artigo 110 do CTN, e legislou sobre tema de direito privado, personificando os estabelecimentos pertencentes ao mesmo titular.

---

222. SILVA, José Afonso da. *Curso de direito constitucional positivo.* 24. ed. São Paulo: Malheiros, 2005, p. 480.

Nº §3º e em seu inciso I foram respeitados os limites do direito privado já posto, redefinindo-se o que já estava prescrito pelos artigos 1.142 e 1.143 do Código Civil, tratando **estabelecimento como local.**

Com o inciso IV do §3º da LC 87/96 veio a inovação, personificando-se os estabelecimentos por meio da **responsabilização autônoma pelos créditos tributários.** Este é, para nós, o alcance da **autonomia** destacada nos incisos II e III do mesmo §3º do artigo 11 da LC 87/96.

Com a personificação e a consequente distinção entre os estabelecimentos de um mesmo titular foi possível ao legislador considerar que a transferência de bens entre tais estabelecimentos representaria relação jurídica comercial suficiente à materialidade do ICMS-ocm. Por isso a ressalva disposta no artigo 12, inciso I, *in fine*, da complementar lei prescrevendo a incidência do tributo nas transferências entre estabelecimentos de mesmo titular.

Não vemos como limitar essa personificação somente à possibilidade de realizar fatos jurídicos do ICMS, pois se o critério para a personificação passiva é a possível pretensão processual do pagamento de débito tributário, temos o inciso IV do §3º do artigo 11 da LC 87/96 garantindo, por solidariedade, a busca *in totum* do patrimônio público pretendido, porém respeitando a personificação individual de cada estabelecimento pertencente a um mesmo titular.

Respondidos aos questionamentos iniciais sobre a validade da ficção jurídica da **autonomia dos estabelecimentos** e sobre seu alcance, passemos à estruturação dos outros aspectos (critérios) da regra -matriz do ICMS-ocm passível de enunciação pelos entes estatais competentes.

## 3.2.2 O aspecto temporal do ICMS-ocm

Os aspectos, ou critérios, temporais relacionados ao ICMS-ocm não estão enunciados expressamente na CF/88. Normas gerais veiculadas por lei complementar devem fazê-lo, conforme artigo 146, III, *a* da CF/88, definição de fatos geradores, em sua versão hipotético-abstrata. Para que o aspecto temporal seja considerado constitucional deve ser mantida a relação direta com a ação ou a qualificação material já definida pela Lei Maior. Se a materialidade constitucional é a realização de operações relativas à circulação de mercadorias, temos que o momento relevante ao sucesso dessa hipótese deve ser o momento em que tais operações se realizam.

Utilizando a definição de ordem conotativa aplicável à materialidade do ICMS-ocm na CF/88, entendemos que o momento da realização de um negócio jurídico mercantil (operações com mercadorias), relativo à obrigatória troca de titularidade, deveria ser aquele instante em que se desse a transmissão dos poderes jurídicos de dispor dessa mercadoria.

Apoiamo-nos nas lições de Geraldo Ataliba e Cléber Giardino quando afirmam que "(...) aquele que – tendo sido parte na operação – transferiu a outrem direitos de dono, *promoveu circulação* (ao 'realizar' a operação)",[223] Portanto, o momento da transferência da disponibilidade (transferência ou aquisição dos direitos de dono, não necessariamente da propriedade, mas da faculdade de disponibilização da mercadoria transacionada) deve ser o exato instante da realização da operação relativa à circulação de mercadorias.

Para o ICMS-ocm, a LC 87/96, em seu artigo 12, ao pretender designar o aspecto temporal relevante à incidência normativa elegeu a ocorrência de determinados fatos. Atentamos para o alerta feito por Paulo de Barros Carvalho[224] ao estabelecer requisitos para a discriminação dos fatos possíveis que exteriorizam os aspectos temporais quando afirma que "(...) o fato escolhido há de estar compreendido no espectro do comportamento-tipo que dá a consistência material da hipótese". O autor conclui afirmando que os fatos relacionados à realização de operações relativas à circulação restariam capacitados "(...) a exteriorizar o evento, marcando o nascer de uma obrigação tributária".

---

223. ATALIBA, Geraldo; GIARDINO, Cleber. ICM e circulação jurídica. *Revista de direito administrativo*, n. 144, p. 227-233, abr./jun. 1981a, p. 230.

224. CARVALHO, Paulo de Barros. *A regra-matriz do ICM*. 1981. Tese (Livre-Docência em Direito Tributário) - Pontifícia Universidade Católica, São Paulo, 1981, p. 256.

ICMS - IMPORTAÇÃO

Neste livro destacamos duas situações temporais que seriam as mais genéricas, em face da materialidade da realização das operações relativas à circulação de mercadorias, sendo seu estudo de relevância ímpar na solução das situações envolvendo o ICMS-importação: **(i)** o da saída de mercadoria de estabelecimento de contribuinte (art. 12, I da LC 87/96) e **(ii)** o da transmissão de propriedade de mercadoria, ou de título que a represente, quando a mercadoria não tiver transitado pelo estabelecimento transmitente (art. 12, IV da LC 87/96).

- **Saída de mercadoria de estabelecimento de contribuinte**

A saída de mercadorias de estabelecimento de contribuinte fora eleita pelo ordenamento complementar como aspecto temporal possível aplicável ao ICMS-ocm, conforme artigo 12, I da LC 87/96. Mas se o Direito, como construção intelectual vertida em linguagem normativa (nossa premissa), não *"enxerga"* o que acontece no mundo real, qual a tradução jurídica (portanto, linguística) de uma saída física? Se há a necessidade de linguagem própria a apontar esse momento, que linguagem é essa? Qual seria a formalização necessária a indicar o exato instante que se daria a realização da operação, como prescrita na materialidade constitucional do ICMS-ocm, cuja exteriorização por norma complementar está configurada por uma saída física?

Paulo de Barros Carvalho debruçou-se sobre o tema e elegeu o inciso II do artigo 116 do CTN "(...) como inspirador dos elementos indicativos que dão compostura ao critério temporal da hipótese de incidência do ICM (...)",[225] não sem antes tecer críticas ao dispositivo normativo do inciso I do artigo 116 do CTN. Transcrevemos esse artigo:[226]

---

225. CARVALHO, Paulo de Barros. *A regra-matriz do ICM*. 1981. Tese (Livre-Docência em Direito Tributário) - Pontifícia Universidade Católica, São Paulo, 1981, p. 267.

226. BRASIL. Presidência da República. *Lei 5.172, de 25 de outubro de 1966*. Dispõe sobre o Sistema Tributário Nacional e institui normas gerais de direito tributário aplicáveis à União, Estados e Municípios. <Disponível em: http://www.planalto.gov.br/ccivil_03/Leis/L5172.htm>. Acesso em: 14 ago. 2011.

**Art. 116** – Salvo disposição de lei em contrário, considera-se ocorrido o fato gerador e existentes os seus efeitos:

I – tratando-se de situação de fato, desde o momento em que se verifiquem as circunstâncias materiais necessárias a que produza os efeitos que normalmente lhe são próprios;

II – tratando-se da situação jurídica, desde o momento em que esteja definitivamente constituída, nos termos do direito aplicável.

Sobre o artigo citado, nos juntamos ao professor quando destaca a imprecisão do legislador que "(...) parece até admitir que existam conjunturas de fato, disciplinadas pelo direito, mas que, mesmo assim, não podem ser consideradas situações jurídicas".[227] A prescrição de efeitos jurídicos é fruto de fatos juridicizados pelo Direito (fatos jurídicos, situações jurídicas). Fatos não jurídicos não produzem efeitos para o Direito. Assim, se as *situações de fato* do inciso I produzem efeitos apreensíveis pela linguagem do Direito (efeitos jurídicos), então tais *situações* são jurídicas; por isso, devem estar previstas em lei.

Na trilha dos ensinamentos do professor[228] o fato de a lei complementar veicular *normas gerais* definindo o critério temporal atende à dupla finalidade **(i)** de evitar conflitos de competência e **(ii)** de regular limitações ao poder de tributar.

Paulo de Barros Carvalho ainda admite que os fatos representativos do critério temporal do ICMS-ocm seriam diversos, "(...) vez que são muitas as operações jurídicas a realizar a circulação de mercadorias".[229] Ele exemplifica com a "venda e compra" onde a tradição dos bens móveis representaria a transferência do domínio da mercadoria, o que denotaria a realização da operação relativa à circulação de mercadorias. O autor destaca, também, que os legisladores têm

---

227. CARVALHO, Paulo de Barros. *Curso de direito tributário*. 23. ed. São Paulo: Saraiva, 2011, p. 345.

228. CARVALHO, Paulo de Barros. *A regra-matriz do ICM*. 1981. Tese (Livre-Docência em Direito Tributário) - Pontifícia Universidade Católica, São Paulo, 1981, p. 259.

229. CARVALHO, Paulo de Barros. *Curso de direito tributário*. 23. ed. São Paulo: Saraiva, 2011, p. 268.

ICMS - IMPORTAÇÃO

adotado, em regra, outros fatos demarcadores do tempo da realização do material aspecto do ICMS-ocm, como a *saída das mercadorias*, sendo que admite que à prática enunciativa restaria fundamento de validade em face do termo "salvo disposição de lei em contrário (...)", disposto no caput do artigo 116 do CTN.

Por sua vez, Roque Antonio Carrazza alerta que "(...) o fato imponível do ICMS só se completa com a transferência da *titularidade* da mercadoria".[230] Esclarece o professor que o ICMS somente deveria ser pago com a transferência do domínio ou da "(...) posse ostentatória da propriedade (posse autônoma, despida de título de domínio hábil) da mercadoria (...)",[231] não admitindo que a mera *saída física* sem a mudança de titularidade teria o condão de configurar a realização de uma operação relativa à circulação de mercadorias.

José Eduardo Soares de Melo destaca a irrelevância da incidência do ICMS de movimentações físicas anteriores ao critério temporal eleito ao apontar que o momento escolhido pelo legislador seria a *saída física* das mercadorias, assim entendida a "(...) circulação pela via pública, estranha aos limites físicos do estabelecimento do contribuinte".[232]

Para Alcides Jorge Costa, o aspecto temporal do antigo ICM exteriorizado pela *saída de mercadorias* abrangeria não somente atos que implicassem a transferência de posse ou de propriedade, "(...) mas também os denominados atos jurídicos materiais"[233], entendendo que, neste caso, a saída seria o próprio ato material, ocorrendo equiparação entre a operação e o fato de sua exteriorização.

Marcelo Salomão ensina que o critério temporal do ICMS-ocm

---

230. CARRAZZA, Roque Antonio. *ICMS*. 15 ed. São Paulo: Malheiros, 2011, p. 52.

231. CARRAZZA, Roque Antonio. *ICMS*. 15 ed. São Paulo: Malheiros, 2011, p. 54.

232. MELO, José Eduardo Soares de. *ICMS:* teoria e prática. 11. ed. São Paulo: Dialética, 2009, p. 21.

233. COSTA, Alcides Jorge. *ICM na Constituição e na Lei Complementar*. São Paulo: Resenha Tributária, 1978, p. 104.

también seria "(...) a saída das mercadorias do estabelecimento do vendedor".[234]

Clélio Chiesa, por sua vez, também admite a possibilidade do critério temporal do ICMS-ocm restar exteriorizado por *saída da mercadoria de estabelecimento comercial ou industrial,* lembrando que os Estados e o Distrito Federal, por meio de seus veículos legais ordinários, devem observar os "(...) limites estabelecidos pela Constituição"[235], assim como nunca "(...) considerar ocorrido o fato jurídico tributário do ICMS em momento anterior à ocorrência da operação mercantil"[236], prática enunciativa considerada, pelo professor, como inconstitucional.

Em face do disposto, reforçamos que o aspecto temporal deve ter íntima relação com a materialidade constitucional estabelecida, sob pena de ser considerado contrário à ordem posta. Assim, como já destacamos acima, o instante da realização da operação relativa à circulação de mercadorias deve ser o da efetiva operação que se perfaz com a transferência de titularidade da mercadoria transacionada.

Já frisamos, também, que a ordem constitucional determinou que *normas gerais,* veiculadas por lei complementar, seriam competentes para definir, dentre outros, o aspecto temporal dos impostos. No mesmo sentido dos ensinamentos de Paulo de Barros Carvalho, quando da análise interpretativa do artigo 116 do CTN, aceitamos que o inciso II prescreve que somente com a concretização temporal da situação jurídica teremos a sua realização material. Esta, a regra-geral de determinação do aspecto temporal dos impostos. Assim, no caso do ICMS-ocm, seu aspecto temporal seria o instante da realização do negócio jurídico relativo à transferência ou aquisição de titularidade de bens qualificados como mercadorias para aquele que as transfere ou as adquire.

---

234. SALOMÃO, Marcelo Viana. *ICMS na importação.* 2. ed. São Paulo: Atlas, 2001, p. 50.

235. CHIESA, Clélio. *ICMS:* sistema constitucional tributário: algumas inconstitucionalidades da LC 87/96. São Paulo: LTr, 1997, p. 84.

236. CHIESA, Clélio. *ICMS:* sistema constitucional tributário: algumas inconstitucionalidades da LC 87/96. São Paulo: LTr, 1997, p. 85.

ICMS - IMPORTAÇÃO

Na busca denotativa dos momentos relevantes à incidência do imposto, Paulo de Barros Carvalho esclarece que "(...) a resposta não pode ser única, uma vez que são muitas as operações jurídicas aptas a realizar a circulação de mercadorias"[237], exemplificando que para venda e compra, o momento deveria ser o da tradição da mercadoria que representaria, com base no direito privado, a transferência de sua propriedade (artigo 1267 do Código Civil). Conclui o professor que "nesse exato momento transmite-se o domínio da mercadoria, completando-se, definitivamente, a operação jurídica que realizou a circulação dos bens".[238]

Porém, tanto o ordenamento complementar do ICMS, quanto o ordinário enunciado pelos entes políticos competentes têm se pautado, quando da definição dos seus temporais aspectos, na excepcionalidade legal "salvo disposição de lei em contrário (...)", inserta no caput do artigo 116 do CTN, para elegerem outras situações representativas de momentos relevantes à possibilidade de incidência do ICMS.

Mas quais os limites atinentes a essa atividade criadora infraconstitucional? Paulo de Barros Carvalho responde, destacando que ao lado da "(...) larga virtualidade edificadora do legislativo"[239] ao escolher fatos representativos do sucesso da realização da materialidade tributária, teríamos o necessário limite de que tais fatos deveriam restar compreendidos "(...) no espectro do comportamento-tipo, que dá a consistência material da hipótese".[240]

Concordamos com o professor que os fatos *temporais* escolhidos

---

237. CARVALHO, Paulo de Barros. *A regra-matriz do ICM*. 1981. Tese (Livre-Docência em Direito Tributário) - Pontifícia Universidade Católica, São Paulo, 1981, p. 267.

238. CARVALHO, Paulo de Barros. *A regra-matriz do ICM*. 1981. Tese (Livre-Docência em Direito Tributário) - Pontifícia Universidade Católica, São Paulo, 1981, p. 268.

239. CARVALHO, Paulo de Barros. *A regra-matriz do ICM*. 1981. Tese (Livre-Docência em Direito Tributário) - Pontifícia Universidade Católica, São Paulo, 1981, p. 255.

240. CARVALHO, Paulo de Barros. *A regra-matriz do ICM*. 1981. Tese (Livre-Docência em Direito Tributário) - Pontifícia Universidade Católica, São Paulo, 1981, p. 255-256.

não podem ser alheios ao critério material em questão, sob pena de inconstitucionalidade.

Arremata, ainda, o professor que, no caso da materialidade *realizar operações relativas à circulação de mercadorias*, "(...) qualquer fato que dissesse respeito à operação, à circulação ou às mercadorias, evidentemente que considerados na integração racional do núcleo da hipótese (...) estaria capacitado a exteriorizar o evento, marcando o nascer de uma obrigação tributária".[241]

E assim ocorre, pois a *saída física de estabelecimento* fora eleita pelo legislador da LC 87/96 e pelas leis estaduais instituidoras do ICMS, como um dos fatos representativos da realização de operação relativa à circulação de mercadorias (*ex vi* artigo 12, I da LC 87/96).

Geraldo Ataliba não vê problemas quando o legislador equipara juridicamente o fato da *saída física* ao da *realização da operação*, destacando que no trato do ICM (para nós, hoje, ICMS) devemos compreender:

> (...) o fato **saída**, o fato **entrada**, o fato **transmissão da propriedade de mercadorias** etc., como meros critérios de imputação temporal da operação tributável que, assim, se terá por acontecido nesse instante, e não naquele em que – segundo suas características peculiares – normalmente ocorreria.[242] (Grifos do autor).

A nosso ver, a versão linguística normativa da *saída física* (a incorporação jurídica dessa situação) deve dar-se por formalização documental própria (documento fiscal), devendo ser preenchido seu campo reservado à data da "efetiva saída".

Com essa formalização, de simples evento do mundo-do-ser, a "saída física" passa a ser reconhecida como fato jurídico suficiente à

---

241. CARVALHO, Paulo de Barros. *A regra-matriz do ICM*. 1981. Tese (Livre-Docência em Direito Tributário) - Pontifícia Universidade Católica, São Paulo, 1981, p. 256.

242. ATALIBA, Geraldo; GIARDINO, Cleber. Núcleo da definição constitucional do ICM. *Revista de direito tributário*, n. 25-26, p. 101-119, 1983, p.117.

ICMS - IMPORTAÇÃO

produção dos efeitos próprios, dentre eles, a constituição do crédito tributário (nascimento da obrigação tributária).

Como bem afirma Paulo de Barros Carvalho em destaque anterior, "(...) a verdade é que a exceção virou regra"[243] e os fatos exteriorizadores do temporal aspecto do ICMS multiplicaram-se na legislação complementar e ordinária.

- **Transmissão de *propriedade* quando a mercadoria não tiver transitado pelo estabelecimento transmitente**

O artigo 12, IV da LC 87/96 prescreve que "considera-se ocorrido o fato gerador do imposto no momento da transmissão de propriedade de mercadoria, ou de título que a represente, quando a mercadoria não tiver transitado pelo estabelecimento transmitente". Tal previsão normativa já se fazia presente tanto no Decreto-Lei 406/68, em seu artigo 1º, §1º (ordem constitucional anterior), como no Convênio 66/88, em seu artigo 2º, §1º, inciso I (ordem jurídica atual, porém anterior à vigência da LC 87/96) em que se prescrevia equiparação jurídica entre os fatos **(i)** da saída física de mercadorias e **(ii)** da transmissão de propriedade de mercadorias que não transitassem fisicamente pelo estabelecimento transmitente. Se a mercadoria não passa fisicamente pelo estabelecimento que realiza uma operação relativa à circulação de mercadorias, o ordenamento complementar elege como fatos representativos do aspecto temporal do ICMS-ocm a transmissão de propriedade do bem ou a transmissão do título que representa tal propriedade.

Interessante notar que a exigência complementar é da transferência, nesse caso, não apenas da titularidade (poder de disposição), mas sim da propriedade (poderes de uso, gozo e disposição). A literalidade do texto parece infirmar nossa premissa de que mera transferência de disponibilidade (sem transferência de propriedade) seria suficiente para satisfazer o componente material da *circulação jurídica* no ICMS-ocm.

---

243. CARVALHO, Paulo de Barros. *A regra-matriz do ICM*. 1981. Tese (Livre-Docência em Direito Tributário) - Pontifícia Universidade Católica, São Paulo, 1981, p. 269.

Por que o legislador não falou em transferência de disponibilidade em vez de transferência de propriedade? Seria uma atecnia do legislador ou uma prova irrefutável da necessidade de transferência de propriedade à ocorrência da incidência do ICMS-ocm?

Hugo de Brito Machado, apesar de partilhar do entendimento, que já externamos acima, de que "para exteriorizar o fato gerador do ICMS a saída não precisa corresponder a uma transmissão de propriedade, nos termos do Direito Civil ou Comercial"[244], bastando ocorrer a transferência do direito de disposição da mercadoria, ao tratar da hipótese de não entrada desta no estabelecimento alienante aceita o critério temporal da *transmissão de propriedade* sem quaisquer reparos.

Roque Antonio Carrazza também destaca que a circulação jurídica "(...) pressupõe a transferência evidentemente de uma pessoa a outra e pelos meios adequados, da titularidade de uma mercadoria – vale dizer, dos poderes de disponibilidade sobre ela." [245] No entanto, não faz também quaisquer críticas a respeito da peculiar forma de exteriorização temporal da *transferência de propriedade* nos casos de mercadorias que não transitam pelo estabelecimento de transmitente, aceitando sua equiparação às *saídas físicas*, por representarem transmissões de titularidade.[246]

O próprio Geraldo Ataliba aceita a possibilidade da escolha temporal excepcional da *transferência de propriedade,* destacando, apenas que há limites à atividade enunciativa do legislador ordinário, não podendo tal prática resultar em "(...) modificações na competência constitucional, lesões ou detrimentos para direitos dos contribuintes, constitucionalmente fixados ou, no caso do ICM, ofensas a direitos dos outros Estados, que eventualmente tenham pretensões ligadas

---

244. MACHADO, Hugo de Brito. *Aspectos fundamentais do ICMS*. São Paulo: Dialética, 1997, p. 42.
245. CARRAZZA, Roque Antonio. *ICMS*. 15 ed. São Paulo: Malheiros, 2011, p. 38.
246. CARRAZZA, Roque Antonio. *ICMS*. 15 ed. São Paulo: Malheiros, 2011, p. 153.

ou decorrentes dos mesmos fatos".[247]

Alcides Jorge Costa, no entanto, observa que há situações em que o "fato da exteriorização (saída) jamais se realiza",[248] exemplificando com o instituto do constituto possessório, em que a coisa vendida permanece na posse do vendedor, o que justificaria a eleição de outros fatos exteriorizadores do critério temporal do antigo ICM, como o seria a *transmissão de propriedade* no caso de mercadoria que não transite pelo estabelecimento do transmitente. Relembramos que no entendimento do professor a transmissão de propriedade não esgota as possibilidades de circulação relacionadas ao antigo ICM. O autor entende ainda que a equiparação efetuada pelo §1º do artigo 1º do Decreto-Lei 406/68 não determinaria qual seria o momento da exteriorização da transmissão, sendo que tal tarefa teria sido atribuída ao legislador estadual.

A nosso ver, a eleição do fato denotador do critério temporal do ICMS-ocm, a *transmissão de propriedade*, não infirma o constitucionalmente já definido aspecto material do imposto estadual. Se há *realização de operação relativa à circulação de mercadorias* na singular ocorrência de negócio jurídico com mera transferência da faculdade de dispor de mercadorias (uma das três faculdades atinentes ao proprietário, ao lado das de usar e gozar, conforme artigo 1228 do Código Civil), então haverá tal sucesso quando ocorrer *transferência de propriedade,* como prescrito pelo artigo 12, IV da LC 87/96.

A adequação constitucional do fato exteriorizador resta, assim, garantida. Porém, a literalidade interpretativa da expressão *transferência de propriedade* deixaria ao largo as situações em que houvesse mera *transferência de disponibilidade* (e não de propriedade) nos negócios mercantis em que as mercadorias não transitassem pelo estabelecimento do transmitente. Seria, por exemplo, o caso em que alguém ao adquirir a propriedade de uma mercadoria (por venda e compra) a transferisse direta e fisicamente em consignação a outra

---

247. ATALIBA, Geraldo; GIARDINO, Cleber. Núcleo da definição constitucional do ICM. *Revista de direito tributário*, n. 25-26, p. 101-119, 1983, p. 117.
248. COSTA, Alcides Jorge. *ICM na Constituição e na Lei Complementar*. São Paulo: Resenha Tributária, 1978, p. 113.

pessoa. Duas operações restariam presentes: **(i)** uma venda e compra e **(ii)** posterior transferência em consignação para um terceiro. Fisicamente a mercadoria não transitaria pelo estabelecimento do adquirente da propriedade por venda e compra, sendo que, por sua conta e ordem, tal bem deveria ser entregue a um terceiro que a recebesse em consignação. A segunda operação (da transferência em consignação) seria relativa à circulação de mercadorias com só *transmissão de disponibilidade e não de propriedade*, sem que tais mercadorias transitassem pelo estabelecimento do transmitente.

Se fizermos uma interpretação literal do artigo 12, IV da LC 87/96, em que o aspecto temporal restaria presente somente com *transferência de propriedade*, teríamos que admitir a ausência de *norma geral* a prescrever elemento essencial da hipótese normativa, ocasionando ineficácia técnica à sua aplicação/incidência, assim como retirando da proposta complementar nacional seu papel de inibidora de conflitos de competência.

A nosso ver, não é o melhor caminho. Assim, a previsão complementar do temporal aspecto não exclui os casos de *transmissão de disponibilidade* nas saídas não físicas em negócios mercantis, sendo que a significação da expressão "transferência de propriedade de mercadoria", como prevista no artigo 12, IV da LC 87/96 deve ser entendida como *transferência de disponibilidade de mercadoria,* em respeito à materialidade constitucional do ICMS-ocm.

A suposta falta de precisão do legislador ao escolher o termo *propriedade* e não *disponibilidade* não compromete o entendimento hermenêutico que deve ser pautado pela contextualização e não pela análise tópica. A significação material de origem constitucional por nós admitida inicialmente autoriza essa conclusão.

Tal preocupação não passou despercebida ao legislador regulamentar do ICMS do Distrito Federal quando no seu artigo 3°, §2° prescreve que "equipara-se à entrada ou à saída a transmissão de propriedade ou a **transferência de mercadoria**, quando esta não transitar pelo estabelecimento do contribuinte." (Grifo nosso).

ICMS - IMPORTAÇÃO

### 3.2.3 Os critérios espacial e subjetivo ativo do ICMS-ocm

Assim como ocorre com a definição do aspecto temporal, a CF/88, em seu artigo 146, III, *a*, prescreve que o aspecto espacial das hipóteses normativas dos impostos deve ser estipulado por *normas gerais* veiculadas por lei complementar (quando da definição dos "fatos geradores" em suas três facetas: material, temporal e espacial). Por sua vez, o artigo 146, III, *b* prescreve que veículo normativo complementar deve estabelecer *normas gerais* tratando de obrigação tributária.

Entendendo *obrigação tributária* como uma relação jurídica, cujos elementos componentes seriam seus sujeitos ativo e passivo, base de cálculo e alíquota, como já nos manifestamos acima em sintonia com os ensinamentos de Paulo de Barros Carvalho, temos que o artigo 146, III, *b* da CF/88, ao prescrever que devem ser estabelecidas *normas gerais* veiculadas por dispositivo complementar que tratem de obrigação tributária, estipula que todos os seus elementos constitutivos sejam atingidos por tais espécies de normas. Assim, a identificação do componente obrigacional da sujeição ativa restará submetida a prescrições de caráter nacional-complementar denominadas "normas gerais".

Destacamos que estamos admitindo a determinação de sujeição ativa por norma infraconstitucional de natureza complementar e não de estipulação de competência tributária.

De acordo com os ensinamentos de Paulo de Barros Carvalho,[249] temos que a competência tributária faculta (ou obriga, no caso do ICMS) ao ente político legislar "(...) desenhando o perfil jurídico de um gravame ou regulando os expedientes necessários à sua funcionalidade". A capacidade tributária ativa, entretanto, é a reunião de credenciais atribuída a ente personalizado "(...) para integrar a relação jurídica, no tópico de sujeito ativo".

No caso do ICMS, a definição geográfica da realização material do tributo (identificação do aspecto ou critério espacial) é crucial na

---

249. CARVALHO, Paulo de Barros. *Direito tributário, linguagem e método*. 3. ed. São Paulo: Noeses, 2009a, p. 243.

identificação do sujeito ativo da obrigação tributária correspondente. Esse é o motivo de sua discussão em conjunto. Essa ligação entre critério espacial e subjetivo ativo é normativa constitucional. O artigo 155, §2º, XII, *d* da CF/88 prescreve que "cabe à lei complementar fixar para efeito de sua cobrança (...) o local das operações relativas à circulação de mercadorias (...)". Portanto, *normas gerais* veiculadas por lei complementar ao definirem o local da realização da materialidade do ICMS (seu critério espacial) indicarão quem deve cobrar a exação.

Quem pode cobrar é o ocupante do polo ativo da relação jurídico-tributária, seja ele o ente competente ou não, conforme distinção já feita. Apesar da possibilidade da delegação da sujeição ativa, em termos de ICMS os ordenamentos instituidores da exação primam pela coincidência entre ente político competente e sujeito ativo. De forma genérica, os sujeitos ativos são os Estados e o Distrito Federal; de forma excepcional, a União pode ser sujeito ativo do ICMS, seja no caso de iminência ou efetiva guerra externa (artigo 154, II da CF/88), seja em eventual criação de territórios (artigo 147 da CF/88).

A assertiva semântica que iguala a expressão normativa "para efeito de sua cobrança" à "para determinar o sujeito ativo" está alicerçada nas lições de Roque Antonio Carrazza e de Paulo de Barros Carvalho, os quais identificaram na figura do sujeito ativo aquele que realiza tal "cobrança", como previsto no dispositivo constitucional do artigo 155, §2º, XII, *d*.

Sobre a relação normativa de cunho constitucional (local da operação – quem pode cobrar), Roque Antonio Carrazza, ao tratar do ICMS-importação com relação ao dispositivo constitucional, afirma que "o local da operação (...) indicará o sujeito ativo da obrigação tributária".[250]

Assim, mesmo que o professor esteja tratando topicamente do ICMS-importação, fica evidente que seu entendimento é de que a expressão normativa constitucional "fixar para efeito de sua cobrança"

---

250. CARRAZZA, Roque Antonio. *ICMS*. 15 ed. São Paulo: Malheiros, 2011, p. 63.

ICMS - IMPORTAÇÃO

tem a significação de "determinar a sujeição ativa da obrigação tributária constituída".

No mesmo sentido, Paulo de Barros Carvalho[251] trata de matéria atinente à determinação da sujeição ativa, em sua crítica ao artigo 11, inciso I, alínea "d" da LC 87/96, dispositivo que veicula o *"local das operações para efeito de cobrança"* do ICMS (nesse caso, também a crítica relaciona-se ao ICMS-importação).

Portanto, no contexto normativo constitucional e complementar discutido, verificamos que a atividade tributária de "cobrar" envolve atividades de arrecadação, administração e fiscalização, práticas atinentes ao sujeito ativo de obrigação tributária e de deveres instrumentais administrativos correlatos.

Assim, sistematicamente os artigos 146, III, *a* e *b* e 155, §2º, XII, *d* da CF/88 prescrevem que *normas gerais* veiculadas por lei complementar deverão definir quem será o sujeito ativo das obrigações tributárias relacionadas ao ICMS, levando em consideração o critério espacial escolhido (o local) para o sucesso da materialidade do imposto, entendendo, como já vimos, que a significação jurídica de *"fixar para efeito de sua cobrança"* seja o de definir quem será o sujeito ativo credor da prestação objeto da obrigação tributária em análise.

A possibilidade de o legislador infraconstitucional enunciar a sujeição ativa do ICMS não compromete a repartição constitucional exaustivamente prevista das competências impositivas relacionadas aos impostos, ou seja, não compromete a federação.

José Artur Lima Gonçalves, sobre o risco de se alterar a competência impositiva por dispositivo infraconstitucional, alerta que "(...) afetados estariam os princípios da Federação e da autonomia municipal, estabelecidos na própria Constituição".[252]

A definição da sujeição ativa, efetuada por *normas gerais* veiculadas por dispositivo complementar, atrelada normativamente à

---

251. CARVALHO, Paulo de Barros. *Direito tributário, linguagem e método*. 3. ed. São Paulo: Noeses, 2009a, p. 759-761.
252. GONÇALVES, José Artur Lima. *Imposto sobre a renda*: pressupostos constitucionais. São Paulo: Malheiros, 2002, p. 91.

identificação do local da realização material do tributo considerado, atende à função de evitar conflitos entre os entes federados, pois será sujeito ativo (arrecadador, fiscalizador) aquele ente personalizado onde juridicamente houver o sucesso da hipótese normativa correlata.

No caso do ICMS-ocm, destacamos o artigo 11, I, alíneas "a" e "c" da LC 87/96 que estipulam os aspectos espacial e subjetivo ativo de interesse neste trabalho:

> Art. 11. O local da operação ou da prestação, para os efeitos da cobrança do imposto e definição do estabelecimento responsável, é:
>
> I - tratando-se de mercadoria ou bem:
>
> a) o do estabelecimento onde se encontre, no momento da ocorrência do fato gerador;
>
> (...)
>
> c) o do estabelecimento que transfira a propriedade, ou o título que a represente, de mercadoria por ele adquirida no País e que por ele não tenha transitado;

Interpretando o artigo 11, I, *a*, temos que o aspecto espacial é o estabelecimento (como local, conforme artigo 11, §3º) onde estiver fisicamente a mercadoria no instante da ocorrência da operação relativa à sua circulação.

O **sujeito ativo** do ICMS-ocm será o ente político, cujo ordenamento arrecadador, administrador e fiscalizador do ICMS alcance geograficamente aquele estabelecimento. Em outras palavras, o sujeito ativo será aquele que tem aparato normativo para cobrar o ICMS no estabelecimento onde ocorreu o negócio jurídico mercantil relativo à transferência de titularidade das mercadorias ali fisicamente encontradas.

No artigo 11, I, *c*, o **aspecto espacial** será o estabelecimento (como local) onde ocorra a transferência de titularidade (não necessariamente de propriedade, como já discutimos) de mercadorias que não se encontrem fisicamente ali alocadas, tendo como correlato **sujeito ativo** o ente político cujo aparato normativo do ICMS-ocm alcance geograficamente aquele estabelecimento.

ICMS - IMPORTAÇÃO

## 3.2.4 O aspecto subjetivo passivo do ICMS-ocm

A CF/88 não define quais seriam os sujeitos passivos do ICMS em quaisquer de suas espécies, delegando à lei complementar a tarefa de defini-los. Porém, tal delegação não representa total independência do legislador infraconstitucional em face da materialidade constitucional já posta.

Nesse sentido, Geraldo Ataliba ensina que será "(...) sujeito passivo, em regra, uma pessoa que está em conexão íntima (relação de fato) com o núcleo (aspecto material) da hipótese de incidência".[253]

O artigo 146, III, *b* da CF/88 atribui à lei complementar a função de estabelecer *normas gerais* sobre obrigação tributária. À semelhança do tratamento ofertado à sujeição ativa, emprestamos ao termo *obrigação tributária* a significação de *relação jurídica tributária*. Portanto, temos a Lei Maior prescrevendo que *normas gerais* devem estabelecer dados estruturais acerca do polo passivo de tal relação (contribuintes e responsáveis), seja no intuito de limitar o poder de tributar dos entes políticos competentes à instituição dos tributos, seja no papel protetor da federação, evitando conflitos de competência.

Como já afirmamos, enganam-se aqueles que militam pela ocorrência de identificação denotativa dos sujeitos passivos pela ordem constitucional.

Mesmo na vigência da Constituição Federal anterior, em que a materialidade do antigo ICM estava descrita como "operações relativas à circulação de mercadorias realizadas por produtores, industriais e comerciantes", Paulo de Barros Carvalho[254] já assinalava o equívoco cometido por aqueles que exacerbavam "(...) o nível de minúcias que o constituinte teria dispensado ao ICM", ao afirmarem que os sujeitos passivos estariam previstos pela Lei Maior. Completa o professor que

---

253. ATALIBA, Geraldo. *Hipótese de incidência tributária*. 5. ed. São Paulo: Malheiros, 1998, p. 77.
254. CARVALHO, Paulo de Barros. *A regra-matriz do ICM*. 1981. Tese (Livre-Docência em Direito Tributário) - Pontifícia Universidade Católica, São Paulo, 1981, p. 329.

113

os agentes na norma constitucional arrolados seriam sujeitos da ação material ali descrita, sendo que o traço da habitualidade, atinente à atividade de comerciantes, industriais e produtores, determinaria a "(...) ocorrência do evento tributário".

Porém, o autor alerta que a determinação da sujeição passiva dependeria de outras condições. Uma dessas condições seria, sem dúvida, a necessária personificação jurídica do sujeito passivo, pois sem esta não haveria a possibilidade de se estabelecer tanto quaisquer tipos de relação jurídica como pretensões processuais ao cumprimento do dever tributário.

José Eduardo Soares de Melo também entende que há implicitude constitucional na eleição dos sujeitos passivos, afirmando que "normalmente, a Constituição não indica a pessoa que deve ser caracterizada como devedor do tributo, mas apenas contempla as materialidades suscetíveis de incidência, outorgando as respectivas competências às pessoas políticas".[255]

Roque Antonio Carrazza, por sua vez, entende que a ordem constitucional anterior previa expressamente o produtor, o industrial ou o comerciante como contribuinte, ao contrário da implicitude da Carta atualmente vigente. Ele admite, contudo, que a atual ordem, além das pessoas citadas, prescreve a possibilidade de que:

> Também pode ser alcançado por este imposto quem lhes faz as vezes, como, v.g., *o comerciante de fato, o comerciante irregular, um agregado familiar* que, ainda que de modo clandestino, promova, em caráter de habitualidade, atos de comércio ou mesmo, um menor absolutamente incapaz que, repetidamente, pratique operações relativas à circulação de mercadorias e assim avante.[256] (Grifos do autor).

O autor corrobora sua interpretação constitucional em face da literalidade textual do artigo 126 do CTN, concluindo "(...) não ser

---

255. MELO, José Eduardo Soares de. *ICMS:* teoria e prática. 11. ed. São Paulo: Dialética, 2009, p. 181.

256. CARRAZZA, Roque Antonio. *ICMS.* 15 ed. São Paulo: Malheiros, 2011, p. 41.

## ICMS - IMPORTAÇÃO

excessivamente arrojada a ideia de que pode ser contribuinte do ICMS qualquer pessoa (física, jurídica ou, até, sem personificação do Direito) envolvida, em caráter de habitualidade, com a prática de operações mercantis".[257]

Partilhamos da opinião de Paulo de Barros Carvalho[258] quando, em sentido contrário, ensina que entes sem personificação jurídica são capazes de realizar o fato tributário, mas não o de integrar relação jurídica na qualidade de sujeitos, pois tal reconhecimento lhes falece na órbita do Direito.

Com relação ao ICMS, a CF/88, além de não arrolar os sujeitos passivos possíveis de integrarem as relações jurídicas tributárias correspondentes, atribui a tarefa a veículo normativo infraconstitucional.

Em seu artigo 155, §2º, XII, *a* prescreve que cabe à lei complementar (através de *normas gerais,* como já discutimos) definir quais seriam os seus contribuintes.

Por sua vez, de forma específica, em relação ao ICMS-ocm, o artigo 4º da lei complementar prescreve: "Contribuinte é qualquer pessoa, física ou jurídica, que realize, com habitualidade ou em volume que caracterize intuito comercial, operações relativas à circulação de mercadorias (...)".

Conotativamente o dispositivo indica as propriedades atinentes ao contribuinte do ICMS-ocm:

- **Ser pessoa física ou jurídica**

A personalidade jurídica do sujeito passivo é essencial tanto em face do fato de integrar uma relação jurídica (que só pode ocorrer entre pessoas assim reconhecidas pelo Direito), no caso, de cunho tributário, como por pretensões processuais, como destacamos anteriormente.

---

257. CARRAZZA, Roque Antonio. *ICMS*. 15 ed. São Paulo: Malheiros, 2011, p. 41.

258. CARVALHO, Paulo de Barros. *Curso de direito tributário*. 23. ed. São Paulo: Saraiva, 2011, p. 379.

- **Que realize operações relativas à circulação de mercadorias**

A escolha na norma complementar recai sobre o sujeito do verbo *realizar*, satisfazendo a necessidade de ligação direta do eleito *contribuinte* com o fato material típico.

Acertou o legislador complementar ao definir como ocupante do polo passivo na condição de *contribuinte* aquele que realiza o evento tributário constitucionalmente estabelecido.

- **Em caráter habitual ou em volume que caracterize intuito comercial**

O requisito da **habitualidade**, como integrante do sucesso da realização material hipotética do ICMS-ocm, está diretamente ligado à periodicidade com que as operações ocorrem. Está ligado à repetição na realização de negócios jurídicos mercantis com transferência de disponibilidade.

O termo "habitual" não traduz precisão numérica. O quê seria "habitual"? Três, quatro... cem? Uma vez ao dia, mas todo dia? Uma vez ao mês? Duas vezes ao ano, durante dez anos? Qual o critério a ser estabelecido para entender uma prática como "habitual"?

São múltiplas as possibilidades em face da vaguidade semântica do termo "habitualidade". Paulo de Barros Carvalho[259] o considera "(...) dúbio, ambíguo, esquivo, indefinido, inconsistente, que não dá segurança a quem o emprega, deixando hesitante aquele que o lê. Não tendo sido demarcado, transmite meramente noção, ideia, conceito; nunca definição, sentença, asserto". Na mesma linha do professor, entendemos *habitual* "(...) aquilo que se repete, que tem constância, que se renova, assim no tempo, que no estilo".

Com isso, o legislador complementar deixou em aberto ao legislador ordinário a possibilidade de "enxergar" *habitualidade* em face de critério de sua livre escolha; devendo, porém, sob pena de

---

259. CARVALHO, Paulo de Barros. *Direito tributário, linguagem e método*. 3. ed. São Paulo: Noeses, 2009a, p. 774.

ICMS - IMPORTAÇÃO

inconstitucionalidade, o fato considerado ordinariamente como "habitual" ser o de *realizar operações relativas à circulação de mercadorias*. É a materialidade tributária constitucional condicionando a atividade enunciativa do legislador ordinário na sua construção dos demais elementos da Regra-Matriz de Incidência Tributária do ICMS-ocm.

Paulo de Barros Carvalho ainda observa que mesmo uma única realização *operação relativa à circulação de mercadorias* pode ser considerada ocorrência habitual. Basta que o singelo ato habitual traga: "(...) consigo a marca da reiteração, o timbre repetitivo",[260] como sói ocorre na primeira venda realizada por comerciante em início de atividades. As mesmas dúvidas cercam a identificação do "volume caracterizador de intuito comercial" relativo à quantidade de mercadorias cuja transferência de titularidade ocorre em face de negócios jurídicos.

Qual quantidade de mercadorias indica "intuito comercial"?

José Eduardo Soares de Melo, ao discorrer sobre o ICMS nos casos de importação, destaca a dificuldade de aferição dos requisitos da *habitualidade* e do *volume*, os entendendo "(...) impregnados de considerável dose de subjetividade, que não se compadecem com a rigidez da tipicidade tributária".[261] A observação pode ser aproveitada no nosso estudo tópico do ICMS-ocm, pois a utilização pelo legislador de termos vagos causa dificuldades na aplicação normativa correlata.

Porém, a dificuldade da objetivação semântica em face do termo *habitual* e da expressão *volume com intuito comercial* não obsta o fato de o contribuinte ter que ser, obrigatoriamente, sujeito do verbo do critério material.

A opção do legislador complementar não fora a de elencar um rol de contribuintes possíveis, como comerciantes, produtores,

---

260. CARVALHO, Paulo de Barros. *Direito tributário, linguagem e método*. 3. ed. São Paulo: Noeses, 2009a, p. 774.

261. MELO, José Eduardo Soares de. *ICMS*: teoria e prática. 11. ed. São Paulo: Dialética, 2009, p. 186.

industriais ou quem lhes fosse comparado; foi o de considerar a possibilidade de ser contribuinte qualquer pessoa física ou jurídica que *estivesse* agindo como comerciante, produtor ou industrial em situação tópica e concreta, seja em face da "habitualidade" na realização do fato tributário, seja em face do *volume* transacionado.

Essa restrição subjetiva adotada pela lei complementar vai ao encontro de um dos papéis das *normas gerais em matéria de legislação tributária:* o de limitar o poder de tributar dos entes políticos competentes à instituição do ICMS-ocm. Só haverá o sucesso da hipótese material do tributo se a *realização de operação relativa à circulação de mercadorias* for realizada de forma *habitual* ou em *volume que indique intuito comercial.*

Nesse sentido, Paulo de Barros Carvalho alerta que o importante "em termos de verificação da ocorrência do evento jurídico-tributário, é a prática habitual de operações relativas à circulação de mercadorias. Quem o fizer propiciará o acontecimento do fato imponível, nascendo, por via de consequência, o vínculo tributário".[262] A observação fora feita em face da ordem constitucional anterior, porém, plenamente aplicável atualmente.

- **Sobre a responsabilidade tributária**

Sobre a responsabilidade tributária, lembramos que Maria Rita Ferragut destaca que "(...) a Constituição não prescreve quem deva ser o sujeito passivo das relações jurídicas tributárias, deixando para o legislador infraconstitucional essa atribuição".[263] Prossegue a professora[264] afirmando que, nessa eleição passiva, o legislador possui dois limites: **(i)** pode ser qualquer pessoa ligada indiretamente ao fato jurídico tributário ou **(ii)** pessoa diretamente ou indiretamente ligada

---

262. CARVALHO, Paulo de Barros. *A regra-matriz do ICM.* 1981. Tese (Livre-Docência em Direito Tributário) - Pontifícia Universidade Católica, São Paulo, 1981, p. 339.

263. FERRAGUT, Maria Rita. *Responsabilidade tributária e o Código Civil de 2002.* São Paulo: Noeses, 2005, p. 37.

264. FERRAGUT, Maria Rita. *Responsabilidade tributária e o Código Civil de 2002.* São Paulo: Noeses, 2005, p. 38.

ICMS - IMPORTAÇÃO

ao sujeito que praticou tal fato.

Já destacamos que a CF/88, em seu artigo 146, III, *b*, prescreve que a sujeição passiva será estabelecida por *normas gerais* veiculadas por lei complementar, incluindo o contribuinte e o responsável tributário.

O CTN, em seus artigos 121 a 138, estabelece diversas situações de responsabilidade tributária atribuíveis às obrigações tributárias em geral.

Não é o foco deste trabalho a discussão específica de cada espécie ali destacada, lembrando, apenas, que o responsável tributário não é o mesmo sujeito do verbo do critério material, tendo sido colocado no polo passivo da obrigação tributária correlata em face de disposição legal e, no mesmo sentido de Maria Rita Ferragut, por sua relação indireta com o fato tributário ou por sua relação direta ou indireta com o contribuinte.

Por sua vez, em relação ao ICMS-ocm, nosso interesse momentâneo, a Lei Maior prescreve em seu artigo 155, §2º, XII, *d* que cabe à lei complementar fixar o local das operações relativas à circulação de mercadorias para efeitos de definir estabelecimento responsável.

Interpretamos o dispositivo normativo aceitando que o aspecto espacial definido por lei complementar sirva de instrumento de **ligação indireta** entre o sujeito passivo responsável eleito pelo legislador ordinário e o fato tributário, um dos requisitos apontados como essenciais à eleição de responsável tributário.

Destacamos que, a nosso ver, haveria imprecisão do legislador constitucional na utilização da expressão "estabelecimento responsável" como sinônima de "sujeito passivo responsável", devendo sua significação destacar a ficção jurídica da personificação, para quaisquer efeitos, dos estabelecimentos submetidos ao ICMS, como já discutimos linhas atrás, quando abordamos a "autonomia dos estabelecimentos" como prevista na LC 87/96.

Além dos dispositivos do CTN sobre a eleição de possíveis responsáveis tributários, a LC 87/96, em seus artigos 5º a 10, trata da matéria, incluindo a questão sobre a responsabilidade tributária por substituição.

- **"Contribuinte de direito" e "Contribuinte de fato"**

Discutir a distinção entre os chamados "contribuintes de direito" e "contribuintes de fato" adquire singular relevância no estudo do ICMS-ocm, a fim de fixar mais uma característica identificadora desta espécie tributária: a de que o encargo do imposto não é suportado pelo sujeito passivo, mas pelo adquirente final das mercadorias transferidas.

Paulo de Barros Carvalho, ao debruçar-se sobre o tema, destaca o sincretismo metodológico na classificação afirmando que "economicamente, contribuinte é a pessoa que arca com o ônus do pagamento do tributo. Nos domínios jurídicos, é o sujeito de direitos que ocupa o lugar sintático de devedor, no chamado 'polo passivo da obrigação tributária'".[265] Denuncia o professor que a incabível classificação ocasiona "verdadeiro caos na ordem jurídica",[266] citando como exemplo o artigo 166 do CTN. Na sua visão, o dispositivo normativo complementar condicionaria a restituição de tributos, cuja natureza é a de transferir o respectivo encargo financeiro (como é o caso do ICMS-ocm), "(...) à prova de haver o "contribuinte de direito" assumido o referido encargo ou, na hipótese de tê-lo transferido, estar autorizado, pelo "contribuinte de fato", a recebê-la".[267]

No entanto, em face do "contribuinte de fato" não integrar a relação jurídica tributária como sujeito passivo, fica impedido de pleitear a restituição do tributo cujo encargo ele próprio suportou.

Utilizaremos essa discussão sobre a figura do "contribuinte de fato" ao tratarmos da imunidade do ICMS na importação de bens de ativo por entidade assistencial, mais especificamente na importação de equipamentos médicos por hospitais.

---

265. CARVALHO, Paulo de Barros. *Direito tributário, linguagem e método*. 3. ed. São Paulo: Noeses, 2009a, p. 625.

266. CARVALHO, Paulo de Barros. *Direito tributário, linguagem e método*. 3. ed. São Paulo: Noeses, 2009a, p. 627.

267. CARVALHO, Paulo de Barros. *Direito tributário, linguagem e método*. 3. ed. São Paulo: Noeses, 2009a, p. 627.

## 3.2.5 O aspecto quantitativo do ICMS-ocm

Apenas de forma genérica trataremos do critério quantitativo da base de cálculo e da alíquota no ICMS-ocm.

- **Base de Cálculo**

A CF/88, em seu artigo 146, III, "a", prescreve que *normas gerais* veiculadas por lei complementar devem definir as bases de cálculo dos impostos. De forma específica, em relação ao ICMS-ocm, o artigo 155, §2°, XII, "i", determina que a lei complementar trate de fixar sua base de cálculo, prescrevendo, inclusive, que o método seja o de *cálculo por dentro*, onde o montante do imposto cobrado integre a sua própria base.

O artigo 13, I da LC 87/96 prescreve que a base de cálculo seja o **valor da operação.** Detalhamentos sobre inclusões, exclusões e valores a serem arbitrados estão previstos nos parágrafos do artigo 13 e nos artigos 15 a 18 do veículo complementar. O aprofundamento dessas características extrapola os objetivos deste estudo.

Assim, para o aspecto material "realizar operação relativa à circulação de mercadorias", temos como sua faceta estrutural quantitativa o valor da "operação realizada", em total adequação da lei complementar à previsão constitucional do ICMS-ocm.

Na linha de Aires Barreto[268] o padrão para medir o fato tributário de operação relativa à circulação de mercadorias realizada, seria o valor dessa operação. A base de cálculo do ICMS-ocm estaria assim definida, de acordo com o professor.

Por sua vez, pouca margem resta aos legisladores ordinários dos entes políticos competentes na atividade enunciativa inovadora de seus ICMS-ocm na estipulação de suas bases de cálculo. Eles estão restritos, na sua atividade enunciativa, à exata quantificação das "operações" já conceituadas constitucionalmente, observando as

---

268. BARRETO, Aires. *Base de cálculo, alíquota e princípios constitucionais.* 2. ed. São Paulo: Max Limonad, 1998, p. 52.

restrições e as inclusões à base de cálculo previstas em lei complementar.

Observa, com razão, Roque Antonio Carrazza[269] que "a base de cálculo do ICMS não é o valor agregado", devendo-se cobrar o montante referente ao "valor da operação mercantil realizada".

Aroldo Gomes de Mattos, no mesmo sentido, afirma que "o imposto, pois, incide sobre o valor total da operação, não apenas sobre o valor acrescido ou agregado (...)".[270]

Observamos que o valor eventualmente a ser recolhido em determinado período, a título de ICMS-ocm, será fruto da aplicação do princípio da não-cumulatividade, que trataremos mais à frente.

- **Alíquota**

Na determinação das alíquotas, as correspondentes *normas gerais* são veiculadas por resoluções do Senado Federal. Transcrevemos os dispositivos normativos constitucionais que prescrevem tal competência:

> **Art. 155, §2º, IV da CF/88 -** O ICMS atenderá ao seguinte: "resolução do Senado Federal, de iniciativa do Presidente da República ou de um terço dos Senadores, aprovada pela maioria absoluta de seus membros, estabelecerá as alíquotas aplicáveis às operações e prestações, interestaduais e de exportação".

> Lembramos que a exportação goza de imunidade, **conforme Art. 155, §2º, X, "a", primeira parte, da CF/88:** o ICMS não incidirá "sobre operações que destinem mercadorias para o exterior, nem sobre serviços prestados a destinatários no exterior (...)".

> **Art. 155, §2º, V, "a" da CF/88 -** O ICMS atenderá ao seguinte: "é facultado ao Senado Federal estabelecer alíquotas

---

269. CARRAZZA, Roque Antonio. *ICMS*. 15 ed. São Paulo: Malheiros, 2011, p. 90.

270. MATTOS, Aroldo Gomes de. *ICMS*: comentários à legislação nacional. São Paulo: Dialética, 2006, p. 237.

## ICMS - IMPORTAÇÃO

mínimas nas operações internas, mediante resolução de iniciativa de um terço e aprovada pela maioria absoluta de seus membros".

**Art. 155, §2º, V, "b" da CF/88 -** O ICMS atenderá ao seguinte: "é facultado ao Senado Federal fixar alíquotas máximas nas mesmas operações para resolver conflito específico que envolva interesse de Estados, mediante resolução de iniciativa a maioria absoluta e aprovada por dois terços de seus membros".

Assim, Resoluções do Senado, como bem lembra Frederico Araújo Seabra de Moura, "(...) também têm o papel de instrumentos veiculadores de normas gerais em matéria tributária (...)",[271] de forma obrigatória para as alíquotas interestaduais e facultativa tanto no estabelecimento de alíquotas mínimas em operações internas, como no estabelecimento de alíquotas máximas em situações conflituosas específicas. Nessa última possibilidade, entendendo que o conflito seja motivo de movimentação enunciativa do Senado no sentido de evitar sua continuidade para eventos futuros e não que a atuação do Senado Federal tenha papel de solucionar os conflitos já ocorridos e suas correlatas consequências, por ausência do atributo jurisdicional cabível, nesse caso, exclusivamente ao judiciário.

Outra questão sobre as alíquotas envolve a previsão facultativa da sua aplicação seletiva em face da essencialidade das mercadorias envolvidas, como previsto no artigo 155, §2º, III da CF/88.

Quanto maior a necessidade de determinada mercadoria, menor deveria ser sua alíquota interna, já que a natureza do bem disponibilizado é determinante somente em operações juridicamente internas.

Dois destaques devem ser feitos com relação à **seletividade** aplicada ao ICMS-ocm: **(i)** de que sua incidência seria não obrigatória, conforme o dispositivo permissivo constitucional e **(ii)** de que a seletividade atingiria a capacidade contributiva do chamado "contribuinte

---

271. MOURA, Frederico Araújo Seabra de. *Lei Complementar tributária.* São Paulo: Quartier Latin, 2009, p. 357.

ARGOS CAMPOS RIBEIRO SIMÕES

de fato", não do sujeito passivo da obrigação tributária corresponden-te, pois aquele e não este arcaria com a carga tributária na realização das operações relativas à circulação de mercadorias.

Em atualização da obra de Aliomar Baleeiro, Misabel Abreu Machado Derzi[272] atribui à seletividade o papel de substituta do prin-cípio da capacidade contributiva aplicável aos impostos em que seja impossível a aferição da *capacidade econômica* "da pessoa que adquire o produto ou a mercadoria para consumo". No caso do ICMS-ocm, a professora justifica que "(...) o sujeito passivo, que recolhe o tributo aos cofres públicos (o industrial ou o comerciante), transfere a um terceiro, o consumidor final, os encargos tributários incidentes", o que tornaria praticamente impossível a graduação da sua capacidade econômica pessoal, por isso, a transferência destacada à seletividade, com o critério distintivo da essencialidade aplicável às mercadorias envolvidas.

Uma derradeira questão relativa às alíquotas do ICMS-ocm re-fere-se à exigência constitucional, prevista pelo artigo 155, §2º, inciso VI, da necessária anuência dos entes políticos tributantes do ICMS na eventual estipulação por Estado ou Distrito Federal de alíquotas internas em valores inferiores aos determinados pelo Senado Federal para as operações interestaduais.

O descumprimento do procedimento enunciativo de origem constitucional é uma das causas dos efeitos danosos da chamada "guerra fiscal do ICMS".

Esses são os pontos relevantes com relação ao aspecto quantita-tivo da regra-matriz de incidência tributária do ICMS-ocm.

---

272. BALEEIRO, Aliomar. *Limitações constitucionais ao poder de tribu-tar*. Atualização de Misabel Abreu Machado Derzi. 7. ed. Rio de Janeiro: Forense, 2003, p. 694.

# CAPÍTULO 4

## A CONSTRUÇÃO HISTÓRICO-SEMÂNTICA DAS MATERIALIDADES DO ICMS NA IMPORTAÇÃO: DA CONSTITUIÇÃO DE 1967 AOS DIAS ATUAIS

### 4.1 Sobre o método interpretativo na construção do ICMS-importação

Realizar uma análise histórico-semântica da materialidade constitucional da exação estadual nas operações de importação nos auxiliará na compreensão do seu conceito atual, assim como Geraldo Ataliba[273] o fez para o ICM em relação ao antigo imposto estadual sobre vendas e consignações, quando, estudando a enunciação expositiva do anteprojeto da Emenda Constitucional 18/1965, interpretou as modificações materiais por ela introduzidas ao longo do tempo, concluindo pela ampliação do rol dos negócios jurídicos representados pelo termo *operação* do, então inédito, imposto estadual ICM.

A descrição evolutiva do ICM-importação e, posteriormente, do ICMS-importação também nos ajudará a compreender o *modus*

---

273. ATALIBA, Geraldo. ICM: hipótese de incidência. Bens importados para uso próprio. In: *Estudos e pareceres de direito tributário*. São Paulo: Revista dos Tribunais, 1978b, v. 1, p. 127.

operandi enunciativo de nossos legisladores em relação ao tributo estadual na importação. O método por eles utilizado nos auxiliará na construção da materialidade constitucional atual do tributo estadual na importação.

Não se deve interpretar a Constituição Federal utilizando como referência veículos infraconstitucionais, como já destacara o próprio Geraldo Ataliba ao afirmar que a norma constitucional "(...) não pode ser interpretada como tem sido feito – à luz da lei".[274] As leis é que devem ser interpretadas sob a ótica constitucional.

Porém, é interessante notar que o avanço material do ICM (e claro, do nosso atual ICMS) na importação teve um toque de inversão em sua validação. O surgimento material veio de forma inconstitucional por meio de veículos normativos de caráter complementar; depois, efetuou-se a necessária adaptação constitucional.

Essa inversão de papéis serve unicamente ao propósito de aumentar desenfreadamente a arrecadação de tributos, muitas vezes sem observância aos limites impostos pela ordem constitucional.

Tendo em vista tal *modus operandi* enunciativo de nossos legisladores tributários, entendemos que inéditos termos incluídos ao longo das atualizações normativas devem ser, em regra, considerados relevantes quanto à sua significação, especialmente as de ordem constitucional, seja com relação ao ICM, seja quanto ao ICMS.

Assim, só usaremos o derradeiro recurso interpretativo de qualificar como atécnicas quaisquer inserções legislativas quando restarem esgotadas todas as possibilidades de aproveitamento com sentido dos textos positivados.

Na utilização desse método estamos conscientes e atentos para o alerta feito por Geraldo Ataliba e Cleber Giardino[275] sobre a

---

274. ICM: não incidência. In: *Estudos e pareceres de Direito Tributário*. São Paulo: Revista dos Tribunais, 1978c, v. 1, p. 143.

275. ATALIBA, Geraldo; GIARDINO Cleber. Pressupostos do estudo jurídico do ICM. *Revista de Direito Tributário*, São Paulo, n. 15-16, p. 96-114, jan./jun. 1981b, p. 106.

necessária distinção, na prática interpretativa, da "intenção do legislador" e da "vontade da lei", devendo esta ser o objeto de interesse do aplicador do sistema legal.

Explicam os professores que a intenção da lei, como vontade do Estado, longe de resultar de solitária norma, advém das "consequências da sua inserção sistemática, no contexto mais amplo da ordenação normativa".[276] Sendo que o sistema normativo, assim compreendido, restaria desapegado dos legisladores considerados individualmente em suas particulares intenções.

A "intenção do legislador", como fator extrajurídico de interpretação, não escapa a Miguel Reale quando ensina que:

> Dizer que a lei deve ser interpretada segundo a intenção do legislador é recorrer a um fator extralegal, pois permite ao intérprete a ficção de uma intencionalidade ou de um propósito no momento da gênese da lei, a fim de poder atender a imprevistas exigências presentes.[277]

Atentos ao alerta, passemos, então, à análise evolutiva do ICM-importação e do ICMS-importação, precisando seus conteúdos semânticos.

## 4.2 Primeira versão: Constituição Federal de 1967 com as alterações da Emenda Constitucional 1/1969 e o Decreto-Lei 406/1968

A Constituição de 1967 prescrevia a materialidade do antigo ICM como "operações relativas à circulação de mercadorias realizadas por produtores, industriais e comerciantes", conforme inciso II de seu artigo 24. Nenhuma alusão fora feita a fatos relacionados à importação.

---

276. ATALIBA, Geraldo; GIARDINO Cleber. Pressupostos do estudo jurídico do ICM. *Revista de Direito Tributário*, São Paulo, n. 15-16, p. 96-114, jan./jun. 1981b, p. 106.

277. REALE, Miguel. *Filosofia do Direito*. 16. ed. São Paulo: Saraiva, 1994, p. 427.

ARGOS CAMPOS RIBEIRO SIMÕES

Mesmo com as alterações da Emenda Constitucional 1/1969, a materialidade expressa constitucionalmente do antigo ICM não se alterou.

A primeira menção à cobrança do ICM sobre a importação não fora veiculada por norma constitucional, mas sim pelo Decreto-Lei 406, de 31 de dezembro de 1968[278] que, em seu artigo 1º, inciso II, estabeleceu como um dos fatos exteriorizadores do critério temporal do novel imposto estadual (no decreto denominado fato gerador) a "entrada, em estabelecimento comercial, industrial ou produtor, de mercadoria importada do exterior pelo titular do estabelecimento".

Tal fato deu margem a dúvidas e discussões. Será que a materialidade constitucional do antigo ICM albergava a situação de operação de importação ou estaria o poder público inconstitucionalmente ampliando a hipótese de incidência do tributo estadual por meio de norma infraconstitucional?

É importante ressaltar que o veículo normativo, Decreto-Lei 406/1968, cumpria o papel de estabelecer normas gerais em matéria de legislação tributária em atenção ao prescrito pelo §1º do artigo 18 da Lei Maior de 1967, que prescrevia que: "Lei complementar estabelecerá normas gerais de direito tributário, disporá sobre os conflitos de competência tributária entre a União, os Estados, o Distrito Federal e os Municípios, e regulará as limitações constitucionais do poder tributário".

Com pequenas alterações de redação, que não lhe modificaram o conteúdo, a norma que estabelece o papel da lei complementar e o de suas *normas gerais* em matéria tributária fora mantida mesmo após as Emendas Constitucionais 1/1969 e nº 23/1983.

---

278. BRASIL. Presidência da República. *Decreto-Lei 406, de 31 de dezembro de 1968*. Estabelece normas gerais de direito financeiro, aplicáveis aos impostos sôbre operações relativas à circulação de mercadorias e sôbre serviços de qualquer natureza, e dá outras providências. Disponível em: < http://www.planalto.gov.br/ccivil_03/Decreto-Lei/Del0406.htm>. Acesso em 14 ago. 2011.

128

ICMS - IMPORTAÇÃO

Assim, veiculou-se à época, por meio de Decreto-Lei, matéria atinente à lei complementar. Possibilidade enunciativa excepcional fundamentada pelo §1º do artigo 2º do Ato Institucional 5, de 13 de dezembro de 1968, que prescrevia que "Decretado o recesso parlamentar, o Poder Executivo correspondente fica autorizado a legislar em todas as matérias e exercer as atribuições previstas nas Constituições ou na Lei Orgânica dos Municípios".[279]

De acordo com Alcides Jorge Costa, o Decreto-Lei 406/1968 "(...) ampliou o campo de incidência do ICM para fazê-lo recair também sobre a entrada, em estabelecimento comercial, industrial ou produtor, de mercadoria importada do exterior pelo titular do estabelecimento".[280]

A nosso ver, o entendimento do professor era o de que "normas gerais em matéria de legislação tributária" poderiam inovar na materialidade constitucional, fato já discutido neste trabalho e sobre o qual nos posicionamos de forma diversa, resolvendo pela inconstitucionalidade de inéditas construções materiais veiculadas por normas infraconstitucionais.

Geraldo Ataliba, em estudo sobre a cobrança de ICM na importação de bens para uso próprio, faz algumas observações que, além de destacar sua divergência em face do posicionamento de Alcides Jorge Costa, nos auxilia no entendimento sobre a cobrança do antigo ICM (e do atual ICMS) na importação. O professor desvincula o fato exteriorizador da *entrada* como integrante da hipótese de incidência do ICM, afirmando que "é mero momento em que se aperfeiçoa no tempo a obrigação tributária. É simples aspecto temporal da hipótese do tributo".[281]

---

279. BRASIL. Presidência da República. *Ato institucional 5, de 13 de dezembro de 1968*. Disponível em: <http://www6.senado.gov.br/legislacao/Lista-Normas.action?numero=5&tipo_norma=AIT&data=19681213&link=s>. Acesso em 14 ago. 2011.

280. COSTA, Alcides Jorge. *ICM na Constituição e na Lei Complementar*. São Paulo: Resenha Tributária, 1978, p. 60.

281. ICM: hipótese de incidência. Bens importados para uso próprio. In: *Estudos e pareceres de direito tributário*. São Paulo: Revista dos Tribunais,

ARGOS CAMPOS RIBEIRO SIMÕES

Afirma, ainda, Geraldo Ataliba que os elementos essenciais do ICM são dispostos exclusivamente pela Constituição, sendo que "não dispõem, nem o legislador complementar nem o ordinário, de liberdade para estabelecer nada de essencial quanto ao assunto."[282]

Expressa sua indignação com a equivocada forma de se interpretarem normas constitucionais "à luz da lei"[283], destacando que "(...) é imprescindível fazer abstração da legislação para interpretar corretamente a Constituição".[284]

Geraldo Ataliba e Cléber Giardino destacam que, em matéria de ICM, seriam:

> (...) o fato **saída**, o fato **entrada**, o fato **transmissão da propriedade de mercadorias** etc., meros critérios de imputação temporal da operação tributável que, assim, se terá por acontecido nesse instante, e não naquele em que – segundo suas características peculiares – normalmente ocorreria.[285] (Grifos dos autores).

A materialidade constitucional do ICM continuava sendo *a realização de operações relativas* à circulação de mercadorias por produtores, industriais e comerciantes, conforme o artigo 24, inciso II da Constituição Federal de 1967, agora em face da Emenda Constitucional 1/1969.

É relevante destacar que Geraldo Ataliba, na sua defesa sobre a

---

1978b, v. 1, p. 134.

282. ICM: hipótese de incidência. Bens importados para uso próprio. In: *Estudos e pareceres de direito tributário*. São Paulo: Revista dos Tribunais, 1978b, v. 1, p. 134.

283. ICM: hipótese de incidência. Bens importados para uso próprio. In: *Estudos e pareceres de direito tributário*. São Paulo: Revista dos Tribunais, 1978b, v. 1, p. 134.

284. ICM: hipótese de incidência. Bens importados para uso próprio. In: *Estudos e pareceres de direito tributário*. São Paulo: Revista dos Tribunais, 1978b, v. 1, p. 134.

285. ATALIBA, Geraldo; GIARDINO, Cleber. Núcleo da definição constitucional do ICM. *Revista de direito tributário*, n. 25-26, p. 101-119, 1983, p.117.

ICMS - IMPORTAÇÃO

importância do termo *operações* no ICM, afirmando que o tributo estadual era sobre **operações** *relativas à circulação de mercadorias*, e não sobre mera **circulação** *de mercadorias*, cita a seguinte advertência feita por Souto Maior Borges:

> Não é, pois, um tributo sobre a circulação em si, considerada como simples movimentação física (transporte) de mercadoria, mas um tributo sobre operações de circulação de mercadorias (compra-e-venda, promessa de venda, doação, empreitada, dação em pagamento, transferência de mercadoria, troca, **importação**, exportação **e outras operações**) (RDA 103/34)".[286] (Grifos nossos).

O destaque deixa claro, a nosso ver, que tanto Geraldo Ataliba como Souto Maior Borges demonstram o entendimento de que a *importação de mercadorias* seria uma espécie de *operação relativa à circulação de mercadorias,* pois ali se verificaria um ato jurídico mercantil de transmissão de titularidade (de disponibilidade, como já estudamos).

No entanto, é diverso o entendimento de Geraldo Ataliba[287] sobre a cobrança de ICM na *importação de bem de capital para ativo fixo,* enxergando, nesse caso, dupla inconstitucionalidade: **(i)** de que a lei brasileira não poderia alcançar operação efetuada no estrangeiro e **(ii)** de que o bem importado, e submetido ao ICM, teria a qualificação de uma não mercadoria.

Por sua vez, à época, Paulo de Barros Carvalho, na mesma linha de Geraldo Ataliba, aceitava o fato de a entrada em estabelecimento comercial, industrial ou produtor de mercadoria importada do exterior ser mero "(...) critério temporal da hipótese de incidência do imposto sobre operações relativas à circulação de mercadorias".[288]

No mesmo sentido de Geraldo Ataliba e de Paulo de Barros

---

286. BORGES apud ATALIBA, op. cit., p. 128.

287. ATALIBA, op. cit., p. 131.

288. CARVALHO, Paulo de Barros. *A regra-matriz do ICM.* 1981. Tese (Livre-Docência em Direito Tributário) - Pontifícia Universidade Católica, São Paulo, 1981, p. 257.

Carvalho entendemos que o Decreto-Lei 406/1968, no seu papel normativo excepcional de lei complementar, quando prescreveu "a entrada, em estabelecimento comercial, industrial ou produtor, de mercadoria importada do exterior pelo titular do estabelecimento", como *fato gerador* do antigo ICM, apenas definiu a hipótese exteriorizadora de momento relevante à sua incidência, seu critério temporal.

Assim, à época, o ICM na importação de mercadorias poderia ser considerado como subespécie do ICM-operação relativa à circulação de mercadorias, mas cujo critério temporal seria a entrada das mercadorias (qualificação jurídica dada pela sua destinação) no estabelecimento do comerciante, industrial ou produtor importador, e não a sua saída.

Porém, sobre o termo *circulação* cabe uma ressalva. Se para **o ICM-ocm** "circular" representaria **transferência de disponibilidade**, para o **ICM-importação de mercadorias** designaria uma **aquisição de disponibilidade**, pois a referência sobre a operação na importação não é a de transferir os "direitos de dono" de uma mercadoria, mas sim a de adquiri-los.

Tal conclusão está intrinsecamente ligada ao fato da qualificação jurídica do bem importado "dever estar" para seu adquirente, "mercadoria", cuja destinação deverá ser a transferência da disponibilidade desse bem em futura operação.

A utilização da expressão "dever estar", como indicadora da circunstancial qualificação de "mercadoria" do bem importado adquirido, resta inspirada nos ensinamentos de Paulo de Barros Carvalho quando afirma que "A natureza mercantil do produto não está, absolutamente, entre os requisitos que lhe são intrínsecos, mas na destinação que se lhe dê."[289] Conclui, assim, o professor que somente a "destinação" seria responsável por atribuir ao bem importado o atributo de "mercadoria". Assim a expressão "dever estar" tem a significação de "dever ser circunstancialmente".

---

289. CARVALHO, Paulo de Barros. *Direito tributário, linguagem e método*. 3. ed. São Paulo: Noeses, 2009a, p. 730.

ICMS - IMPORTAÇÃO

Portanto, o bem importado só *"está"* mercadoria para o adquirente na importação porque seu destino deverá ser a transferência para outra pessoa (ou outro estabelecimento ficticiamente personalizado, como já discutimos), senão, não seria adquirido como mercadoria, mas sim como bem destinado a consumo ou a ativo fixo.

Peculiaridade nesse ICM-importação (e também, posteriormente, no ICMS de mesma natureza) seria a permanência da qualificação jurídica de mercadoria do produto importado desde sua aquisição até sua transferência de titularidade em posterior operação mercantil.

Pensar de forma diversa seria entender que o termo "mercadoria" no ICM-importação restaria inócuo, bastando mera importação para que houvesse a possibilidade de sua incidência, não sendo relevante a destinação do produto importado.

A nosso ver, a legislação da época não permitia tal conclusão. Tanto a ordem constitucional quanto o veículo excepcional decreto-lei somente trataram de *mercadorias*.

Marcelo Viana Salomão ao definir o critério material do ICM na importação (mais precisamente do ICMS) afirma ser ele o de "importar mercadorias (...)",[290] denominando-o *"imposto de importação estadual"*.[291] (Grifos do autor).

A denominação é válida e poderíamos até vir a adotá-la, porém, com a compreensão de que a natureza jurídica estadual desse tributo lhe determina características próprias no contexto normativo do ICM, por exemplo, a não-cumulatividade e o fato de a legislação estadual somente poder atingir produtos regularmente nacionalizados, ou seja, teremos a possibilidade de incidência do peculiar ordenamento do ICM somente após a solução tributária federal aduaneira. Mesmo que os momentos cronológicos de resolução das questões tributárias aduaneiras de competência da União e da questão do ICM-importação de competência estadual e distrital sejam o mesmo, deve-se considerá-

---

290. SALOMÃO, Marcelo Viana. *ICMS na importação*. 2. ed. São Paulo: Atlas, 2001, p. 58.
291. SALOMÃO, Marcelo Viana. *ICMS na importação*. 2. ed. São Paulo: Atlas, 2001, p. 61.

los momentos juridicamente distintos.

As normas estaduais instituidoras do ICM (e também do futuro ICMS) não podem ser incididas sobre produtos do estrangeiro entrados no país e que não foram nacionalizados; sejam produtos apreendidos e que entraram de forma irregular ou produtos que entraram regularmente, porém restariam albergados por peculiar regime em face de sua não permanência definitiva. São bens não alcançáveis pela ordem jurídica comercial e, portanto, não atingidos pela ordem tributária correlata do ICM.

Entendemos que a forma mais precisa de tratar o ICMS-importação não seja a de considerá-lo, portanto, um "imposto de importação estadual", pois sua materialidade não é a de "importar", cuja competência constitucional resta adstrita ao imposto da União sobre a importação de produtos do estrangeiro. A materialidade estadual do ICMS-importação estaria calcada na "aquisição de produtos regularmente importados", sendo o contribuinte seu adquirente.

Roque Antonio Carrazza destaca a vocação mercantil da cobrança do imposto estadual na importação quando afirma que o fato tributável seria "(...) a incorporação da mercadoria no ciclo econômico da empresa que a importa para fins de comercialização".[292] Apesar de a afirmação ter sido feita na vigência do atual ICMS, entendemos que a observação é cabível também para o anterior ICM na importação de mercadorias, pois sua materialidade exacional era muito próxima do critério material do atualmente vigente ICMS.

Com isso, a nossa construção material do ICM-importação contextualizada normativamente em face da legislação da época seria a seguinte: o negócio jurídico privado da *importação* seria a **operação;** a **circulação** se daria pela aquisição de disponibilidade do produto **já regularmente importado;** a natureza jurídica do bem importado **"estaria" mercadoria,** tendo em vista a destinação a ser indicada pelo adquirente. Com isso, a materialidade da espécie ICM na operação relativa à circulação de mercadorias restaria presente na operação

---

292. CARRAZZA, Roque Antonio. *ICMS*. 15 ed. São Paulo: Malheiros, 2011, p. 62.

# ICMS - IMPORTAÇÃO

mercantil de importação.

Na busca de maior precisão conceitual sobre o termo *importar*, Paulo de Barros Carvalho assinala que o negócio jurídico da *importação* teria como objetivo "(...) trazer produtos originários de outro país para dentro do território brasileiro, com o objetivo de permanência".[293]

Similar conceituação faz Marcelo Viana Salomão ao destacar que o termo *importar* significaria "(...) introduzir produto estrangeiro no Brasil, com o objetivo de fazê-lo ingressar no mercado nacional".[294] Tal "introdução", como salienta o professor, indicaria que o negócio jurídico da importação não se realizaria no exterior, quando da realização do negócio mercantil, mas em momento posterior.

A nosso ver, estão com a razão os professores, pois a *importação* como ação regular de introdução de produtos estrangeiros no Brasil, seja para ingresso no mercado pátrio, como salientara Marcelo Viana Salomão, seja com o objetivo de aqui permanecer, como destacara Paulo de Barros Carvalho, dá-se com a solução procedimental prevista pela legislação aduaneira denominada "desembaraço aduaneiro", realizada em território pátrio nas denominadas "repartições aduaneiras".

Somente com o recolhimento dos tributos cabíveis de ordem aduaneira, de competência da União, poderemos aceitar que a relação jurídica de importação teria ocorrido. Nesta obra não tratamos das exceções ao procedimento aduaneiro geral de importação, tais como leilões públicos para aquisição de bens em situação irregular que foram apreendidos ou procedimentos específicos relacionados a produtos ingressantes em regime de *drawback*. Eventos de importação de natureza excepcional passam ao largo do nosso escopo tópico da construção do critério material do ICM na importação.

Marcelo Viana Salomão ainda destaca, como requisito essencial

---

293. CARVALHO, Paulo de Barros. *Direito tributário, linguagem e método*. 3. ed. São Paulo: Noeses, 2009a, p. 758.

294. SALOMÃO, Marcelo Viana. *ICMS na importação*. 2. ed. São Paulo: Atlas, 2001, p. 58.

à regulação da importação, o destino econômico a ser dado ao produto estrangeiro, *"quer como mercadoria, quer como bem de consumo, quer como bem de produção"*[295] (grifos do autor). A conclusão tem a aprovação de Roque Antonio Carrazza que afirma que o essencial seria que o bem ingressasse na "circulação econômica",[296] tendo em vista que sua mera entrada no país não seria causa de incidência da exação estadual.

Também partilhamos desse entendimento, até porque, como destaca Marcelo Viana Salomão, "se não fosse assim, sempre que qualquer avião estrangeiro, lotado de produtos oriundos de seu país de origem, pousasse no Brasil estaria iniciada uma relação tributária referente à importação".[297]

Lembramos que à época, a pretensão de incidência do ICM na importação de bens para consumo ou integração no ativo fixo do importador não encontrava respaldo normativo, seja constitucional, seja legal de natureza complementar.

## 4.3 Segunda versão: ampliação material enunciada pela Emenda Constitucional 23/1983

Em face da divergência dos doutrinadores sobre o alcance da incidência do ICM na importação, assim como das dúvidas quanto à existência de fundamento de validade constitucional à sua pretensão e, especialmente, a fim de garantir a inclusão da cobrança sobre não mercadorias também importadas e especialmente destinadas, resolveu o legislador da União, assumindo a função nacional de constituinte derivado, ampliar a materialidade do tributo por meio de emenda constitucional.

Observamos, assim, que o modo de agir do legislador na

---

295. SALOMÃO, Marcelo Viana. *ICMS na importação*. 2. ed. São Paulo: Atlas, 2001, p. 59.
296. CARRAZZA, Roque Antonio. *ICMS*. 15 ed. São Paulo: Malheiros, 2011, p. 67.
297. SALOMÃO, Marcelo Viana. *ICMS na importação*. 2. ed. São Paulo: Atlas, 2001, p. 59.

ICMS - IMPORTAÇÃO

pretensão exacional em relação ao ICM-importação deu-se da seguinte forma:

(i) criou-se um veículo normativo legal (Decreto-Lei 406/1968), destacando materialidade do tributo estadual ainda não explicitada pelo ordenamento: a da operação de importação; Nota: consideramos entendimento hermenêutico aceitável, apesar de não unânime na doutrina, o de que a importação de mercadorias seria uma subespécie de operação mercantil, restando, assim, fundamentada constitucionalmente sua exação, sendo que a norma infraconstitucional enunciada teria apenas definido seu critério temporal;

(ii) os estados procuraram, então, ampliar a incidência do ICM na importação, buscando alcançar não somente a importação de mercadorias, mas também a relacionada a bens destinados ao consumo ou ao ativo fixo dos importadores;

(iii) discutiu-se a inconstitucionalidade de tal pretensão ampliativa por inúmeros estudos e pareceres feitos por importantes doutrinadores;

(iv) alterou-se, a Constituição por meio de emenda; próximo passo na enunciação legislativa.

Tal *modus operandi* continua fazendo parte da cultura enunciativa dos nossos legisladores tributários do ICM (e posteriormente do ICMS), como verificaremos na sequência da análise evolutivo-histórica de seu surgimento.

A Emenda Constitucional 23, de 1º de dezembro 1983, além de, expressamente, fundamentar a cobrança de ICM nas operações de importação com mercadorias, retirando quaisquer dúvidas sobre tal possibilidade exacional, introduziu **nova materialidade sob a sigla ICM**. Incluiu na Constituição Federal o § 11 do artigo 23, prescrevendo que o ICM "incidirá, também, sobre a entrada, em estabelecimento comercial, industrial ou produtor, de **mercadoria importada do exterior** por seu titular, **inclusive quando se tratar de bens destinados**

137

**a consumo ou ativo fixo do estabelecimento.**[298] (grifos nossos).

Não se tratou somente de definir por veículo constitucional critério temporal do ICM-operações relativas à circulação de mercadorias que já havia sido incluído pelo Decreto-Lei 406/1968. A Emenda Constitucional 23/1983 ampliou a materialidade do ICM-importação, possibilitando sua incidência também nas operações relativas à aquisição de bens importados destinados a consumo ou a ativo fixo de estabelecimento comercial, industrial ou produtor.

Tendo em vista esta novel destinação específica atribuída ao ICM na importação, temos que o termo "circulação" não estaria mais adequado a integrar a inédita materialidade da exação estadual.

A nova materialidade não seria mais subespécie do ICM nas operações relativas à circulação de mercadorias, como fora classificado o ICM-importação de mercadorias, pois a aquisição de bens (não mercadorias) destinados a consumo e ativo fixo indica ausência de ciclo comercial suficiente a que tal exação seja classificada como "imposto sobre circulação".

No ICM-importação de mercadorias, vemos que a operação de importação inicia ciclo comercial em face da destinação dos bens importados adquiridos, suficiente a afirmar que esta modalidade de ICM é "imposto sobre circulação".

No ICM-importação de bens destinados a consumo e ativo fixo, temos uma única operação: a de importação; solitariamente considerada como não integrante de ciclo comercial subsequente algum, em face da destinação de não mercadorias dos bens importados adquiridos.

Assim, sua materialidade seria a de realizar operações de importação relativas à aquisição de bens destinados a consumo e ativo fixo do importador; ou de forma mais sintética seria a "aquisição de bens

---

298. BRASIL. Constituição (1967). *Constituição da República Federativa do Brasil de 1967*. http://www.planalto.gov.br/ccivil_03/Constituicao/Constitui%C3%A7ao67.htm>. Acesso em: 14 ago. 2011.

## ICMS - IMPORTAÇÃO

(não mercadorias) regularmente importados".

Faz-se necessário mais um destaque sobre a inédita materialidade desse novo ICM-importação: a aquisição dos bens importados não poderia ser a qualquer título, mas somente sobre a propriedade dos bens adquiridos.

No ICM-importação de mercadorias, vimos que a "aquisição das mercadorias importadas" necessitava singelamente da obtenção de sua disponibilidade e não de sua propriedade, tendo em vista a natureza de "circulação" das operações de importação, tudo em face da qualificação jurídica de mercadorias dos bens importados.

Tal amplitude não se prestaria ao ICM-importação de bens destinados a consumo ou ativo fixo, pois adquirir somente a disponibilidade de bens importados não restaria suficiente a consumi-los ou ativá-los. Para tanto, os demais atributos normativos da propriedade, os de uso e gozo, deveriam estar presentes; situação possível somente com o importador-adquirente sendo proprietário do bem importado.

Em resumo: para a espécie ICM-ocm, o termo *circulação* teria as possibilidades significativas de *transmissão ou de aquisição de disponibilidade*. Para sua subespécie: o ICM-importação de mercadorias, a materialidade de *aquisição de disponibilidade*.

Para outra espécie de ICM: o ICM-importação de não mercadorias destinadas a consumo ou ativo fixo, não poderíamos mais utilizar o termo *circulação*, por ausência de ciclo comercial que suportasse tal natureza, entendendo sua materialidade como realização de operações de importação relativas à *aquisição da propriedade* de bens oriundos do exterior destinados a consumo ou ativo fixo de estabelecimento comercial, produtor ou industrial.

Em decorrência do singular fato de *adquirir não mercadorias*, presente no ICM na importação de bens destinados a consumo e ativo fixo, vislumbramos uma utilidade para a tão criticada classificação que diferencia contribuintes "de direito" dos "de fato", apesar de sabermos que "contribuinte de direito" é único em seu papel como contribuinte e o denominado "contribuinte de fato" seria aquele que

139

arca economicamente com a carga tributária do ICM. Temos a compreensão de que somente será considerado contribuinte aquele que sendo sujeito do verbo do critério material, seja também colocado no polo passivo da relação jurídico-tributária correlata, assim como entendemos que o Direito exclusivamente reconhece situações jurídicas e não simplesmente factuais.

Apesar da flagrante imprecisão das denominações, temos que no ICM-ocm o ônus tributário do contribuinte é repassado quando transmitida a disponibilidade da mercadoria. Assim, os denominados contribuintes "de direito" e "de fato" seriam pessoas distintas.

No ICM-importação de mercadorias, temos que num primeiro momento o contribuinte adquirente por importação arca com o ônus do tributo, porém, tendo em vista o ciclo comercial iniciado pela importação e seguido por posterior transferência de disponibilidade dos bens importados devido à sua destinação como mercadorias, o princípio da não-cumulatividade, que veremos no capítulo seguinte, nos assegura que o ônus tributário da exação na importação não restará assumido pelo adquirente por importação.

Situação diversa ocorre no caso do ICM-importação de bens destinados a consumo e ativo fixo do importador. Quem arca economicamente com a carga tributária é seu próprio contribuinte, não havendo a possibilidade de transferência do ônus em face da situação de não mercadoria do bem importado adquirido. Na linguagem imprecisa do CTN, teríamos que contribuintes "de direito" e "de fato" seriam, então, a mesma pessoa. Esse fato nos leva a concluir que no ICM-importação de bens destinados a consumo e ativo fixo o patrimônio do adquirente-importador será tributariamente onerado. Utilizaremos esta conclusão mais adiante, quando da discussão sobre a incidência de ICMS na importação de bens de ativo por entidade assistencial.

Temos, então, que a materialidade constitucional introduzida pelo §11 do artigo 23 da Constituição Federal de 1967, alterada pela Emenda Constitucional 23/1983, é sobre "aquisição de bens regularmente importados destinados a consumo ou ativo fixo do estabelecimento".

ICMS - IMPORTAÇÃO

Assim, a nosso ver, por meio de constituinte derivado enunciando emenda constitucional, uma nova configuração impositiva tributária fora atribuída aos Estados e Distrito Federal: o negócio jurídico da importação relativo à aquisição de propriedade de bens regularmente nacionalizados destinados a consumo ou a ativo fixo dos estabelecimentos comerciais, industriais ou produtores.

Verifica-se pelas nossas conclusões sobre as materialidades construídas para o ICM na importação que não partilhamos do entendimento de que todo bem é mercadoria. Já vimos que o estado de um bem, se mercadoria ou não, depende de sua destinação.

Geraldo Ataliba, antes da Emenda Constitucional 23/1983, quando só havia a previsão de cobrança do tributo estadual para as operações com mercadorias, já fazia a distinção entre *bens* e *mercadorias* nos seguintes termos:

> Nem todo bem, juridicamente, é mercadoria. Mercadoria é, para o Direito, o objeto da atividade (conjunto de atos) mercantil, que, por isso mesmo, rege-se pelo Direito Comercial.
>
> (...)
>
> *Bem* é gênero. *Mercadoria* é espécie. Só a espécie foi contemplada pela Constituição. Não é lícito ao intérprete confundir o que a norma discerniu. Não pode o exegeta ampliar o conteúdo de uma dição constitucional, mormente em matéria rigorosa como o é a discriminação de competência tributária.[299]

A observação resta alicerçada no fato de que a Constituição Federal prescrevia, à época, a materialidade do ICM somente para mercadorias, sendo rigorosamente seguida, nessa parte, pelo então vigente Decreto-Lei 406/1968.

Tal destaque nos traz segurança ao afirmar que a incidência de ICM nas operações relacionadas à aquisição de bens importados, onde

---

299. ATALIBA, Geraldo. ICM: hipótese de incidência. Bens importados para uso próprio. In: *Estudos e pareceres de direito tributário*. São Paulo: Revista dos Tribunais, 1978b, v. 1, p. 128-129.

se dê a aquisição de sua propriedade em face do destino específico para consumo e ativo fixo, fora inaugurada em termos constitucionais pela Emenda Constitucional 23/1983. Roque Antonio Carrazza destaca que a Emenda Constitucional 23/1983 não só teria veiculado de forma inédita o ICM na importação de não mercadorias, como também o teria feito em relação à importação de mercadorias, convalidando a pretensão dos estados que "(...) tentaram (em vão) tributar, a título de ICM, ainda que a descoberto de previsão constitucional, as importações efetuadas por produtores, industriais e comerciantes".[300]

Nosso entendimento, como já destacado, seria parcialmente diverso, no sentido de que o ICM na importação de mercadorias já teria fundamento constitucional como subespécie de ICM nas operações relativas à circulação de mercadorias. O inédito seria a cobrança somente sobre as não mercadorias com a destinação específica para consumo ou para ativação.

A exação estadual encerrada sob a sigla-gênero ICM adquiriu, portanto, a possibilidade de ser incidida sob **nova espécie** de negócios jurídicos, ou seja, nova espécie de **operações**. Seria a inédita espécie de ICM sobre as operações relacionadas à aquisição mediante importação de não mercadorias destinadas a consumo ou a ativo fixo dos estabelecimentos comerciais, industriais ou produtores.

O legislador não foi preciso quando, literalmente, prescreveu que o novo imposto ICM-importação de bens para consumo ou ativo fixo seria apenas uma subespécie do ICM-ocm, conforme prescrito no §11 do artigo 23 da Constituição já emendada, que enunciava "O imposto a que se refere o inciso II incidirá também".

Apesar da imprecisão literal, vislumbramos na inédita possibilidade não uma subespécie de imposto estadual, mas, em face da ampliação de sua materialidade no sentido de alcançar não mercadorias com destinação especial, teríamos uma nova espécie de ICM: ICM na aquisição por importação de não mercadorias destinadas a consumo ou a ativo fixo dos estabelecimentos comerciais, industriais ou

---

300. CARRAZZA, Roque Antonio. *ICMS*. 15 ed. São Paulo: Malheiros, 2011, p. 63.

ICMS - IMPORTAÇÃO

produtores.

A submissão do novel imposto à sigla ICM dá ensejo à conclusão de que, com os ajustes necessários, deve-se aplicar o ICM-importação de não mercadorias especialmente destinadas levando-se em consideração o contexto normativo próprio do ICM que trata de importação de mercadorias. Clélio Chiesa destaca esta necessidade, quando faz o mesmo raciocínio, não em relação ao ICM-importação, mas já em face do ICMS-importação, inserindo-o no contexto normativo do ICMS sendo aplicado, com reservas, "(...) o influxo do regime jurídico atribuído a este imposto".[301] Conclusão por nós aproveitável pela similaridade material entre ICM-importação e ICMS-importação.

Geraldo Ataliba, antes da Emenda Constitucional 23/1983, também fazia outra crítica à possibilidade de incidência do ICM na importação, entendendo que a operação mercantil, sua materialidade exacional, não poderia "(...) ser alcançada pela lei brasileira",[302] portanto, seria incabível, *in casu*, a cobrança do estadual imposto. De acordo com sua fundamentação:

> Não pode a lei brasileira – nacional ou simplesmente federal ou estadual, na categorização de Kelsen – alcançar fato ocorrido e consumado sob ordem jurídica estrangeira, salvo a hipótese de acordo internacional que o autorize.
>
> Efetivamente, o negócio jurídico (ato jurídico mercantil) que serve de materialidade da hipótese de incidência do ICM – tal como constitucionalmente prevista – realiza-se e se consuma em território estrangeiro, no estabelecimento do exportador.
>
> (...)
>
> Assim como não pode a lei brasileira disciplinar fatos ocorridos fora do âmbito de alcance de sua soberania, não pode tributar atos jurídicos nas mesmas condições.
>
> (...)

---

301. CHIESA, Clélio. *ICMS*: sistema constitucional tributário: algumas inconstitucionalidades da LC 87/96. São Paulo: LTr, 1997, p. 91.

302. ATALIBA, Geraldo. ICM: hipótese de incidência. Bens importados para uso próprio. In: *Estudos e pareceres de direito tributário*. São Paulo: Revista dos Tribunais, 1978b, v. 1, p. 132.

ARGOS CAMPOS RIBEIRO SIMÕES

> Se o Estado federado não pode onerar pelo ICM nem negócio mercantil realizado – embora no território nacional – fora de sua jurisdição, *a fortiori* não pode, absolutamente, fazê-lo relativamente a negócio realizado e consumado onde nem mesmo a ordem jurídica nacional pode alcançar.[303]

É longa a digressão, porém útil aos nossos propósitos de busca da materialidade do ICM na importação (e, claro, do atual ICMS-importação).

Geraldo Ataliba, a nosso ver, em sua crítica partiu da premissa da só possibilidade de ICM na importação de bens que "estariam" mercadorias para seus adquirentes importadores aqui estabelecidos.

À época, somente a previsão constitucional do ICM sobre mercadorias autorizava tal hipótese, pois bens importados para ativo ou uso e consumo só teriam a qualificação de serem sujeitos à mercancia quando do negócio jurídico realizado no exterior; por isso sua alegação de extraterritorialidade como obstáculo à incidência do ICM estadual.

No mesmo sentido, Marcelo Viana Salomão destaca o fato de que, antes da mudança constitucional veiculada pela nova Emenda, os contribuintes lutaram "(...) para demonstrar que a pretensão fiscal era absolutamente inconstitucional, pois a "entrada" configurava apenas o critério temporal da hipótese de incidência daquele imposto, uma vez que seu critério material era a realização de operações mercantis".[304]

Assim como Geraldo Ataliba já havia concluído, Marcelo Viana Salomão aponta a inconstitucionalidade das pretensões fiscais de cobrança do ICM-importação antes da Emenda Constitucional 23/1983, pois:

---

303. ATALIBA, Geraldo. ICM: hipótese de incidência. Bens importados para uso próprio. In: *Estudos e pareceres de direito tributário*. São Paulo: Revista dos Tribunais, 1978b, v. 1, p. 132-133.

304. SALOMÃO, Marcelo Viana. *ICMS na importação*. 2. ed. São Paulo: Atlas, 2001, p. 43.

ICMS - IMPORTAÇÃO

> Assim, como as operações que antecederam a importação ocorreram em outros países, jamais um Estado-membro teria competência jurídica para tributá-las (salvo existência de tratado internacional neste sentido). Além disso, evidenciaram que, ainda que fosse possível tal incidência, ela só ocorreria na entrada de mercadorias, e nunca de bens.[305]

Ocorre que, com a modificação material inédita veiculada pela Emenda Constitucional 23/1983, o fato do negócio jurídico privado de importação de não mercadorias especialmente destinadas passou a ser relevante às possibilidades de incidência pelo tributo estadual.

Roque Antonio Carrazza[306] entende pela inconstitucionalidade da cobrança de ICMS na importação antes da Emenda Constitucional 23/1983, tanto relativamente a mercadorias, como a bens para consumo ou integração no ativo fixo dos estabelecimentos de produtores, industriais e comerciantes.

Mas a controvérsia destacada por Geraldo Ataliba e lembrada por Marcelo Viana Salomão e Roque Antonio Carrazza ainda teria consequências, e o novo texto constitucional enunciado pela CF/88 procuraria dirimir as dúvidas.

## 4.4 Terceira versão: Constituição Federal de 1988, antes da Emenda Constitucional 33/2001 e suas normas complementares

Finalmente chegamos à CF/88, mas ainda em sua versão original, ou seja, antes da Emenda Constitucional 33, de 11 de dezembro de 2001.

Destacamos que a materialidade constitucional do ICMS-importação antes e depois da Emenda Constitucional 33/2001, apesar

---

305. SALOMÃO, Marcelo Viana. *ICMS na importação*. 2. ed. São Paulo: Atlas, 2001, p. 43.

306. CARRAZZA, Roque Antonio. *ICMS*. 15 ed. São Paulo: Malheiros, 2011, p. 63.

de semelhantes, não são idênticas, como veremos adiante, o que justifica sua análise em separado.

As materialidades do ICMS na CF/88 foram veiculadas da seguinte forma:

> **Art. 155.** Compete aos Estados e ao Distrito Federal instituir:
>
> **I -** impostos sobre:
>
> (...)
>
> **b) operações relativas à circulação de mercadorias** e sobre prestações de serviços de transporte interestadual e intermunicipal e de comunicação, **ainda que as operações** e as prestações **se iniciem no exterior;**
>
> § 2º - O imposto previsto no inciso I, b, atenderá ao seguinte:
>
> **IX - incidirá também:**
>
> **a)** sobre a entrada de **mercadoria** importada do exterior, **ainda quando se tratar de bem destinado a consumo ou ativo fixo do estabelecimento**, assim como sobre serviço prestado no exterior, cabendo o imposto ao Estado onde estiver situado o **estabelecimento destinatário da mercadoria** ou do serviço. (grifos nossos).

Destaca-se que a nova Constituição expressamente incluiu no rol das operações passíveis de incidência do imposto estadual a expressão "ainda que as operações (...) se iniciem no exterior". Não tratamos neste trabalho de prestações de serviço, por isso a análise parcial do dispositivo.

É notória a tentativa de nosso legislador constituinte de afastar quaisquer dúvidas sobre a incidência do ICMS em face de relações jurídicas de importação. Com relação ao ICMS-importação na nova Constituição, os doutrinadores também divergem na sua construção material.

Roque Antonio Carrazza[307] critica a atecnia do legislador constituinte quando enuncia a expressão "ainda que as operações (...)

---

307. CARRAZZA, Roque Antonio. *ICMS*. 15 ed. São Paulo: Malheiros, 2011, p. 62.

se iniciem no exterior", interpretando-a como **operação mercantil ocorrida no exterior**. E mais, o autor afirma que o ICMS, como posto pela CF/88, com exceção à alusão na norma a "serviços iniciados no exterior", "(...) manteve, em relação ao ICM [hoje ICMS] na importação, a materialidade da regra-matriz de incidência da Constituição anterior alterada pela Emenda Constitucional 23/1983".[308] Ele admite que teria havido continuidade do ordenamento em face de que seu *"fundamento último de validade"*[309] não teria sido alterado (grifos do autor).

Se partirmos da premissa de que o fundamento último de validade do direito posto é a própria Constituição Federal, não entendemos que tenha havido continuidade do ordenamento anterior por idêntico fundamento, pois estamos tratando de nova ordem constitucional.

Ocorrera, simplesmente, por parte do constituinte de 1988, o entendimento de que o conteúdo de normas válidas no ordenamento anterior deveria ser repetido no novo ordenamento constitucional. Com isso, teríamos inéditas validades normativas (aspecto formal das novas normas) ao lado de antigos conteúdos (aspecto material das novas normas).

Também partilhamos da crítica feita por Roque Antonio Carrazza a respeito da expressão constitucional "ainda que as operações (...) se iniciem no exterior", como sendo uma tentativa feita pelo legislador constituinte de validar a possibilidade de incidência do ICMS nas importações já na raiz material do dispositivo normativo fundante do ICMS e, claro, como forma de dirimir quaisquer dúvidas sobre sua constitucionalidade.

Definindo operação como negócio jurídico, temos que o negócio jurídico da importação, assim como qualquer outro de mesma estirpe, só se considera celebrado findos os procedimentos de negociação. Ele não se alonga no tempo. O que decorre no tempo são os procedimentos de negociação. Juridicamente há negócio em determinado instante,

---

308. CARRAZZA, Roque Antonio. *ICMS*. 15 ed. São Paulo: Malheiros, 2011, p. 63.

309. CARRAZZA, Roque Antonio. *ICMS*. 15 ed. São Paulo: Malheiros, 2011, p. 63.

com todos os seus requisitos jurídicos satisfeitos, ou não há negócio algum, não há operação.

O nosso constituinte quis apenas indicar que as operações relacionadas à importação fazem parte do rol de operações alcançáveis pelo ICMS. Essa é nossa interpretação.

Roque Antonio Carrazza também alerta que o fato da ocorrência da ampliação da incidência do ICMS na importação, responsável por alcançar "bens com os quais o contribuinte se relaciona"[310], não retiraria seu aspecto material de operação mercantil, pois a "importação, no caso, há de ser *relativa à circulação de mercadorias*"[311] (grifos do autor), sendo fundamental o ingresso regular no Brasil para que o bem importado integre o ciclo comercial.

O autor fundamenta tal conclusão com o fato de que a natureza jurídica do produto importado deve ser vista "sob o ângulo de quem promove a operação",[312] e não do importador seu adquirente, sendo que a Constituição Federal autorizaria tal exegese em face do prescrito no seu artigo 155, §2º, IX, *a*, apesar de destacar que os "bens destinados ao consumo ao ativo fixo não"[313] seriam mercadorias.

Com isso, a nosso ver, Roque Antonio Carrazza classifica a cobrança do tributo estadual na importação de bens para consumo ou para integração em ativo fixo como subespécie de ICMS-ocm, e não como uma espécie à parte. Justifica, assim, o dever de obediência do ICMS-importação aos *"princípios próprios do ICMS, como o da não-cumulatividade"*[314] (grifos do autor).

Não partilhamos da premissa de que bens e mercadorias teriam

---

310. CARRAZZA, Roque Antonio. *ICMS*. 15 ed. São Paulo: Malheiros, 2011, p. 67.

311. CARRAZZA, Roque Antonio. *ICMS*. 15 ed. São Paulo: Malheiros, 2011, p. 67.

312. CARRAZZA, Roque Antonio. *ICMS*. 15 ed. São Paulo: Malheiros, 2011, p. 72.

313. CARRAZZA, Roque Antonio. *ICMS*. 15 ed. São Paulo: Malheiros, 2011, p. 72.

314. CARRAZZA, Roque Antonio. *ICMS*. 15 ed. São Paulo: Malheiros, 2011, p. 67.

ICMS - IMPORTAÇÃO

a mesma natureza jurídica no contexto atinente ao ICMS-importação, pois se a natureza do bem (mercadoria ou não mercadoria) depende da destinação a ser dada quando da realização do seu critério temporal, como já o afirmamos anteriormente, temos que no ICMS-importação, o destino a ser dado ao bem importado pelo importador no momento da importação é que definirá sua natureza jurídica.

Quando são importados produtos cujo destino seja o consumo ou a ativação pelo importador, não os podemos considerar como mercadorias em quaisquer instantes. O que o bem importado foi para o remetente no exterior não tem o condão de irradiar efeitos sobre sua natureza no nosso contexto jurídico interno.

Mas a dúvida se instala, a nosso ver, pelo "pecado" da imprecisão cometida pelo legislador originário da CF/88 que no artigo 155, §2º, IX, *a* c/c artigo 155, I, *b* prescreveu que "incidirá também" sobre a entrada de **mercadoria** importada do exterior, **ainda quando se tratar de bem destinado a consumo ou ativo fixo do estabelecimento**.

O texto constitucional também dá margem à conclusão de que bens e mercadorias no ICMS-importação não teriam natureza distinta. Aliás, em face da expressão "ainda quando", veiculado pelo dispositivo constitucional, poderíamos dar a seguinte interpretação: ICMS na importação somente para mercadorias, mesmo que "tais mercadorias" fossem destinadas a consumo ou ativo fixo dos estabelecimentos.

Além disso, Paulo de Barros Carvalho partilha da opinião de que, no contexto das importações, os conceitos de *mercadorias* e *bens* seriam indistintos, dado o fato de que todo bem importado configuraria "(...) de certa forma, uma mercadoria, pois decorrente de operação jurídica que acarretou a transferência de sua titularidade (de sujeito situado no exterior para pessoa estabelecida no território nacional)".[315]

Nossa opção metodológica para a identificação da natureza jurídica de um produto é a mesma de Paulo de Barros Carvalho[316], a

---

315. CARVALHO, Paulo de Barros. *Direito tributário, linguagem e método*. 3. ed. São Paulo: Noeses, 2009a, p. 755-756.

316. CARVALHO, Paulo de Barros. *Direito tributário, linguagem e método*. 3. ed. São Paulo: Noeses, 2009a, p. 730.

destinação. Mas nossa conclusão quanto à conceituação de *bens* e *mercadorias* no ICMS-importação é diversa. A natureza jurídica do bem importado só tem relevância para o tributo estadual pela sua destinação em face do ordenamento pátrio e no momento escolhido para sua incidência.

Em face do dispositivo constitucional, a destinação indicada linguisticamente pelo adquirente no momento da entrada do bem já importado no país determina sua natureza: se mercadoria ou não.

Paulo de Barros Carvalho, analisando o novel texto constitucional, admitiu a possibilidade de incidência do ICMS, tanto na importação de mercadorias, como na de bens destinados a consumo ou a ativo fixo. Assim ensina o professor:

> Incidirá também o imposto – o ICMS: a) sobre a entrada de mercadoria importada do exterior, porque quando ela for importada do interior o regime é o conhecido (...).
>
> Muito bem, renovo aqui, trago à lembrança de todos, outra discussão célebre que se instaurou no tempo do ICM, sobre aquelas mercadorias destinadas a consumo ou a compor o ativo fixo do estabelecimento.
>
> Houve manifestações jurisprudenciais de conhecimento de todos e o texto da Constituição agora diz de forma clara e peremptória que incidirá o imposto nessas duas circunstâncias.
>
> E repito, incidirá também sobre a entrada de mercadoria importada do exterior, ainda quando se tratar de bem destinado a consumo ou ativo fixo de estabelecimento.[317]

Deixa claro Paulo de Barros Carvalho que a cobrança do ICMS na importação de bens tinha fundamento normativo suficiente com a nova Constituição, seja tratando-se de mercadorias ou de não mercadorias destinadas a consumo ou a ativo fixo para quem as adquire.

---

317. CARVALHO, Paulo de Barros. ICMS: conferências e debates. *Revista de direito tributário*, São Paulo, v. 48, abr./jun. 1989, p. 181.

ICMS - IMPORTAÇÃO

Marcelo Viana Salomão[318] visualiza no novo ICMS não um imposto sobre operações relativas à circulação de mercadorias, "(...) mas um verdadeiro imposto de importação". O critério material que lhe caberia, segundo o professor, seria o de "(...) importar mercadorias e bens do exterior, ainda que estes se destinem ao consumo ou ao ativo fixo dos estabelecimentos".

O professor ainda destaca que a construção material do ICMS-importação (artigo 155, IX, *a*), como nova espécie de imposto estadual e de natureza diversa do ICMS-ocm (artigo 155, I, *b*), não teria passado despercebida ao constituinte originário que, verificando a natureza jurídica do imposto estadual por ele criado, inseriu a expressão "incidirá também" quando da enunciação do ICMS-importação. Justifica o professor que "se não se tratasse de algo realmente diferente do que está descrito no *caput* daquele dispositivo, esta menção seria absolutamente inócua, pois já estaria compreendida pelas regras deste imposto".[319]

Caminhamos no mesmo sentido. O ICMS-importação de bens destinados a consumo e a ativo fixo de estabelecimento seria uma espécie de imposto diversa do ICMS-operação relativa à circulação de mercadorias (ICMS-ocm). Espécie diversa, e não gênero diverso, o que deixa entrever que o ICMS na importação de bens com destinação especial estaria submetido a um conjunto limitado de normas comuns ao imposto estadual de sigla ICMS (esse é o tratamento normativo constitucional), mas não poderia ser classificado como subespécie de ICMS-ocm, pois sua relação com este seria de coordenação e não de subordinação normativa.

Clélio Chiesa[320] também não vislumbrou no ICMS-importação uma espécie de ICMS-ocm quando afirma que "(...) a hipótese de incidência desse imposto consiste na aquisição de mercadorias ou de

---

318. SALOMÃO, Marcelo Viana. *ICMS na importação*. 2. ed. São Paulo: Atlas, 2001, p. 58.

319. SALOMÃO, Marcelo Viana. *ICMS na importação*. 2. ed. São Paulo: Atlas, 2001, p. 58.

320. CHIESA, Clélio. *ICMS*: sistema constitucional tributário: algumas inconstitucionalidades da LC 87/96. São Paulo: LTr, 1997, p. 89.

bens importados que se destinam ao consumo ou ativo fixo do estabelecimento do importador". Aponta o professor que o fato tributado pelo chamado "ICMS-importação" não seria "(...) a realização de um negócio jurídico praticado por um comerciante, industrial ou produtor, mas o ato de *importar*, sendo comerciante, industrial ou produtor, mercadoria ou bem destinado ao consumo ou ativo fixo de estabelecimento" (grifos do autor).

Apesar da ampliação material constitucional do ICMS construída pelo verbo *importar*, estamos com Clélio Chiesa, aceitando que o ICMS-importação deve estar submetido, com ressalvas, ao regime jurídico atribuído ao ICMS, tendo em vista estar "(...) inserido no contexto das normas que disciplinam o ICMS"[321], como já o afirmamos linhas atrás.

Paulo de Barros Carvalho, por sua vez, define a materialidade do ICMS-importação como *"realizar operações de importação de mercadorias do exterior"*,[322] destacando a imprecisão do legislador constituinte que positivou, como se critério material fosse, o aspecto temporal da "entrada no território pátrio".[323] O professor classifica, segundo estipulação constitucional, o ICMS-importação como modalidade da "norma-padrão que tem por materialidade *"realizar operações relativas à circulação de mercadorias"*.[324]

Vislumbramos nas constantes alterações da materialidade do ICMS na importação verdadeiros "remendos normativos", cuja precariedade de consistência jurídica acaba sendo notória e causadora de insegurança por parte dos destinatários das pretensões exacionais.

Aqui cabe um destaque. Há, a nosso ver, uma relação de contato

---

321. CHIESA, Clélio. *ICMS*: sistema constitucional tributário: algumas inconstitucionalidades da LC 87/96. São Paulo: LTr, 1997, p. 91.

322. CARVALHO, Paulo de Barros. *Direito tributário, linguagem e método*. 3. ed. São Paulo: Noeses, 2009a, p. 758.

323. CARVALHO, Paulo de Barros. *Direito tributário, linguagem e método*. 3. ed. São Paulo: Noeses, 2009a, p. 758.

324. CARVALHO, Paulo de Barros. *Parecer*. São Paulo, 11 de junho de 2008. [Parecer não publicado], p. 12.

## ICMS - IMPORTAÇÃO

entre a materialidade do imposto sobre a importação e do ICMS-importação em suas duas versões: na aquisição de mercadorias e na aquisição de bens para consumo ou ativo fixo. De contato, mas não de identidade.

O ponto de contato entre as duas materialidades está no negócio jurídico da *importação* que é comum aos dois impostos.

A exação federal alcança quaisquer negócios jurídicos que tragam "(...) produtos originários de outro país para dentro do território brasileiro, com o objetivo de permanência",[325] como nos ensina Paulo de Barros Carvalho. Não há quaisquer referências ao destino dos produtos importados e o verbo núcleo material é *importar.* É suficiente à materialidade do imposto ter ocorrido negócio jurídico de importação de produto estrangeiro.

A exação estadual do ICMS na importação, antes da Emenda Constitucional 33/2001, acrescenta outros requisitos materiais que restringem sua amplitude em relação ao imposto sobre a importação, chegando a alterar sua materialidade, pois o núcleo material do ICMS-importação não é *importar;* mas *adquirir* mediante importação.

De todos os negócios jurídicos de importação possíveis (suas operações), só restariam alcançáveis pelo ICMS os relativos à aquisição da titularidade de produtos estrangeiros que estivessem regularmente nacionalizados (por meio da resolução dos tributos federais) e que, em face da sua destinação, razão de sua aquisição, teriam a natureza jurídica de mercadorias ou de bens para consumo ou para ativo fixo dos estabelecimentos importadores.

Portanto, não seriam alcançáveis pelo tributo estadual todas as demais possibilidades de importações. Materialmente, ficariam de fora todos os bens com outras destinações e, em consequência, subjetivamente, teríamos excluídas as pessoas físicas, as pessoas jurídicas que não fossem contribuintes do ICMS-ocm e as pessoas jurídicas contribuintes que importassem bens com outras destinações que não

---

325. CARVALHO, Paulo de Barros. *Direito tributário, linguagem e método.* 3. ed. São Paulo: Noeses, 2009a, p. 758.

fossem para consumo ou para ativo fixo (voltaremos ao tópico subjetivo no capítulo 6).

Não vemos quaisquer inconstitucionalidades nessa previsão, tendo em vista que as competências impositivas assim definidas foram enunciadas por constituinte originário.

Em termos de materialidade, excluindo a inédita menção aos "serviços prestados no exterior", repetimos, agora, em face da CF/88, a mesma construção normativa feita para o ICM-importação tomada à luz da ordem constitucional anterior pós Emenda Constitucional 23/1983. Essa também é a opinião de Roque Antonio Carrazza quando afirma que "a Constituição de 1988, no ponto que ora faz nossos cuidados, basicamente reproduziu a Emenda Constitucional 23/1983",[326] já que o ICMS continuava poder ser incidido também sobre o fato das aquisições por importações de bens destinados a consumo e para ativo fixo.

Com relação aos veículos complementares tratando do tema nessa época, temos que o artigo 34, § 8º do Ato das Disposições Constitucionais Transitórias da CF/88 prescreveu que deveria ser celebrado convênio, entre os estados e o Distrito Federal, necessário à instituição do novel ICMS se no prazo de 60 dias contados da promulgação da Carta Maior não fosse editada lei complementar tratando da matéria.

Atendendo ao prescrito, fora celebrado o Convênio ICM 66 de 1988 que, por sua vez, **não inovou quanto à materialidade** já definida pela CF/88, inclusive repetindo os mesmos "pecados" enunciativos apontados acima, seja a respeito da imprecisão significativa da expressão "ainda que as operações (...) se iniciem no exterior", seja sobre a dúvida não dirimida da natureza jurídica de um *bem*, se espécie de *mercadoria* ou não.

Mas a trégua não demorou, e novamente o *modus operandi* do legislador infraconstitucional de pretender ampliar o campo de

---

326. CARRAZZA, Roque Antonio. *ICMS*. 15 ed. São Paulo: Malheiros, 2011, p. 63.

ICMS - IMPORTAÇÃO

incidência ICMS na importação sem base constitucional fez-se presente no ordenamento tributário. O legislador da União, com a roupagem de legislador nacional-complementar, pretendeu ampliar, por meio da LC 87/1996, não mais o campo material, mas o **campo pessoal** de incidência do ICMS-importação, nos seguintes termos:

> Art. 1º Compete aos Estados e ao Distrito Federal instituir o imposto sobre operações relativas à circulação de mercadorias e sobre prestações de serviços de transporte interestadual e intermunicipal e de comunicação, ainda que as operações e as prestações se iniciem no exterior.
>
> Art. 2º O imposto incide sobre:
>
> § 1º O imposto incide também:
>
> I - sobre a entrada de mercadoria importada do exterior, por **pessoa física** ou jurídica, ainda quando se tratar de bem destinado a consumo ou ativo permanente do **estabelecimento.** (grifos nossos).

O aditivo veio com a inclusão infraconstitucional complementar das pessoas físicas como possíveis sujeitos passivos do ICMS-importação, possibilidade não prevista expressamente pelo ordenamento constitucional.

Sobre tal questão trataremos adiante no tópico relativo à estruturação do critério material do ICMS na importação, porém, cabe destacar que a dúvida criada sobre a constitucionalidade da pretensão exacional para as pessoas físicas provocou nova alteração constitucional veiculada pela Emenda Constitucional 33/2001.

Em face das discussões já feitas sobre o avanço histórico da materialidade do ICM e do ICMS, entendendo que os motivos e as conclusões pós Emenda Constitucional 23/1983 servem à construção do critério material do ICMS da CF/1988 e seguindo o método interpretativo por nós eleito, temos, a nosso ver, que as materialidades do ICMS-importação na Constituição Federal em sua versão original são duas: **(i)** materialidade na aquisição por importação de mercadorias (ICMS-importação de mercadorias) e **(ii)** materialidade na aquisição por importação de bens destinados a consumo ou ativo fixo (ICMS-importação consumo ou ativo fixo).

155

ARGOS CAMPOS RIBEIRO SIMÕES

(i)   **Materialidade na aquisição por importação de mercadorias (ICMS-importação de mercadorias)**

O critério material seria o de realizar negócio jurídico de importação relativo à aquisição de disponibilidade de bem móvel regularmente nacionalizado destinado à mercancia. Ou de forma mais sintética: *adquirir mercadoria regularmente importada.*

Lembramos que a sigla-gênero ICMS congrega várias espécies tributárias, dentre elas o ICMS na realização de operações relativas à circulação de mercadorias, o ICMS na prestação de serviços de transporte interestadual e intermunicipal e o ICMS na prestação de serviços de comunicação.

O **ICMS-importação de mercadorias** é uma **subespécie** do ICMS na operação relativa à circulação de mercadorias (**ICMS-ocm**). A **operação** é o negócio jurídico da aquisição mediante importação; a **circulação** tem início com a aquisição da disponibilidade de bem regularmente nacionalizado, cujo destino é a posterior transferência dessa disponibilidade adquirida, em continuidade ao ciclo de operações mercantis iniciado com a importação; o estado de **mercadoria** resta garantido pela destinação apontada pelo adquirente na importação quando do desembaraço aduaneiro.

A importância dessa classificação será a submissão dessas operações de importação ao regramento atinente ao ICMS-ocm, inclusive em relação à não-cumulatividade.

(ii)  **Materialidade na importação de bens destinados a consumo ou ativo fixo (ICMS-importação consumo ou ativo fixo)**

Esse ICMS **não é uma subespécie** do ICMS-ocm. Está submetido ao regime jurídico das espécies tributárias reunidas sob a sigla-gênero ICMS, porém na situação de espécie e não de subespécie de ICMS-ocm, como ocorre com o ICMS-importação de mercadorias. A razão está na sua peculiar materialidade, que seria a de realizar negócio jurídico de aquisição da propriedade de bens importados destinados exclusivamente a consumo ou a ativo fixo do importador-adquirente.

156

ICMS - IMPORTAÇÃO

O **ICMS-importação de não mercadorias destinadas a consumo ou ativo fixo** é uma **espécie** de ICMS. A **operação** é o negócio jurídico da aquisição mediante importação; **não há circulação** em face da ausência de ciclo mercantil de operações posteriores, ocorrendo uma única operação relativa à aquisição da propriedade de bem regularmente nacionalizado; o estado de **não mercadoria para consumo ou ativo fixo** resta garantido pela destinação apontada pelo adquirente na importação quando do desembaraço aduaneiro, sendo responsável pela ausência de circulação.

Alertamos que houve alterações redacionais do artigo 155 da CF/88, em face da Emenda Constitucional 3/1993; porém restritas à modificação estrutural de incisos e alíneas, não ocorrendo alteração normativa em relação às materialidades do ICMS-ocm e do ICMS na importação.

## 4.5 Constituição Federal de 1988 após a Emenda Constitucional 33/2001

Paulo de Barros Carvalho alerta que a significação dos termos jurídicos deve ser contextualizada normativamente, sendo que "o sentido das construções utilizadas pelo legislador não deve ser buscado na linguagem ordinária, repleta de imprecisões",[327] devendo-se atentar ao discurso científico como ponto de partida nas interpretações jurídicas.

O discurso para ser científico necessita de um método de conhecimento, como descrito no capítulo 1 deste livro. Sabemos que a fidelidade ao método traz credibilidade às nossas conclusões. Ao iniciarmos este capítulo incluímos em nosso método interpretativo-construtor da materialidade do ICMS-importação a visão histórico-evolutiva da enunciação de suas normas, valorizando semanticamente as sucessivas alterações materiais de ordem constitucional que se fizeram presentes por força de interesses estatais crescentes na ampliação da sua incidência.

---

327. CARVALHO, Paulo de Barros. *Direito tributário, linguagem e método*. 3. ed. São Paulo: Noeses, 2009a, p. 757.

Verificamos que o *modus operandi* dos legisladores, no caso do ICMS-importação, fora o de criar sucessivas emendas constitucionais, pretendendo fundamentar normas infraconstitucionais ampliativas da sua materialidade exacional, que foram indevidamente positivadas sem fundamento constitucional que lhes dessem suporte.

Assim, pelos ajustes enunciativos inseridos por posteriores emendas, descobrimos alterações significativas, comparando o que estava e o que não estava previamente prescrito pela Lei Maior, tentando aproveitar ao máximo o texto posto e reduzindo, portanto, ao mínimo inevitável, a "saída" interpretativa que denuncia "atecnias" provocadas por um legislativo pouco afável à rigorosa estrutura linguística dos juristas, como, aliás, a ele se refere Paulo de Barros Carvalho quando lhe atribui "forte caráter de heterogeneidade, peculiar aos regimes que se queiram representativos".[328]

Com isso, chegamos às materialidades de dois tributos estaduais na importação: **(i)** o ICMS-importação de mercadorias e o **(ii)** ICMS-importação de bens destinados a consumo e para ativo fixo.

Verificando os dispositivos constitucionais a seguir, já modificados pela Emenda Constitucional 33/2001, destacamos algumas alterações em relação aos ICMS na importação.

> **Art. 155.** Compete aos Estados e ao Distrito Federal instituir impostos sobre:
>
> **II -** operações relativas à circulação de mercadorias e sobre prestações de serviços de transporte interestadual e intermunicipal e de comunicação, ainda que as operações e as prestações se iniciem no exterior;
>
> § 2.º O imposto previsto no inciso II atenderá ao seguinte:
>
> IX - incidirá também:
>
> a) sobre a entrada de **bem ou mercadoria** importados do exterior por **pessoa física ou jurídica, ainda que não seja contribuinte habitual do imposto, qualquer que seja a sua finalidade,** assim como sobre o serviço prestado no exterior, cabendo o imposto ao Estado onde estiver situado o

---

328. CARVALHO, Paulo de Barros. *Direito tributário, linguagem e método*. 3. ed. São Paulo: Noeses, 2009a, p. 757.

## ICMS - IMPORTAÇÃO

**domicílio** ou o **estabelecimento** do destinatário da **merca-doria, bem ou serviço** (grifos nossos).

O legislador entendeu relevante expressar a distinção entre *bens* e *mercadorias*. Fizemos tal discussão linhas atrás ao registrar nosso posicionamento fundamentado pela sua distinta natureza, em que pesem respeitáveis estudos já citados em sentido contrário.

Devemos, porém, observar que o conceito de mercadoria poderia ser interpretado como idêntico ao de bens, tendo em vista o conceito de *empresário* definido pelo artigo 966 do novo Código Civil veiculado pela lei federal 10.406 de 10 de janeiro de 2002. Prescreve o dispositivo: "Considera-se empresário quem exerce profissionalmente atividade econômica organizada para a produção ou a circulação de bens ou de serviços".

O termo *bens* no texto legal teria duas construções possíveis em face da sua destinação: **(i)** produtos destinados à não circulação (bens propriamente dito) e **(ii)** produtos destinados à circulação (mercadorias), o que daria margem ao entendimento de que não haveria distinção entre *bens* e *mercadorias*.

Nossa opção interpretativa é diversa. Entendemos que há distinção entre *bens* e *mercadorias* pelos seguintes motivos: **(i)** a consciência da ambiguidade da significação do termo *bens* no texto legal; **(ii)** não se deve interpretar a CF/88 à luz das leis; **(iii)** a classificação constitucional é anterior ao dispositivo legal e, para nós, explicaria a distinção implícita no texto legal.

Paulo de Barros Carvalho, em parecer não publicado, conclui que com a emenda o constituinte derivado "passou a autorizar a incidência do ICMS sobre 'operações relativas à importação de bens ou mercadorias', ou seja, sobre coisas não destinadas ao comércio".[329] Entende, assim, o professor, que teria havido ampliação da hipótese de incidência com a inserção do termo *bens*, sem que houvesse, entretanto, "qualquer alteração no núcleo do imposto estadual,

---

329. CARVALHO Paulo de Barros. *Parecer*. São Paulo, 11 de junho de 2008 [parecer não publicado], p. 16.

consistente em *operação jurídica de circulação* daqueles bens ou mercadorias realizada mediante importação"[330] (grifos do autor).

Partimos de premissas diversas, por isso nossa diferente conclusão. A nosso ver, a inserção do termo *bem* veio para expressar o que já estava implícito em redação anterior. Já havíamos construído antes da emenda a possibilidade normativa de dois impostos estaduais de importação: **(i)** o ICMS na aquisição por importação de mercadorias e **(ii)** o ICMS na aquisição por importação de bens destinados a consumo e ativo fixo. Este como nova espécie de ICMS; aquele como subespécie do ICMS-ocm.

Temos duas materialidades distintas, dois núcleos de hipótese de incidência distintos. Daí nossa discordância: não vislumbramos ampliação de hipótese com a emenda pela inserção do termo *bem*. Enxergamos maior precisão do legislador em explicitar o que já poderia ser construído do texto original, aliás, copiado do texto da ordem constitucional anterior pós Emenda Constitucional 23/1983.

Por outro lado, não entendemos que a novel prescrição de fazer incidir ICMS na importação de *bens* e *mercadorias, qualquer que seja a sua finalidade,* teria o condão de tornar irrelevante a distinção existente entre suas naturezas jurídicas.

Tal distinção não é fruto de capricho intelectual por ter assumido inicialmente esta postura, mas será essencial à aplicação prática envolvendo, tanto a discussão sobre a incidência ou não na importação por pessoas físicas e não contribuintes habituais, como a questão da importação por meio de *leasing* e na situação de reclassificação do ICMS-importação de não mercadorias, como imposto sobre o patrimônio e não mais sobre circulação. Tudo em face da não-cumulatividade da forma como a vislumbramos e que será analisada no próximo capítulo.

Por sua vez, a inserção das possibilidades subjetivas das "pessoas físicas" e dos "estabelecimentos não contribuintes habituais" será

---

330. CARVALHO Paulo de Barros. *Parecer*. São Paulo, 11 de junho de 2008 [parecer não publicado], p. 16.

ICMS - IMPORTAÇÃO

discutida na formação do critério pessoal adiante. A situação envolvendo o *leasing* será analisada na aplicação do critério material.

A expressão "qualquer que seja a sua finalidade", relacionada à aquisição mediante a importação de "bem" ou "mercadoria", fora inserida em substituição à destinação especial antes destacada como "bem destinado a consumo ou ativo fixo". Tal mudança veio como medida de adequação ao maior espectro de incidência subjetiva relacionada às "pessoas físicas" e "contribuintes não habituais". Porém, aqui vislumbramos ampliação da materialidade tributária também.

Sobre essa ampliação, Clélio Chiesa critica a ação do legislador da Emenda Constitucional 33/2001, pois entende flagrante desrespeito aos "(...) limites estabelecidos no texto constitucional ao exercer o poder constituinte derivado modificando a alínea *a*, inciso IX, §2º, do art. 155, da Constituição Federal, com o fito de estabelecer que o ICMS incide sobre todo e qualquer ato de importação (...)".[331] É o *modus operandi* de nosso legislador tributário se fazendo presente no ICMS-importação.

Aponta o professor[332] que a ampliação material feita pelo constituinte derivado seria inconstitucional, pois haveria bitributação na importação, tendo em vista a idêntica materialidade entre o ICMS-importação de bens para qualquer finalidade e o imposto sobre produtos estrangeiros. O fundamento de Clélio Chiesa, também destacado por Roque Antonio Carrazza,[333] é de que haveria violação ao artigo 154, I da CF/88, sendo que novos impostos não podem ter base de cálculo e fato gerador já discriminados (princípio da tipologia tributária).

---

331. CHIESA, Clélio. ICMS incidente na aquisição de bens ou mercadorias importados do exterior e contratação de serviços no exterior: inovações introduzidas pela EC 33/2001. In: ROCHA, Valdir de Oliveira (Coord.). *O ICMS e a EC 33*. São Paulo: Dialética, 2002, p. 14.

332. CHIESA, Clélio. ICMS incidente na aquisição de bens ou mercadorias importados do exterior e contratação de serviços no exterior: inovações introduzidas pela EC 33/2001. In: ROCHA, Valdir de Oliveira (Coord.). *O ICMS e a EC 33*. São Paulo: Dialética, 2002, p. 20.

333. CARRAZZA, Roque Antonio. *ICMS*. 15 ed. São Paulo: Malheiros, 2011, p. 87.

A materialidade anterior atinente a bens (não mercadorias) estava restrita à *realização de negócio jurídico de importação relativo à aquisição de propriedade de bens nacionalizados destinados a consumo ou ativo fixo de estabelecimentos*. A nova materialidade é a *realização de negócio jurídico de importação relativo à aquisição a qualquer título de bens nacionalizados com quaisquer destinações*. Ou de forma mais sintética: *aquisição de bens (não mercadorias) mediante importação*.

A maior amplitude material faz com que se alcancem bens antes inatingíveis. Todas as importações de produtos estrangeiros para uso particular, uso por pessoas jurídicas, consumo ou até ativação sofrem a tributação estadual, o que tornam próximas, mas não idênticas, as materialidades estadual e federal.

A não coincidência resta destacada em face de que o tributo estadual só pode ser incidido quando os produtos estrangeiros adquiridos já estiverem nacionalizados. Assim, não há, a nosso ver, a bitributação.

Porém, há inconstitucionalidade na previsão constitucional derivada, tendo em vista que a cláusula pétrea dos *direitos e garantias individuais* fora violada, conforme §4º do artigo 60 da Constituição Federal.

Temos que a nova configuração impositiva atingiu duas garantias protegidas pela CF/88 (a propriedade e a liberdade), retirando, na aquisição mediante importação, mais uma fatia do patrimônio privado e criando maior número de deveres em sua prática. Maior amplitude impositiva tributária passou a ser alcançada pelo poder público e maiores exigências formais de natureza fiscal na prática da importação foram estabelecidas.

Os núcleos materiais do ICMS na aquisição de produto regularmente importado não estão mais restritos a mercadorias ou a bens destinados a consumo ou ativo fixo, mas atingem, também, a importação de produtos com quaisquer destinações quando de sua aquisição; inclusive para uso e gozo, que são os outros dois atributos da propriedade ao lado da disponibilidade, conforme o artigo 1.228 do Código Civil.

ICMS - IMPORTAÇÃO

Com essa nova possibilidade constitucional, teríamos alterado elemento material consistente no título do bem a ser adquirido quando do ICMS-importação de bens. É desnecessária, por exemplo, a "aquisição de propriedade" para bens importados para uso e gozo e que não serão necessariamente consumidos ou ativados, basta a simples "aquisição a qualquer título", seja para uso, para consumo ou para ativação.

Com o aumento material, pessoas físicas e jurídicas, antes não atingidas pela exação estadual, passaram a sê-lo. Assim, a rigidez material constitucional, que deveria estar resguardada pelo artigo 60, § 4º da Lei Maior fora violada: propriedade privada e liberdade foram atingidas.

A rigidez constitucional material está expressa nas previsões excepcionais do artigo 154 da CF/88. O dispositivo prevê que somente a União poderá instituir impostos não originalmente discriminados. Em seu inciso I, proíbe a reprodução material de imposto já definido. No inciso II permite a reprodução material, porém, em situações extraordinárias de guerra externa ou sua iminência.

O ICMS-importação de bens destinados a consumo ou ativo fixo teve sua materialidade ampliada por emenda ao largo das condições excepcionais do artigo 154, II, permitindo que os estados e o Distrito Federal instituíssem a nova exação, o que nos leva à conclusão pela sua inconstitucionalidade material.

Se a maior amplitude pessoal já estivesse alicerçada em critério material estabelecido pelo constituinte originário, não teríamos a inconstitucionalidade apontada. Porém, a própria materialidade constitucional fora aumentada com o intuito de se ampliar o leque de contribuintes do ICMS na importação. A rigidez constitucional fora ferida.

Apesar da ressalva, e tendo em vista que o STF não declarou a inconstitucionalidade das normas inseridas pela Emenda Constitucional 33/2001, façamos a construção dos critérios materiais do ICMS-importação pós-emenda, por enquanto, válidos, vigentes e eficazes.

163

ARGOS CAMPOS RIBEIRO SIMÕES

(i)     **Materialidade na importação de mercadorias (ICMS-importação de mercadorias)**

Esse critério material não fora alterado e seria o de realizar um negócio jurídico de importação relativo à aquisição de disponibilidade de bem móvel destinado à mercancia e regularmente nacionalizado.

Reafirmamos, assim, que o **ICMS-importação de mercadorias**, mesmo após a Emenda Constitucional 33/2001, continua sendo **subespécie** do ICMS na operação relativa à circulação de mercadorias **(ICMS-ocm)**. A **operação** é o negócio jurídico da aquisição mediante importação; a **circulação** tem início com a aquisição da disponibilidade de bem regularmente nacionalizado, cujo destino é a posterior transferência dessa disponibilidade adquirida, em continuidade ao ciclo de operações mercantis iniciado com a importação; o estado de **mercadoria** resta garantido pela destinação apontada pelo adquirente na importação quando do desembaraço aduaneiro. É importante a classificação em face do contexto normativo atinente a essa subespécie de ICMS.

(ii)    **Materialidade na importação de bens destinados a qualquer finalidade (ICMS-importação de bens)**

Este novo ICMS **não é uma subespécie** do ICMS-ocm e não é o mesmo construído do ordenamento constitucional antes da Emenda Constitucional 33/ 2001. Continua submetido ao regime jurídico das espécies tributárias reunidas sob a sigla-gênero ICMS, porém na situação de espécie e não de subespécie de ICMS-ocm, como ocorre com o ICMS-importação de mercadorias.

A sua materialidade singular seria a de realizar negócio jurídico de importação relativa à aquisição de bens já nacionalizados e destinados a qualquer finalidade atinente à situação de bem, mas não de mercadoria, em face da distinção feita expressamente pelo legislador constitucional e por nós aceita. Assim, se sua destinação for para uso, consumo ou ativação (possibilidades de tratamento para bens) então haverá o alcance desse ICMS.

O **ICMS-importação de bens (não mercadorias) para quaisquer finalidades** é uma **espécie** de ICMS. A **operação** é o negócio jurídico

164

ICMS - IMPORTAÇÃO

da aquisição mediante importação; **não há circulação** em face da ausência de ciclo mercantil de operações posteriores, ocorrendo uma única operação de aquisição a qualquer título de bem regularmente nacionalizado. O estado de **não mercadoria** resta garantido pela destinação apontada pelo adquirente na importação quando do desembaraço aduaneiro.

Ainda sobre a inclusão da expressão normativa constitucional "qualquer que seja a sua finalidade", aplicável aos bens importados submetidos ao ICMS-importação e sobre suas consequências, poderíamos fazer diversa opção interpretativa dando-lhe a significação mais restrita de "aquisição de propriedade" e não a de "aquisição a qualquer título", como a estamos materializando. Afinal de contas, para haver incidência de ICMS na importação de bem com qualquer destinação interna, seja para uso, consumo, ativação ou disponibilidade, necessitaríamos de dispor de todos os requisitos atinentes normativamente à propriedade do bem importado: de seu uso, gozo ou disponibilidade, conforme artigo 1.228 do Código Civil.

Não foi essa nossa opção. E aqui invocamos nosso método interpretativo que valoriza os "remendos" constitucionais feitos pelo constituinte derivado na sua ação de constitucionalizar pretensões anteriormente enunciadas em veículos de inferior hierarquia. Se a Constituição Federal incluiu a expressão "qualquer que seja a sua finalidade" em substituição a "ainda quando se tratar de bem destinado a consumo ou ativo fixo do estabelecimento" temos que seus efeitos interpretativos são diversos.

A limitação constitucional sobre a destinação dos bens importados antes da Emenda Constitucional 33/2001 implicava na necessidade de que a importação de tais bens se desse com a aquisição de sua propriedade, pois só podemos consumir ou ativar bens sobre os quais tenhamos a possibilidade de usar, gozar e até dispor, por isso a necessidade de que a aquisição na importação tivesse a significação de máxima restrição "aquisição de propriedade".

Assim, a expressa modificação para bens "qualquer que seja sua finalidade" só pode ser ampliativa, no sentido de que a importação de bem com qualquer destinação seja passível da incidência do

165

ICMS-importação de não mercadorias, ampliando, assim, também, as possibilidades de aquisição de bens nessa peculiar espécie de ICMS. Por isso, nossa opção de interpretá-lo como "aquisição a qualquer título": se para consumo ou ativação, necessária a "aquisição de propriedade"; se para mera utilização, desnecessário adquirir sua propriedade, bastando importá-lo com direitos de uso.

Claro que, pela distinção já feita entre "bens" e "mercadorias", se a importação for para adquirir somente a disponibilidade em face de intenção comercial subsequente, estaríamos falando do outro ICMS na importação: o referente a ICMS-importação de mercadorias e aí teríamos o retorno do elemento material da "circulação", como "aquisição de disponibilidade".

Resta-nos, agora, estruturar as regras-matrizes dos ICMS na importação de acordo com as normas constitucionais e infraconstitucionais complementares, já analisando aplicações desse nosso modelo. Antes, contudo, é necessário discutirmos os aspectos conceituais sobre não-cumulatividade do ICMS e sua aplicação no ICMS-importação.

# CAPÍTULO 5

# A NÃO-CUMULATIVIDADE NO ICMS E NO ICMS-IMPORTAÇÃO

## 5.1 A não-cumulatividade no ICMS-operação relativa à circulação de mercadorias

Discutir a não-cumulatividade do ICMS neste livro faz-se necessário tendo em vista que construiremos soluções aplicáveis aos casos práticos do próximo capítulo que envolvem o ICMS na importação. As situações que tratam da incidência do imposto estadual quando da importação por pessoas físicas ou por pessoas jurídicas não contribuintes habituais justificam esta análise.

A CF/88, em seu **art. 155, §2º, I e II,** torna obrigatória a observância ao denominado "princípio da não-cumulatividade", quando da atividade de sua enunciação legislativa. Assim veicula a Constituição:

> **Art. 155 – (...)**
>
> §2º -
>
> **I -** O ICMS será **não cumulativo, compensando-se** o que **for devido** em cada operação relativa à circulação de mercadorias ou prestação de serviços com o **montante cobrado** nas anteriores pelo mesmo ou outro Estado, ou pelo DF.

**II – A isenção ou a não incidência,** salvo determinação em contrário da legislação:

**a)** - não implicará crédito para compensação com o montante devido nas operações ou prestações seguintes;

**b)** - acarretará a anulação do crédito relativo às operações ou prestações anteriores. (Grifos nossos).

Estamos com Paulo de Barros Carvalho quando atribui *status* de "limite-objetivo" ao princípio da não-cumulatividade, destacando seu papel de realizador indireto de outros princípios-valores tais como "(...) o *da justiça da tributação,* o *do respeito à capacidade contributiva do administrado,* o da *uniformidade na distribuição da carga tributária.*" [334] (Grifos do autor).

Geraldo Ataliba ao ensinar que "(...) a não-cumulatividade se realiza pela **compensação de créditos e débitos de ICM**"[335] (grifos do autor), destaca que sua raiz estaria exclusivamente na CF/88, não em normas infraconstitucionais. O direito público subjetivo constitucional ao crédito, completa o autor, seria próprio "(...) de quem pratica operação mercantil"[336] e que, portanto, lei alguma poderia diminuí-lo, retardá-lo, anulá-lo ou ignorá-lo. A exaustividade constitucional na concessão de tal direito restaria, assim, firmada.

Paulo de Barros Carvalho, por sua vez, observa que um requisito constitucional à incidência do ICMS seria "a descrição do fato de um comerciante, industrial ou produtor, traduzida por verbo e seu complemento vir a praticar operação jurídica que transfira, física ou

---

334. CARVALHO, Paulo de Barros. Isenções tributárias do IPI, em face do princípio da não-cumulatividade. *Revista dialética de direito tributário*, São Paulo, n. 33, p.142-166, jun. 1998, p. 156.

335. ATALIBA, Geraldo. ICMS na Constituição. *Revista de direito tributário*, São Paulo, n. 57, p. 100.

336. ATALIBA, Geraldo. ICMS na Constituição. *Revista de direito tributário*, São Paulo, n. 57, p. 101.

ICMS - IMPORTAÇÃO

simbolicamente, a propriedade de mercadoria ou implique sua importação".[337]

Destacamos, apenas, que atribuímos significações diversas ao termo "circulação". Entendemos que são desnecessárias a transferência ou a aquisição de "propriedade" para a incidência do ICMS-ocm ou do ICMS-importação de mercadorias, respectivamente. Basta que haja transferência ou aquisição de "disponibilidade" para o sucesso da exação estadual.

A norma individual e concreta de débito, produto da aplicação/ incidência da correspondente regra-matriz de incidência tributária, é composta em seu antecedente de fato jurídico tributário, aqui entendido como descrição em linguagem competente de evento tributável, ligado deonticamente à correlata obrigação tributária, cujo ocupante de seu polo passivo é o contribuinte.

O objeto da relação obrigacional consequente é prestação de dar que, por sua vez, tem como objeto montante a título de tributo.

Somente com a autoformalização em linguagem competente, seja por meio de emissão de notas fiscais, registros em livros ou confecção de guias de pagamento, seja pela formalização de ofício constituída pelo fisco, teremos a incidência/aplicação criadora da norma individual e concreta de débito e a demarcação jurídica do consequente montante a ser pago pelo sujeito passivo contribuinte.

Paulo de Barros Carvalho ensina que a realização fenomênica de um fato comercial, industrial ou produtor que represente operação jurídica que transfira, fisicamente ou não, propriedade de mercadorias, ou que implique em importação, seria suficiente ao sucesso da hipótese da regra-matriz de direito ao crédito, "(...) fazendo nascer, inexoravelmente, uma relação jurídica que tem como sujeito ativo o adquirente das mercadorias, detentor do direito ao crédito do imposto, e como

---

337. CARVALHO, Paulo de Barros. *Direito tributário, linguagem e método*. 3. ed. São Paulo: Noeses, 2009a, p. 732.

sujeito passivo o Estado".[338] Destaca ainda o professor[339] que o direito ao crédito pelo adquirente da mercadoria independe de formalização ou de pagamento do imposto pelo alienante, visto que o nascimento desse direito ocorreria tão só pela transmissão da titularidade da mercadoria (do alienante para o adquirente), e não da existência de prévio lançamento. Ele lembra, porém, que o artigo 23 da LC 87/96 prescreve como "requisito para o aproveitamento do crédito que esteja ele vertido em documento hábil para certificar a ocorrência do fato que dá ensejo à apuração do crédito".[340]

A nosso ver, o professor apresentou duas situações distintas sequenciais que envolvem o direito de creditamento. A primeira atribui automaticamente o direito de crédito àquele que adquire a propriedade de mercadoria em operação jurídica interna, interestadual ou de importação, independentemente de "lançamento ou pagamento do imposto"[341] devido a ser feito pelo alienante ou pelo importador. A segunda situação indica a necessidade de documentação hábil para que seja possível o aproveitamento efetivo desse crédito por parte do adquirente portador do direito subjetivo constitucional de se creditar.

Paulo de Barros Carvalho afirma, nesse sentido, que somente o direito ao crédito não bastaria para o cumprimento do princípio da não-cumulatividade, sendo que, para torná-lo efetivo, "(...) exige-se, em cada ciclo, a compensação entre a relação do direito ao crédito (nascida com a entrada do bem) e a relação jurídica tributária (que nasce com a saída do bem)".[342] Daí a importância do reconhecimento

---

338. CARVALHO, Paulo de Barros. *Direito tributário, linguagem e método*. 3. ed. São Paulo: Noeses, 2009a, p. 732.

339. CARVALHO, Paulo de Barros. *Direito tributário, linguagem e método*. 3. ed. São Paulo: Noeses, 2009a, p. 733.

340. CARVALHO, Paulo de Barros. *Direito tributário, linguagem e método*. 3. ed. São Paulo: Noeses, 2009a, p. 734.

341. CARVALHO, Paulo de Barros. *Direito tributário, linguagem e método*. 3. ed. São Paulo: Noeses, 2009a, p. 732.

342. CARVALHO, Paulo de Barros. "Guerra Fiscal" e o princípio da não-cumulatividade no ICMS. *Revista de direito tributário*, São Paulo, n. 95, 2005, p. 9.

ICMS - IMPORTAÇÃO

do direito ao crédito daquele que participa do "(...) ciclo da não-cu-mulatividade (...)".[343] O professor esclarece que "o contribuinte exercita seu *direito ao crédito* mediante a forma juridicamente qualificada da compensação, tão somente se for, em outro momento, integrante da relação jurídica do gravame."[344] (Grifos do autor).

Com base nos ensinamentos de Paulo de Barros Carvalho e de Geraldo Ataliba, entendemos que só haverá sentido em se atribuir direito a crédito àquele que, participando do ciclo da não-cumulati-vidade, adquira mercadorias ou tome serviços tendo em vista débitos correlatos a serem compensados. Aliás, Geraldo Ataliba condiciona à existência da realização de operações mercantis o direito ao crédito, afirmando que esse "(...) é um direito público subjetivo constitucional, de quem pratica operação mercantil".[345] Tal prática indica realização de fatos jurídicos mercantis alcançados pelo ICMS. Indica existência de débito.

Assim, concluímos que aquele que não pratica operação mer-cantil não tem direito ao crédito. Quem não tem débito, coisa alguma tem a compensar. Se nada há a compensar, não existe direito ao cre-ditamento a ser realizado.

Registramos o posicionamento contrário de Marcelo Viana Salomão[346] quando destaca que seria inadmissível a vinculação do direito de crédito à atividade do estabelecimento do contribuinte, seja por ausência de previsão constitucional, seja por desconsiderar que o contribuinte adquirente, independentemente de sua atividade, suporte o ônus do ICMS.

---

343. CARVALHO, Paulo de Barros. "Guerra Fiscal" e o princípio da não-cu-mulatividade no ICMS. *Revista de direito tributário*, São Paulo, n. 95, 2005, p. 10.

344. Isenções tributárias do IPI, em face do princípio da não-cumulativi-dade. *Revista dialética de direito tributário*, São Paulo, n. 33, jun. 1998, p. 156-157.

345. ICMS na Constituição. *Revista de direito tributário*, São Paulo, n. 57, jul./set. 1991, p. 101.

346. SALOMÃO, Marcelo Viana. *ICMS na importação*. 2. ed. São Paulo: Atlas, 2001, p. 95.

Roque Antonio Carrazza[347] por sua vez aponta a irrelevância da destinação dos bens adquiridos para a fruição pelo contribuinte do direito "(...) à não-cumulatividade do ICMS", pois tal posição entraria em contradição com "(...) toda a sistemática constitucional deste tributo".

A norma individual e concreta de crédito, por sua vez, surgiria da descrição em linguagem competente da entrada de mercadorias em estabelecimento (registro em livros fiscais), cuja formalização regular seria imprescindível ao seu reconhecimento.

O princípio constitucional da não-cumulatividade permite, na qualidade de subjetivo direito, a compensação dos débitos (imposto devido) com os créditos de cada operação ou prestação anteriormente realizada (montante cobrado em anterior operação), como construímos da leitura do inciso I do §2º do artigo 155 transcrito acima.

Porém, contrariamente a Marcelo Viana Salomão e a Roque Antonio Carrazza, temos que a destinação dos bens adquiridos é relevante ao direito de crédito por parte de quem os adquire, tanto no ICMS-ocm, como no ICMS-importação, pois sendo a compensação a razão da não-cumulatividade, temos que tal compensação só deve ser considerada juridicamente possível quando houver débito a ser compensado tendo em vista a destinação mercantil dos bens adquiridos.

No mesmo sentido de Geraldo Ataliba e de Paulo de Barros Carvalho, Roque Antonio Carrazza discute a significação da expressão "montante cobrado nas anteriores", inserta no seu inciso I do §2º do artigo 155, depois de afirmar que "(...) a *não-cumulatividade* do ICMS só pode ser corretamente compreendida segundo os critérios estabelecidos em nossa Carta Magna".[348] Essa é a linha interpretativa que adotamos aqui inúmeras vezes, aceitando a absoluta primazia das normas constitucionais e sua exaustividade em termos tributários. Ensina Roque Antonio Carrazza que "basta que as leis de ICMS

---

347. CARRAZZA, Roque Antonio. *ICMS*. 15 ed. São Paulo: Malheiros, 2011, p. 417.
348. CARRAZZA, Roque Antonio. *ICMS*. 15 ed. São Paulo: Malheiros, 2011, p. 382.

## ICMS - IMPORTAÇÃO

tenham incidido sobre as operações ou prestações anteriores para que o abatimento seja devido".[349]

Portanto, nessa linha, o direito de crédito do adquirente de mercadorias também estaria subordinado à incidência de ICMS na operação de saída realizada pelo transmitente das referidas mercadorias. Também estaria subordinado à linguagem formalizadora do autolançamento de competência do transmitente ou do lançamento por parte do fisco, já que, sem linguagem não há incidência, conforme nossa premissa.

Se o creditamento ocorrer em entrada de mercadoria, sob a expectativa da permanência de sua natureza mercantil e se esta for modificada para não mercantil (exemplo: ativação de mercadorias não prevista quando de sua aquisição), se daria a obrigatoriedade do estorno do crédito já formalizado, em face da retirada do direito creditício pela ativação do bem adquirido. Como nada mais haveria a ser compensado, pois não teríamos débitos relacionados ao bem adquirido, se obstaria seu crédito.

Nessa prática obstativa não haveria violação ao princípio da não-cumulatividade porque sua realização dá-se por compensação. Pela impossibilidade material de efetuá-la, em face da ausência de débito a ser compensado, temos a desnecessidade de manter-se o crédito, já que sua existência estaria atrelada somente à necessidade da compensação. Aliás, neste caso, atender ao princípio da não-cumulatividade é não permitir a manutenção de montante escritural a título de crédito.

Portanto, em face desse contexto interpretativo, entendemos que a não-cumulatividade do ICMS num ciclo de operações, como previsto na Constituição, tem sua realização jurídica com a denominada "compensação".

Acompanhamos Paulo de Barros Carvalho quando define a forma extintiva de obrigações tributárias da *compensação* como "(...) a

---

349. CARRAZZA, Roque Antonio. *ICMS*. 15 ed. São Paulo: Malheiros, 2011, p. 382.

existência de duas obrigações contrapostas, de modo tal que os sujeitos se apresentam, simultaneamente, como credor e devedor, um do outro"[350], afirmando, também, não entender de diversa natureza a possibilidade dos contribuintes do ICMS abaterem de seus débitos os créditos respectivos a que têm direito, seja "(...) na qualidade de 'moeda escritural', seja como simples abatimentos, supressões ou outro nome que lhes corresponda".[351]

Assim, se a linguagem do Direito é normativa, temos que a compensação é norma prevista no dispositivo constitucional que faculta àquele que se torna devedor de ICMS, a possibilidade de contrapor e, assim, abater de seus débitos constituídos, montante escriturado em seus registros e que deve corresponder ao quantum de ICMS incidente (portanto, formalizado) em operações ou prestações anteriores.

Em norma de débito, o contribuinte está como sujeito passivo que deve um montante a título de tributo ao Estado. Este, por sua vez, ocupa o polo ativo da obrigação tributária constituída, tendo em vista operações mercantis tributadas pelo ICMS e pelo contribuinte realizadas. Em norma de crédito, no entanto, o contribuinte encontra-se no polo ativo de relação jurídica, portando direito subjetivo à escrituração de montante que fora formalmente cobrado em anterior operação.

Portanto, com relação ao ICMS-ocm, concluímos que o direito de escriturar a crédito depende de algumas condições: **(i)** que haja entrada física ou simbólica de mercadorias no estabelecimento adquirente; **(ii)** que tenha sido cobrado um montante de imposto quando da transferência (ou aquisição) de disponibilidade das mercadorias, assim entendido o montante formalizado (portanto, incidente) como imposto devido, seja por parte do transmitente (autolançamento), seja por parte do fisco (lançamento de ofício) e **(iii)** que a natureza jurídica de mercadoria dos bens transacionados não se altere após sua

---

350. CARVALHO, Paulo de Barros. *Direito tributário*: fundamentos jurídicos da incidência. 7. ed. São Paulo: Saraiva, 2009b, p. 247.

351. CARVALHO, Paulo de Barros. *Direito tributário*: fundamentos jurídicos da incidência. 7. ed. São Paulo: Saraiva, 2009b, p. 248.

ICMS - IMPORTAÇÃO

aquisição, indicando a necessidade de uma compensação a ser realizada, em respeito ao princípio da não-cumulatividade. É o critério da **destinação física** explicado por Christine Mendonça quando afirma que o texto constitucional da não-cumulatividade "(...) vincula a entrada da mercadoria/serviço à sua posterior saída".[352] Afirma ainda a professora que "(...) só será compensado o que for destinado a sair (...)"[353], afastando a tese da **destinação financeira** que, de maneira diversa, propõe que "(...) nem tudo que entra precisa sair para que nasça o débito do Fisco escritural".[354]

Reforçamos que o montante a título de crédito a que tem direito o adquirente de mercadorias deve corresponder ao imposto devido pelo transmitente das referidas mercadorias adquiridas. É o constitucionalmente denominado "montante cobrado nas anteriores" e, na mesma linha de Roque Antonio Carrazza, desde que "(...) as leis do ICMS tenham incidido sobre as operações ou prestações anteriores para que o abatimento seja devido".[355]

Também, no mesmo sentido de Paulo de Barros Carvalho[356] e Christine Mendonça[357] entendemos que o **direito de crédito** do adquirente de mercadorias **não decorre de efetivo pagamento** de imposto devido pelo respectivo transmitente em operação anterior, pois, "cobrado" não tem a significação de "pago".

Porém, para que se reconheça que um montante tenha sido "cobrado", é **necessária a formalização** do imposto devido em operação anterior. Esta é a nossa conclusão sobre o termo "cobrado"

---

352. MENDONÇA, Christine. *A não-cumulatividade do ICMS*. São Paulo: Quartier Latin, 2005, p. 128.

353. MENDONÇA, Christine. *A não-cumulatividade do ICMS*. São Paulo: Quartier Latin, 2005, p. 131.

354. MENDONÇA, Christine. *A não-cumulatividade do ICMS*. São Paulo: Quartier Latin, 2005, p. 131.

355. CARRAZZA, Roque Antonio. *ICMS*. 15 ed. São Paulo: Malheiros, 2011, p. 385.

356. CARVALHO, Paulo de Barros. *Direito tributário, linguagem e método*. 3. ed. São Paulo: Noeses, 2009a, p. 733.

357. MENDONÇA, Christine. *A não-cumulatividade do ICMS*. São Paulo: Quartier Latin, 2005, p. 120.

inserto no princípio constitucional da não-cumulatividade do inciso I, §2º do seu artigo 155: "Cobrado" tem a significação de "incidido". Se a formalização do imposto devido em operação anterior for realizada pelo próprio contribuinte-transmitente, será fruto de autolançamento; se realizada de ofício pelo fisco, será fruto de lançamento pela autoridade administrativa.

Assim, como o princípio da não-cumulatividade realiza-se com o exercício do direito subjetivo à "compensação", concluímos que violar tal princípio seria impedir de forma inconstitucional que a compensação se realizasse, e não, simplesmente, o fato de impedir creditamentos em face de anteriores montantes cobrados. Se nada houver a ser compensado, se a natureza do bem adquirido deixar de ser mercadoria, a compensação torna-se impraticável por ausência de imposto devido.

Destacamos, então, que um eventual desrespeito ao princípio da não-cumulatividade não se daria simplesmente com impedimento de direito ao crédito. O contexto deve ser o da existência de um ciclo de operações que necessitem da "compensação" pela existência de débitos a serem resolvidos. Para nós, essa é a raiz e a forma de realizar a não-cumulatividade, como já afirmara Geraldo Ataliba.[358]

Temos, também, que a natureza jurídica do objeto da prestação obrigacional creditícia seria a de **moeda escritural,** na mesma linha que ensina Paulo de Barros Carvalho quando afirma que:

> O *direito ao crédito* é moeda escritural. E, se, de um lado, é inexigível enquanto crédito pecuniário na via judicial, por outro, é imprescindível perante o lídimo exercício do direito à não-cumulatividade, que se consuma com o exercício da compensação desse crédito com o "crédito tributário" (obrigação tributária) do Fisco.[359] (Grifos do autor).

---

358. ATALIBA, Geraldo. ICMS na Constituição. *Revista de direito tributário*, São Paulo, n. 57, p. 91-104, jul./set. 1991, p. 100.

359. CARVALHO, Paulo de Barros. Isenções tributárias do IPI, em face do princípio da não-cumulatividade. *Revista dialética de direito tributário*, São Paulo, n. 33, jun. 1998, p. 157.

ICMS - IMPORTAÇÃO

A derradeira questão sobre não-cumulatividade refere-se a suas restrições.

O inciso II, §2º do artigo 155 da CF/88 prescreve que não havendo dispositivo legal em sentido contrário, se houver **isenção ou não incidência** na cadeia circulatória do ICMS, não será admitido o creditamento, seja por parte de quem recebe mercadorias submetidas normativamente a estas excepcionais situações de não tributação, seja por quem as transmite nessas condições.

Sobre tais possibilidades obstativas ao creditamento na cadeia de subsequentes operações de ICM, Geraldo Ataliba[360] citando ensinamentos de Tercio Sampaio Ferraz, indica que interpretar restritivamente esse preceito constitucional resolveria sua aparente antinomia normativa em face da concessão do direito subjetivo ao creditamento, como positivada no inciso I do mesmo §2º do artigo 155. Geraldo Ataliba conclui que "(...) só não há crédito de ICM na operação imediatamente anterior à que seja considerada. Só se anula crédito de ICM na operação imediatamente posterior àquela que seja imune ou isenta".[361]

Por sua vez, Paulo de Barros Carvalho ensina que o *status* de princípio atribuído a não-cumulatividade obriga que "(...) sua amplitude somente poderá ser contida por enunciados previstos no próprio Texto Supremo".[362] Ele conclui, portanto, serem exaustivas as possibilidades obstativas ao crédito da isenção e da não incidência.

Assim como Paulo de Barros Carvalho, também entendemos que a norma isentiva "(...) atua sobre a regra-matriz de incidência, investindo contra um ou mais critérios de sua estrutura, para mutilálos parcialmente".[363] O efeito isentivo se daria pelo encontro da

---

360. ATALIBA, Geraldo. ICMS na Constituição. *Revista de direito tributário*, São Paulo, n. 57, p. 91-104, jul./set. 1991, p. 102.
361. ATALIBA, Geraldo. ICMS na Constituição. *Revista de direito tributário*, São Paulo, n. 57, p. 91-104, jul./set. 1991, p. 102.
362. CARVALHO, Paulo de Barros. "Guerra Fiscal" e o princípio da não-cumulatividade no ICMS. *Revista de direito tributário*, São Paulo, n. 95, 2005, p. 10.
363. CARVALHO, Paulo de Barros. "Guerra Fiscal" e o princípio da não-

ARGOS CAMPOS RIBEIRO SIMÕES

regra-matriz com sua norma mutiladora, inibindo os efeitos de incidência tributária, seja por redução da hipótese, seja por diminuição da amplitude de quaisquer dos critérios do consequente normativo.

Sobre a significação do equívoco termo "não incidência", Paulo de Barros Carvalho[364] além de identificar a isenção como uma espécie de não incidência, arrola quatro de suas causas. Em nível constitucional: **(i)** ausência de norma de competência para instituir tributo para determinada situação e **(ii)** expressa norma de incompetência para tributar pessoas ou situações específicas; em termos de norma geral e abstrata: **(iii)** ausência de regra-matriz de incidência tributária por opção do legislador ordinário em não exercer sua competência impositiva; em termos de norma individual e concreta: **(iv)** ausência de fato tributário a ser juridicizado.

Apesar de nosso *olhar* **interpretativo físico** sobre o princípio da não-cumulatividade que, a nosso ver, somente empresta direito a crédito às entradas de mercadorias que tenham correspondentes saídas tributadas, tanto em sua forma original quanto as integradas na produção como insumos ou como matérias-primas, temos dúvidas de que as hipóteses de isenção e não incidência **sejam exaustivas** como possibilidades obstativas ao creditamento.

O artigo 146 da Lei Maior prescreve que normas gerais veiculadas por lei complementar tratarão da matéria creditamento no dicotômico objetivo de dispor sobre conflitos de competência entre os entes políticos e de limitar seu poder de tributar (em face do consenso doutrinário a respeito do artigo 146, como bem lembra Osvaldo Santos de Carvalho[365]).

---

cumulatividade no ICMS. *Revista de direito tributário*, São Paulo, n. 95, 2005, p. 11.

364. CARVALHO, Paulo de Barros. "Guerra Fiscal" e o princípio da não-cumulatividade no ICMS. *Revista de direito tributário*, São Paulo, n. 95, 2005, p. 11.

365. CARVALHO, Osvaldo Santos de. Reflexão sobre a possibilidade de uniformização da legislação do ICMS por meio de lei complementar nacional. In: CARRAZZA, Elizabeth Nazar (Coord.). *ICMS*: questões atuais. São Paulo: Quartier Latin, 2007, p. 335.

ICMS - IMPORTAÇÃO

Tal entendimento, a nosso ver, daria margem a que outros motivos legais de natureza obstativa de crédito restassem fundamentados na Constituição Federal, inclusive em face do contexto da chamada "guerra fiscal do ICMS".

Porém, apesar da relevância da discussão, aprofundá-la fugiria ao escopo deste estudo. Deixemo-la para outra oportunidade, já que as conclusões que aqui fundamentamos nos bastam à compreensão da não-cumulatividade do ICMS-importação e para sua utilização nas situações que analisaremos no próximo capítulo.

## 5.2 A não-cumulatividade no ICMS-importação

Tendo em vista nossas construções materiais do ICMS na importação após a Emenda Constitucional 33/2001, com a fixação de dois critérios materiais de cunho constitucional distintos: **(i) ICMS-importação de mercadorias** e **(ii) ICMS-importação de bens (não mercadorias) destinados a qualquer finalidade,** entendemos que a análise da não-cumulatividade deve ser feita também de forma distinta para cada imposto construído.

Recordamos, porém, que nossa conclusão sobre as possibilidades do direito ao crédito no contexto normativo do ICMS-operação relativa à circulação de mercadoria **(ICMS-ocm)** restou atrelada a algumas condições: **(i)** que ocorra entrada física ou simbólica de mercadorias no estabelecimento adquirente; **(ii)** que tenha sido cobrado um montante de imposto quando da transferência de disponibilidade das mercadorias e **(iii)** que a natureza jurídica de mercadoria dos bens transacionados não se altere após sua aquisição, consagrando o denominado critério da **destinação física.**

Com as devidas adaptações, façamos as possibilidades de aplicação do princípio da não-cumulatividade ao ICMS na importação.

179

## 5.2.1 A não-cumulatividade no ICMS-importação de mercadorias

Essa subespécie de ICMS-ocm tem como ingredientes de sua materialidade a **operação** como negócio jurídico da aquisição mediante importação, a **circulação** tendo início com a aquisição de disponibilidade de bem regularmente nacionalizado, cujo destino é a posterior transferência da disponibilidade adquirida, dando sequência ao ciclo mercantil iniciado com a importação e a **mercadoria** como estado do bem adquirido por importação com destinação mercantil.

Assim, enunciamos o critério material do ICMS-importação de mercadorias como a realização de negócio jurídico de importação relativo à aquisição de bens de origem estrangeira, e regularmente nacionalizados, cuja destinação seja mercantil. Como subespécie do ICMS-ocm, temos que o princípio da não-cumulatividade deve ser observado quando da incidência do ICMS-importação de mercadorias.

O problema é que os termos enunciados no princípio da não-cumulatividade restam adaptados semanticamente ao ICMS-ocm, em que a circulação opera-se pela "transmissão de titularidade" e não pela sua "aquisição". E mais, no contexto original da não-cumulatividade, as figuras do sujeito passivo do imposto e daquele que arca economicamente com o tributo na aquisição das mercadorias transacionadas são distintas.

Nesse ICMS-importação, temos "circulação de mercadorias" como "aquisição de mercadorias importadas" e os inadequadamente denominados "contribuintes de fato e de direito" se confundem na mesma pessoa, quando analisada isoladamente a operação de importação. Assim, em face da peculiar materialidade do ICMS-importação de mercadorias e de suas consequências, façamos a contextualização normativa das condições necessárias ao direito de creditamento no caso desse imposto de importação estadual.

ICMS - IMPORTAÇÃO

### (i) Da entrada real ou simbólica da mercadoria

A entrada real ou simbólica da mercadoria importada, consequência de sua aquisição na importação, continua sendo condição necessária ao direito de crédito pelo importador-adquirente, na mesma linha de Paulo de Barros Carvalho quando afirma que a "(...) relação jurídica de crédito (...)"[366] nasce "(...) com a entrada jurídica do bem (...)", observando, apenas, que distinguimos "bens" de "mercadorias".

Não somente a satisfação desse requisito, a nosso ver, restaria suficiente ao direito de crédito, como já apontamos, porém, a não entrada jurídica das mercadorias importadas no estabelecimento importador já seria motivo ao não creditamento.

### (ii) Do montante *cobrado* em operações anteriores

O termo *cobrado* na aplicação da não-cumulatividade do ICMS-ocm fora definido por nós como *incidente*; assim, bastaria a incidência do imposto estadual em operação anterior para termos, na ótica do adquirente das mercadorias tributadas, o "montante cobrado nas anteriores" operações. Esse requisito é essencial à compensação realizadora do princípio constitucional.

Definimos também, em sintonia com a doutrina apresentada, que o termo *cobrado*, no ICMS-ocm, não tem a mesma significação de *pago*. Não há a necessidade do pagamento, a ser efetuado pelo transmitente de mercadorias, para que o adquirente tenha direito ao crédito.

Clélio Chiesa, na mesma linha de Paulo de Barros Carvalho[367], Roque Antonio Carrazza[368] e José Eduardo Soares de Melo[369] destaca:

---

366. CARVALHO, Paulo de Barros. *Direito tributário, linguagem e método*. 3. ed. São Paulo: Noeses, 2009a, p. 730.

367. CARVALHO, Paulo de Barros. *Direito tributário, linguagem e método*. 3. ed. São Paulo: Noeses, 2009a, p. 730.

368. CARRAZZA, Roque Antonio. *ICMS*. 15 ed. São Paulo: Malheiros, 2011, p. 385.

369. MELO, José Eduardo Soares de. *ICMS*: teoria e prática. 11. ed. São

"(...) que a expressão 'montante cobrado nas anteriores' foi impropriamente utilizado (*sic*) pelo constituinte, pois o objetivo não é exigir que o contribuinte perquira em cada operação se houve ou não pagamento para, posteriormente, creditar-se".[370] Em face das várias possibilidades de ocorrências fáticas, alerta o professor que tal exigência tornaria impraticável a instituição de um ICMS não cumulativo.

Também Eurico Marcos Diniz de Santi denuncia a irrelevância da resolução de obrigação tributária para a eficácia jurídica da relação de crédito. Afirma o professor que "o direito ao crédito não nasce do adimplemento (pagamento) do crédito tributário devido pelo contribuinte de direito, decorre do próprio fato gerador".[371]

Porém, para o professor, para que haja a possibilidade de creditamento, no caso do ICMS-importação de mercadorias, não basta só a incidência normativa traduzida pelo termo "cobrado", mas sim, que haja o efetivo pagamento do imposto estadual.

Eurico Marcos Diniz de Santi[372] atribui o direito ao crédito no ICMS-importação à necessidade do seu específico adimplemento, justificando que este imposto é diverso do ICMS-ocm e, portanto, "(...) o fundamento fáctico do 'direito ao crédito' (...)" seria também diverso. Destaca o professor que no ICMS-importação não haveria operação entre dois contribuintes; um único contribuinte convergiria em si os papéis dos denominados "contribuintes de fato e de direito". Não há operação anterior, existe uma única operação: a de importação.

Ensina, ainda, Eurico Marcos Diniz de Santi que:

---

Paulo: Dialética, 2009, p. 190.

370. CHIESA, Clélio. *ICMS*: sistema constitucional tributário: algumas inconstitucionalidades da LC 87/96. São Paulo: LTr, 1997, p. 119.

371. SANTI, Eurico Marcos Diniz de. ICMS – mercadorias: direito ao crédito – Importação e substituição. In: SANTI, Eurico Marcos Diniz de (Coord.). *Curso de especialização em direito tributário*: estudos em homenagem a Paulo de Barros Carvalho. Rio de Janeiro: Forense, 2005, p. 542.

372. SANTI, Eurico Marcos Diniz de. ICMS – mercadorias: direito ao crédito – Importação e substituição. In: SANTI, Eurico Marcos Diniz de (Coord.). *Curso de especialização em direito tributário*: estudos em homenagem a Paulo de Barros Carvalho. Rio de Janeiro: Forense, 2005, p. 542.

# ICMS - IMPORTAÇÃO

> Se a expressão "cobrado nas anteriores" simboliza no ICMS-mercadoria a mera facticidade jurídica expressa na documentação fiscal idônea, no ICMS-importação fundamenta, expressamente, o 'direito ao crédito' decorrente do ICMS efetivamente cobrado pela operação de importação.[373]

O autor conclui que, no ICMS-importação, sendo o crédito tributário decorrente da realização do seu fato jurídico, o direito ao crédito decorre do efetivo recolhimento do imposto.

Caminhando nessa premissa, ao observarmos a relação jurídica de direito ao crédito no ciclo de operações envolvendo ICMS-ocm, verificamos que o impropriamente denominado "contribuinte de fato" ocupa seu polo ativo.

Assim, raciocínio similar estaria sendo feito para o ICMS-importação de mercadorias. O importador, por ter arcado economicamente com o tributo incidente na única operação realizada (a de importação), teria o direito, quando da aquisição das mercadorias transacionadas do exterior, de abater tal montante a título de crédito do posterior imposto a ser devido na sequência do ciclo operacional.

Para Eurico Marcos Diniz de Santi no caso do ICMS-importação de mercadorias, como os "contribuintes de direito e de fato" se confundem, só seria possível pensarmos em arcar economicamente com um montante suficiente a ser creditado se o imposto devido na importação for efetivamente recolhido. Se não houver recolhimento, não haveria "contribuinte de fato". Na sua ausência não haveria peso tributário a ser compensado com futuros débitos, o que torna desnecessário efetuar-se o creditamento.

Com o recolhimento, o contribuinte do ICMS-importação de

---

373. SANTI, Eurico Marcos Diniz de. ICMS – mercadorias: direito ao crédito – Importação e substituição. In: SANTI, Eurico Marcos Diniz de (Coord.). *Curso de especialização em direito tributário*: estudos em homenagem a Paulo de Barros Carvalho. Rio de Janeiro: Forense, 2005, p. 542.

mercadorias resolveria sua auto-obrigação tributária e assumiria a condição de "contribuinte de fato". Por estar nessa posição, arcando com o ônus do tributo na operação de importação realizada e por encontrar-se em ciclo operacional não findo, tem-se assegurado o respectivo creditamento, com a entrada jurídica (física ou simbólica) das mercadorias importadas em seu estabelecimento.

Assim, estaria justificado porque o sentido de *montante cobrado nas anteriores*, no contexto normativo do ICMS-importação, seria *montante pago na operação de importação*.

Porém, pensamos de forma diversa. Não vemos necessidade do efetivo recolhimento do ICMS-importação como requisito ao creditamento. No entanto, há necessidade da contextualização do *termo cobrado nas anteriores* para essa exação.

A *operação anterior* deve ser entendida como a própria operação de importação realizada, com seu fato jurídico determinando uma obrigação tributária configurada. Ali temos o *imposto devido* pelo importador. O importador, como sujeito passivo dessa obrigação, denomina o montante de seu objeto como *imposto devido*, imposto a ser recolhido. A norma exigindo o ICMS-importação fora incidida pela formalização feita em documento próprio.

A peculiaridade do ICMS-importação é que esse mesmo importador, por estar adquirindo mercadorias, iniciou um ciclo mercantil suficiente a lhe garantir a aplicação da não-cumulatividade, facultando-lhe a possibilidade de realizar uma compensação. O que significa que adquire direito ao crédito. O montante objeto da prestação creditícia a que o importador faz jus, como sujeito ativo da relação de crédito, é igual ao montante devido por ele mesmo na operação de importação.

A nosso ver, é só uma questão de referência. O importador se "vê" como sujeito passivo quando realiza a operação de importação. O Direito só "enxerga" essa operação com a formalização. Formalizada a operação, temos obrigação constituída e com ela o *imposto devido*.

Pela entrada real ou simbólica da mercadoria no estabelecimento do importador, este tem direito a se creditar do *imposto devido* na operação de importação. Ele, também, escritura sua *moeda escritural creditícia* em montante igual ao que fora devido anteriormente por ele mesmo em face do fato jurídico da importação.

O não recolhimento do ICMS-importação não retira a condição de que houve imposto *cobrado* em momento logicamente anterior. Assim, seria desnecessário o requisito do recolhimento prévio do imposto para que o importador possa se creditar.

(i) **Da destinação física**

A destinação mercantil dos bens importados é também condição indispensável ao creditamento no ICMS-importação. Pois a razão do crédito na importação é sua possibilidade de compensação com o imposto devido em operações subsequentes relativas à transferência de disponibilidade dos bens importados. Assim, opera-se a pretendida não-cumulatividade no ciclo operacional mercantil que, iniciado com o fato tributável da aquisição mediante importação, tem continuidade com fatos também tributáveis em operações relativas à circulação de mercadorias posteriores.

## 5.2.2 A não-cumulatividade no ICMS-importação de não mercadorias destinadas a qualquer finalidade

Destacamos que nessa análise não levaremos em conta a variável da inconstitucionalidade em face da materialidade do imposto ter sido ampliada por constituinte derivado por meio de emenda, como já apontamos no capítulo 4, quando analisado o critério material do ICMS-importação de bens (não mercadorias) destinados a qualquer finalidade.

Essa espécie de ICMS tem materialidade não vinculada ao ICMS-ocm, não sendo, como o já analisado ICMS-importação de mercadorias, sua subespécie. Como já discutimos, sua peculiar materialidade seria a de realizar negócio jurídico relativo à aquisição de bens importados para qualquer finalidade, exceto a mercantil.

O **ICMS-importação de bens (não mercadorias) para quaisquer finalidades,** apesar de ser **espécie** de ICMS e assim estar inserido no seu contexto normativo próprio, não atende à totalidade das condições para ter direito ao crédito, mesmo havendo o recolhimento do imposto estadual de importação.

Ao precisar sua materialidade, lembremos que consideramos a **operação** como o negócio jurídico da aquisição mediante importação; **não há circulação** em face da ausência de ciclo mercantil de operações posteriores, ocorrendo **uma única operação de aquisição a qualquer título** de bem regularmente nacionalizado. O estado de **não mercadoria** resta garantido pela destinação apontada pelo importador quando do desembaraço aduaneiro.

Pela nossa visão da não-cumulatividade, a destinação do bem adquirido por importação, se mercadoria ou não, é crucial na identificação da necessidade ou não de imposto a ser compensado.

O atendimento ao princípio da não-cumulatividade com a concessão de crédito faz-se necessário em contexto de negócios jurídicos que estejam em ciclo operacional mercantil em que haja transferência de titularidade.

Na importação de bens (que não "estão" mercadorias para quem os adquire) não ocorre o ciclo operacional mercantil indispensável à necessidade de aplicação da não-cumulatividade; **não há circulação,** pois a destinação dos bens adquiridos por importação indica que a única operação tributada é referente à solitária aquisição de bens importados. Sem ciclo operacional mercantil tributável não há o fato da cumulatividade; assim, restam ausentes as condições que fundamentam a necessidade de creditamento e da sua correlata expressão operacional da compensação.

Portanto, obstar crédito do ICMS pago na importação de não mercadorias não viola o princípio da não-cumulatividade. Aliás, não permitir crédito nestas condições é atender ao princípio, considerando que sua raiz é a compensação, como já discutido.

# CAPÍTULO 6

## AS ESTRUTURAS DAS REGRAS-MATRIZES DO ICMS-IMPORTAÇÃO NA LEI COMPLEMENTAR 87/96 E SUAS APLICAÇÕES

### 6.1 Método de construção

Neste capítulo faremos a construção das regras-matrizes de incidência do ICMS na importação com base na LC 87/96 e à luz das materialidades constitucionais já discutidas: **(i)** a do ICMS-importação de mercadorias e **(ii)** a do ICMS-importação de bens destinados a qualquer finalidade. Em nossa abordagem, vamos da situação prática à solução jurídica; dos casos práticos à montagem de critérios solucionadores.

Nosso objetivo não é simplesmente descritivo, tanto que não abordaremos todas as possibilidades apresentadas pelas normas gerais veiculadas pela lei complementar, sendo nossa intenção apresentar pontos e versões dos critérios da regra-matriz suficientes à solução de situações que envolvam o tributo estadual na importação.

Ao lado da construção dos diversos critérios das regras-matrizes a serem apresentados, sempre atentos para não ferir as materialidades já por nós definidas constitucionalmente, abordaremos fundamentações doutrinárias e jurisprudenciais ligadas às questões práticas a seguir discutidas.

187

A abordagem seguirá ordem crescente e cumulativa de critérios construídos, partindo da colocação do problema, descrevendo soluções doutrinárias e jurisprudenciais, para, então, construindo os critérios necessários associados a entendimentos já firmados nos capítulos anteriores, apresentar propostas de soluções jurídicas.

Destacamos que, apesar do nosso entendimento sobre a inconstitucionalidade da ampliação material derivada enunciada pela Emenda Constitucional 33/2001, quando construímos o critério material do ICMS-importação de bens (não mercadorias) destinados a qualquer finalidade, tal ampliação normativa efetuada ainda se encontra formalmente válida, vigente e eficaz. Assim, nossas construções dos critérios das regras-matrizes e as soluções dos casos levarão em consideração duas variáveis: pela constitucionalidade e pela inconstitucionalidade da ampliação derivada.

## 6.2 A incidência do ICMS na importação por meio de *leasing*: construção dos critérios materiais e aplicação da não-cumulatividade

A possibilidade de incidência do ICMS na importação por meio de *leasing* tem suscitado acalorados debates nos tribunais administrativos e judiciários e intensas discussões acadêmicas.

As fazendas estaduais entendem pela sua incidência; grande parte da doutrina caminha em sentido contrário, pela não incidência; os tribunais seguem discutindo o tema.

A importância da questão gerou o reconhecimento pelo STF de que se trata de matéria atinente aos efeitos da repercussão geral. Por sua vez, o STF sinaliza pela não incidência do ICMS-importação quando sua ocorrência se der mediante arrendamento mercantil, em face da ausência de aquisição da propriedade do bem importado.

- **Pela incidência**

José Eduardo Soares de Melo destaca a existência de dois tipos de negócios jurídicos de arrendamento mercantil denominados, também, como *leasing*: o "financeiro" e o "operacional". Explica o professor que:

ICMS - IMPORTAÇÃO

> A distinção básica entre tais modalidades reside na circunstância de que o "operacional" guarda similaridade com a locação, com pagamentos de aluguéis por um período pré-determinado, preço correspondente ao valor de mercado, e pagamento ao final do contrato no caso de aquisição, com limite de 75% do custo do bem; enquanto que o "financeiro" constitui alternativa de investimento de longo prazo, com preço livremente acertado pelos contratantes, pago de forma antecipada, diluída, ou ao final, e contraprestações de valor integral.[374]

Em ambas as situações, o professor, sob a influência prescritiva do ordenamento constitucional anterior à Emenda Constitucional 33/2001, entendia que não haveria condições de incidência de ICMS na importação, tendo em vista a não configuração de "(...) negócios mercantis (ante a efetiva inexistência de mercadorias), tendo em vista a circunstância de que os bens importados não integrarão o ativo fixo do estabelecimento importador, e nem serão destinados a consumo."[375]

No entanto, em face da ampliação material do ICMS-importação permitida pela Emenda Constitucional 33/2001, em que são abrangidos bens "qualquer que seja a sua finalidade", José Eduardo Soares de Melo alterou seu posicionamento no sentido de admitir "(...) o ônus tributário na importação a título de arrendamento mercantil, sob o fundamento de ter sido suprimida a específica condicionante (destinação a consumo ou ativo fixo do estabelecimento)",[376] mesmo com prejuízos à não-cumulatividade.

A alteração constitucional do critério material pós-emenda fora decisivo para a mudança de posicionamento do professor, pois

---

374. MELO, José Eduardo Soares de. *A importação no direito tributário*: impostos, taxas, contribuições. São Paulo: Revista dos Tribunais, 2003, p. 139-140.

375. MELO, José Eduardo Soares de. *A importação no direito tributário*: impostos, taxas, contribuições. São Paulo: Revista dos Tribunais, 2003, p. 140-141.

376. MELO, José Eduardo Soares de. *A importação no direito tributário*: impostos, taxas, contribuições. São Paulo: Revista dos Tribunais, 2003, p. 142.

ARGOS CAMPOS RIBEIRO SIMÕES

considera ampliado o critério material do tributo estadual na importação.

A Ministra Ellen Gracie, no RE 206.069-1/SP, entendeu pela incidência do tributo estadual. Destacamos dois de seus fundamentos:

> **(i)** A Ministra quando afirma que "a Constituição Federal elegeu o elemento fático 'entrada de mercadoria importada' como caracterizador da circulação jurídica da mercadoria ou do bem, e dispensou indagações acerca dos contornos do negócio jurídico realizado no exterior"[377], construiu como critério material do ICMS-importação o *realizar uma entrada de mercadoria importada*, não fazendo referência ao tipo de negócio jurídico comercial subjacente;
>
> **(ii)** Ela considerou que o artigo 3º, VIII da LC 87/96 onde está prescrita a não incidência de ICMS sobre operações de arrendamento mercantil, "não compreendida a venda do bem arrendado ao arrendatário", não se aplicaria ao *leasing* internacional, mas somente às operações internas. Fundamenta a Ministra que "(...) a opção de compra constante do contrato internacional não está no âmbito da incidência do ICMS, nem o arrendador sediado no exterior é contribuinte."[378]

Nesses destaques observamos que a construção do critério material fora relevante à conclusão pela incidência do ICMS-importação nas operações de arrendamento mercantil. Seja pela retirada das restrições aos bens adquiridos mediante importação com a expressão "qualquer que seja sua finalidade", como afirma José Eduardo Soares de Melo, seja pela não discriminação de específico negócio jurídico responsável pela entrada de mercadorias importadas, como afirma a Ministra Ellen Gracie, que reforça seu fundamento entendendo não ser aplicável ao arrendamento mercantil internacional o obstáculo à

---

377. BRASIL. Supremo Tribunal Federal. *Recurso Extraordinário 206.069/ SP*, do Tribunal Pleno. Relatora: Ministra Ellen Gracie. Brasília, DF, 01 de setembro de 2005. Disponível em: <http://www.stf.jus.br/>. Acesso em: 14 ago. 2011, p. 1121.

378. BRASIL, 2005, p. 1124.

ICMS - IMPORTAÇÃO

incidência do ICMS-importação como veiculado por lei complementar.

- **Pela não incidência**

Em sentido contrário, Roque Antonio Carrazza não admite a incidência do ICMS na importação por meio de arrendamento mercantil. Afirma o professor que "no *leasing* há, na realidade, uma operação financeira, para a obtenção de um bem. Quem efetua o *leasing* de um bem está, em rigor, obtendo um financiamento."[379] Destaca, ainda, que no arrendamento mercantil não ocorre operação de venda de mercadorias, existindo, apenas, um contrato pelo qual uma empresa arrendadora adquire de terceiros, a pedido da arrendatária, bens para serem utilizados por prazo fixo.

Roque Antonio Carrazza critica o artigo 3º, VIII, *in fine*, da LC 87/96 que, apesar de prescrever a não incidência de ICMS nas operações de arrendamento mercantil, excetua a "venda do bem arrendado ao arrendatário", pois nesta última etapa do processo de arrendamento não haveria mais mercadoria, mas "(...) um bem de uso *extra commercium*".[380]

Por ausência de operação mercantil, o professor não admite a incidência do ICMS na importação por meio de arrendamento mercantil, mesmo com o incremento material constitucional derivado abrangendo os bens, "qualquer que seja sua finalidade"; seja por não encaixe da previsão material na "(...) regra-matriz constitucional, originalmente traçada",[381] seja por violação ao princípio da igualdade veiculado pelo artigo 150, II da CF/88, pois se o arrendamento mercantil não sofre incidência, "(...) seria anti-isonômico tributar apenas o arrendamento mercantil efetuado no exterior"[382] e não tributar o interno.

---

379. CARRAZZA, Roque Antonio. *ICMS*. 15 ed. São Paulo: Malheiros, 2011, p. 154.

380. CARRAZZA, Roque Antonio. *ICMS*. 15 ed. São Paulo: Malheiros, 2011, p. 156.

381. CARRAZZA, Roque Antonio. *ICMS*. 15 ed. São Paulo: Malheiros, 2011, p. 156-157.

382. CARRAZZA, Roque Antonio. *ICMS*. 15 ed. São Paulo: Malheiros, 2011, p. 157.

ARGOS CAMPOS RIBEIRO SIMÕES

Gabriel Lacerda Troianelli[383] na mesma linha de Roque Antonio Carrazza ainda aponta, na pretensão exacional do ICMS na importação por meio de arrendamento mercantil, violação ao artigo 152 da CF/88, que veda aos entes políticos enunciarem normas estabelecendo diferença tributária entre bens e serviços de qualquer natureza em razão de sua procedência ou destino.

Tal destaque não passou despercebido a Clélio Chiesa[384] que, além de citar o obstáculo normativo constitucional à discriminação tributária em face da origem ou do destino de bens transacionados, fundamenta a não incidência do ICMS na importação por meio de contrato de arrendamento mercantil, tendo em vista a ausência de transferência de propriedade dos bens assim importados. Para o professor, somente com negócio jurídico de compra e venda haveria a possibilidade da incidência de ICMS.

Marcelo Fróes Del Fiorentino[385] destaca que haveria violação ao princípio da não-cumulatividade ao se exigir ICMS na importação por meio de contrato de arrendamento mercantil e não se permitir o respectivo creditamento, pois é partidário do critério financeiro de aproveitamento de créditos.

Ives Gandra Martins[386] destaca o previsto no artigo 3º, inciso VIII da LC 87/96 que prescreve que "o ICMS não incide sobre operações

---

383. TROIANELLI, Gabriel Lacerda. A Emenda Constitucional 33/2001 e o ICMS incidente na importação de bens. In: ROCHA, Valdir de Oliveira (Coord.). *O ICMS e a EC 33*. São Paulo: Dialética, 2002, p. 88.

384. CHIESA, Clélio. EC 33: dois novos impostos rotulados de ICMS. *Revista dialética de direito tributário*, São Paulo, n. 90, p. 21-48, mar. 2003, p. 47-48.

385. FIORENTINO, Marcelo Fróes Del. Da não-incidência do "ICMS-importação" em relação ao "arrendamento mercantil" internacional de aeronave realizado por empresa nacional de transporte aéreo de passageiros. *Revista dialética de direito tributário*, São Paulo, n. 135, p. 29-37, dez. 2006, p. 32.

386. MARTINS, Ives Gandra da Silva. Leasing de aeronaves, sem opção de compra, pactuado com investidores estrangeiros: hipótese não sujeita ao ICMS. *Revista dialética de direito tributário*, São Paulo, n. 131, ago. 2006, p. 102.

ICMS - IMPORTAÇÃO

de arrendamento mercantil, não compreendida a venda do bem arrendado ao arrendatário", sendo que tal previsão seria referente não somente a operações nacionais, "(...) *mas à totalidade de operações sujeitas ao ICMS.*" (Grifos do autor).

O Ministro Marco Aurélio[387] no RE 206.069-1/SP, posiciona-se pela não incidência do ICMS na importação por meio de arrendamento mercantil, tendo em vista que o negócio jurídico da compra e venda seria o fato próprio a representar operações relativas à circulação de mercadorias. Afirma que arrendamento mercantil não é compra e venda e questiona qual o motivo que a Corte teria para entender incidente o ISS aos casos de locação e de ICMS aos de arrendamento mercantil.

Destaca, no entanto, que há a necessidade de diferença de tratamento em razão das cláusulas do contrato de *leasing* internacional, pois entende, excepcionalmente, a possibilidade de incidência do ICMS somente "(...) havendo opção de compra quando do ajuste inicial – de locação, de arrendamento mercantil, transforma-se num ajuste de compra e venda."[388]

A nosso ver, posiciona-se o Ministro pela não incidência, tendo em vista seu entendimento de que a operação, integrante material do ICMS-importação, seria exclusivamente relacionada a negócios jurídicos de compra e venda; por isso, a não incidência da exação estadual no arrendamento mercantil tratado no âmbito interno ou internacional sem opção de compra.

O Ministro Marco Aurélio denuncia falta de:

> (...) base para dizer que, em relação ao 'leasing' interno, não há a incidência do imposto sobre Circulação de Mercadorias e Serviços, mas, no tocante ao 'leasing', considerada a mercadoria vinda do exterior – com menção

---

387. BRASIL, 2005, p. 1126-1127.
388. BRASIL, 2005, p. 1129.

ao próprio inciso II do artigo 155 -, há a incidência do tributo.[389]

Assim, ele entende aplicável a não incidência ao arrendamento mercantil, como prevista no artigo 3º, inciso III da LC 87/96.

Vemos, aqui, novamente, o critério material sendo fator determinante nos fundamentos, agora, pela não incidência do ICMS na importação por meio de arrendamento mercantil internacional, ao lado de questionamentos sobre violação aos princípios da igualdade, da discriminação tributária em face da origem ou destino de bens e do princípio da não-cumulatividade, caso se resolva pela incidência do tributo estadual.

- **Nosso posicionamento**

Apesar da diversidade de fundamentos, entendemos que o ponto relevante das discussões sobre a incidência ou não do ICMS na importação por meio de negócio jurídico envolvendo arrendamento mercantil repousa na diferença de entendimentos sobre a materialidade tributária do ICMS na importação. Se haveria ou não a necessidade de transferência de propriedade para que a norma exacional pudesse ser incidida nos casos de importação mediante contrato de arrendamento mercantil é questão a ser resolvida.

Além dessa discussão, abordaremos a pertinência ou não dos outros fundamentos adjetivos a respeito dos princípios evocados: da igualdade, da discriminação tributária em face da origem ou destino de bens e da não-cumulatividade.

As materialidades constitucionais do ICMS na importação foram construídas com base no enunciado final do seu artigo 155, II, prescrevendo a incidência de ICMS "ainda que as operações (...) se iniciem no exterior", sistematicamente considerado com o prescrito no seu artigo 155, §2º, IX, a, já exaustivamente discutido e analisado no capítulo 4.

A LC 87/96, alterada pela LC 114/2002, adequou sua redação às

---

389. BRASIL, 2005, p. 1127.

## ICMS - IMPORTAÇÃO

modificações introduzidas pela Emenda Constitucional 33/2001, ampliando a incidência sobre a importação para abarcar bens destinados a qualquer finalidade. A LC 87/96 veicula:

> Artigo 1º - Compete aos Estados e ao Distrito Federal instituir o imposto sobre operações relativas à circulação de mercadorias e sobre prestações de serviços de transporte interestadual e intermunicipal e de comunicação, ainda que as operações e as prestações se iniciem no exterior.
>
> Artigo 2º – O imposto incide sobre:
>
> §1º - O imposto incide também:
>
> I – sobre a entrada de mercadoria ou bem importados do exterior, por pessoa física ou jurídica, ainda que não seja contribuinte habitual do imposto, qualquer que seja a sua finalidade.

Apesar do alerta sobre o método invertido de fundamentação de nossos legisladores, resultando na enunciação de diversas emendas ao texto constitucional, temos hoje, como materialidades construídas do texto complementar, as mesmas veiculadas pela CF/88.

Lembramos que os aspectos materiais, analisados isoladamente em face de suas marcas espaço-temporais, e formados pela associação de um verbo de ação ou de qualificação (de predicação incompleta) ao seu complemento, segundo as lições de Paulo de Barros Carvalho[390] nos levam às seguintes construções para o ICMS na importação:

**(i)    Materialidade na importação de mercadorias (ICMS-importação de mercadorias)**

Critério material não modificado pela Emenda Constitucional 33/2001, constituindo-se na realização de negócio jurídico de importação relativo à aquisição de disponibilidade de bem móvel destinado à mercancia e regularmente nacionalizado. A lei complementar enuncia o mesmo critério.

Temos, então, como já destacado, ser o **ICMS-importação de**

---

390. CARVALHO, Paulo de Barros. *Curso de direito tributário.* 23. ed. São Paulo: Saraiva, 2011, p. 324-326.

ARGOS CAMPOS RIBEIRO SIMÕES

**mercadorias,** antes ou depois da Emenda Constitucional 33/2001, uma **subespécie** do ICMS na operação relativa à circulação de mercadorias **(ICMS-ocm)**. A **operação** como o negócio jurídico da aquisição mediante importação; a **circulação** presente no ciclo mercantil iniciado pela aquisição da disponibilidade de bem regularmente nacionalizado, cujo destino é a posterior transferência dessa disponibilidade adquirida; o estado de **mercadoria** restando garantido tendo em vista a destinação apontada pelo adquirente na importação quando do desembaraço aduaneiro.

(ii)     **Materialidade na importação de bens destinados a qualquer finalidade (ICMS-importação de bens)**

Na premissa de que *bem* é gênero e mercadoria sua *espécie*, mesmo após a vigência do novo Código Civil veiculado pela Lei Federal 10.406/2002, e tratando-os distintamente, como já discutido, temos que este novo ICMS **não é uma subespécie** do ICMS-ocm e não é o mesmo construído do ordenamento constitucional antes da Emenda Constitucional 33/2001. Apesar de continuar parcialmente submetido ao regime jurídico das espécies tributárias reunidas sob a sigla-gênero ICMS, ocupa estruturalmente a posição de espécie, não de subespécie de ICMS-ocm.

Preliminarmente desconsiderando a variável de inconstitucionalidade da emenda em face de sua constitucionalização derivada, como já discutido, teríamos que sua materialidade singular seria a de realizar negócio jurídico de aquisição mediante importação relativo à *aquisição a qualquer título* de bens regularmente nacionalizados destinados a qualquer finalidade atinente à situação de bem, exceto a de mercadoria, em face da distinção feita expressamente pelo legislador constitucional, e por nós aceita, entre *bens* e *mercadorias*. Assim, torna-se irrelevante se a destinação dos bens importados for para uso, consumo ou ativação (possibilidades de tratamento para bens que não são mercadorias), pois sempre teríamos a possibilidade de incidência desse ICMS.

Assim, firmamos a definição de que o **ICMS-importação de bens (não mercadorias) para quaisquer finalidades** é espécie de ICMS. A **operação** é o negócio jurídico da aquisição mediante importação;

ICMS - IMPORTAÇÃO

porém, **não há circulação** em face da ausência de ciclo mercantil interno de operações posteriores, ocorrendo uma única operação na aquisição a qualquer título de bem regularmente nacionalizado. O estado de **não mercadoria** resta garantido pela destinação apontada pelo importador quando do desembaraço aduaneiro. Apesar de ser um imposto desfigurado do original ICMS (sem circulação e sem mercadorias), mantém-se como sua espécie e não como gênero à parte, tendo em vista estar submetido, se bem que de forma mais restrita, a normas atinentes ao imposto estadual, como veremos na construção dos outros critérios de sua regra-matriz.

Observando a construção da materialidade constitucional e complementar válida atualmente, mesmo à luz do princípio constitucional da não-cumulatividade, tido por violado pelos partidários da não incidência da peculiar exação estadual, temos que a aquisição mediante importação de bens por meio de arrendamento mercantil não encontraria obstáculos à incidência do *ICMS-importação de bens destinados a qualquer finalidade*.

O elemento material da *aquisição a qualquer título*, como resultado interpretativo da irrelevância da destinação dos bens importados, não restringe o negócio jurídico da importação a somente *aquisição de propriedade de bens;* ponto principal das fundamentações doutrinárias pela não incidência tributária.

A *aquisição para uso*, como ocorre em quaisquer das modalidades de arrendamento mercantil internacional, está incluída nas possibilidades materiais desse novel ICMS-importação. Mesmo no arrendamento mercantil operacional, em que somente ao final do contrato há a possibilidade de aquisição do bem, teríamos a inicial e preponderante cessão para uso. Assim, seja para uso, consumo ou ativação, teríamos a possibilidade de sua incidência.

O fato de não concebermos a possibilidade de creditamento nessa modalidade de importação não viola o princípio da não-cumulatividade, aliás, o respeita, tendo em vista nossa premissa de que o critério físico seria juridicamente relevante à necessidade de aplicação normativa da compensação.

Na importação de bens para uso, como ocorre no arrendamento

mercantil internacional, não há o ciclo operacional mercantil indispensável à necessidade de aplicação da não-cumulatividade com concessão de crédito, pois, **não há circulação** dos bens importados. Uma única operação tributada de importação de não mercadorias não é suficiente a determinar a ocorrência de ciclo operacional mercantil tributável. Portanto, resta ausente condição essencial que fundamente a necessidade de creditamento. Não há ciclo operacional reclamando uma compensação.

Somente essa análise, com fulcro restrito no critério material e na não-cumulatividade, nos indicaria que o ICMS-importação deveria ser incidido mesmo em operações cujos negócios subjacentes se realizassem por meio de *leasing*.

Porém, *in casu*, temos que levar em conta mais uma variável interpretativa. A permanência no ordenamento tributário da prescrição normativa vigente e eficaz do artigo 3º, inciso VIII da norma complementar prevendo a não incidência do ICMS nas operações de arrendamento mercantil operacional (considerada a exceção positivada da "venda do bem arrendado ao arrendatário"), convence-nos de que não se deve fazer incidir o ICMS na importação por meio de arrendamento mercantil.

A possibilidade constitucional analisada com base no critério material e na não-cumulatividade é parcial, não sistemática. A "vontade da lei", também em termos de *vontade da Constituição*, tendo em vista os ensinamentos de Geraldo Ataliba e Cleber Giardino[391] é a de que, norma geral veiculada por lei complementar e dispondo sobre conflitos de competência (conforme artigo 146 da Constituição Federal em visão dicotômica) impeça dupla incidência sobre o arrendamento mercantil internacional: **(i)** o ISS pelo serviço de arrendamento mercantil (item 15.09 da Lista de Serviços c/c §1º artigo 1º da LC 116/2003 e artigo 156 da Constituição Federal) em nome da incidência municipal "sobre serviço proveniente do exterior do País ou cuja prestação se

---

391. ATALIBA, Geraldo; GIARDINO, Cleber. Pressupostos do estudo jurídico do ICM. *Revista de direito tributário*, São Paulo, n. 15-16, p. 96-114, jan./ jun. 1981b, p. 106.

## ICMS - IMPORTAÇÃO

tenha iniciado no exterior do País"; **(ii)** o ICMS sobre aquisição de bens importados não mercadorias a qualquer título, tendo em vista a irrelevância da destinação.

Não estamos interpretando a Constituição em face da lei, prática hermenêutica por nós não adotada. Há dispositivo constitucional prescrevendo que normas gerais em caráter nacional cumpram seu papel de dirimir conflitos de competência.

A CF/88, pelo seu artigo 156, faculta aos municípios tributar serviços exceto os de competência estadual, assim entendidos os de comunicação e os de transporte interestadual e intermunicipal. Determina que o veículo normativo seja lei complementar. Esta, por sua vez, prevê a incidência no arrendamento mercantil mesmo o internacional.

Por outro lado, o artigo 155, §2º, IX, *a* da CF/88 possibilita o alcance de operações, cujo negócio subjacente envolve serviços previstos na LC 116/2003 do ISS com relação a arrendamento mercantil internacional. A dúvida e o conflito de competências estão presentes.

Não vemos no dispositivo complementar do ICMS, na mesma linha do Ministro Marco Aurélio e de Ives Gandra Martins (referências já feitas acima), destaques normativos que indiquem que o arrendamento mercantil ali tratado seja somente o interno.

Independentemente da modalidade de arrendamento (financeiro ou mercantil), a atuação da lei complementar é sobre a natureza jurídica de "locação" dos referidos negócios de arrendamento mercantil; assim, o dispositivo obstativo da incidência serve às duas modalidades.

Quanto à questão da violação aos princípios constitucionais da igualdade (artigo 150, II) e da não discriminação tributária em razão da procedência ou do destino dos bens (artigo 152), entendemos superadas quando levamos em consideração sistemática e em caráter decisivo para a solução da matéria, o prescrito pelo artigo 3º, VIII da LC 87/96, veiculando normas gerais em sintonia com os objetivos da própria Constituição Federal em seu artigo 146.

Assim, mesmo na premissa de que a ampliação material

enunciada pela Emenda Constitucional 33/2001 permaneça no ordenamento por ausência de declaração de sua inconstitucionalidade, não vemos condições da incidência do ICMS-importação de bens por meio de importação via *leasing* pelas razões apontadas.

Porém, se considerada inconstitucional a ampliação material constitucional derivada da *destinação para qualquer finalidade*, teremos que a materialidade original retornaria ao sistema, reconstruindo o critério material do ICMS-importação como *realização de negócio jurídico de importação relativo à aquisição de "propriedade" de bens regularmente nacionalizados e destinados a consumo ou ativo fixo de estabelecimento;* versão original pré-Emenda.

Nessa premissa, também não haveria condições de incidência do ICMS-importação via *leasing*, em face da necessidade material da *aquisição de propriedade*, situação estranha ao contrato de arrendamento mercantil, como analisado.

Com isso, construímos nossos critérios materiais do ICMS-importação e procuramos mostrar sua importância, exemplificando com a discussão sobre a incidência ou não do ICMS na importação de bens por meio de arrendamento mercantil internacional.

## 6.3 Os aspectos temporal e quantitativo do ICMS na importação

### 6.3.1 O aspecto temporal

Analisemos inicialmente o aspecto temporal do ICMS-importação por meio de situação fáctica ocorrida no estado de São Paulo, a qual originou acalorados debates no Tribunal de Impostos e Taxas, órgão de julgamento administrativo-tributário vinculado à Secretaria da Fazenda do Estado de São Paulo.

Na importação, a legislação estadual prescreve o recolhimento do ICMS na data do procedimento de desembaraço aduaneiro, mediante guia de recolhimentos especiais. No entendimento de que a cobrança do ICMS-importação no desembaraço aduaneiro seria uma

## ICMS - IMPORTAÇÃO

antecipação indevida e inconstitucional da exigência do pagamento do tributo, liminares foram concedidas junto ao poder judiciário desonerando o pagamento da exação estadual no momento do desembaraço.

Alegaram à época que tal procedimento não causaria quaisquer danos ao erário em face de que, como não teriam recolhido o ICMS-importação, também não se creditariam. E que a respectiva solução da obrigação tributária correspondente ocorreria quando do lançamento a débito (sem nenhum crédito) em sua conta gráfica do montante do imposto devido pela subsequente saída de seu estabelecimento da mercadoria anteriormente importada (em operação de venda/compra, por exemplo).

Assim, não se creditariam do valor correspondente ao imposto não recolhido e demonstrariam que registraram a débito, em sua escrita fiscal, o imposto referente à saída da mercadoria importada.

Essa é a situação fáctica. Com base nela, um relevante questionamento reclama reflexão.

**Seria a exigência do pagamento do ICMS-importação no momento do procedimento aduaneiro de desembaraço aduaneiro uma antecipação inconstitucional? Qual o critério temporal do ICMS-importação?**

Paulo de Barros Carvalho, afirma que o critério material do ICMS-importação é *"importar mercadorias do exterior,* ou seja, *realizar operações de importação de mercadorias do exterior,* sendo a entrada no território pátrio, pelo desembaraço aduaneiro, apenas a delimitação de tempo em que se considera ocorrido aquele fato básico".[392] (Grifos do autor). O professor, em face da materialidade, cujo núcleo seria *importar,* entendeu que o momento relevante à incidência seria o do desembaraço aduaneiro: momento da entrada de mercadorias no território nacional.

---

392. CARVALHO, Paulo de Barros. *Direito tributário, linguagem e método.* 3. ed. São Paulo: Noeses, 2009a, p. 758.

ARGOS CAMPOS RIBEIRO SIMÕES

Destacamos parte do acórdão do STF, no RE 193.817/RJ[393] do relator Ministro Ilmar Galvão, que resolve pelo critério temporal no desembaraço aduaneiro:

> A Constituição de 1988 suprimiu no dispositivo indicado a referência que a Carta anterior (EC 033.83, art. 23, II, §11) fazia à "entrada, em estabelecimento comercial, industrial ou produtor, da mercadoria importada"; e acrescentou caber "o imposto ao Estado onde estiver situado o estabelecimento destinatário da mercadoria", evidenciando que o elemento temporal referido ao fato gerador, na hipótese, deixou de ser o momento da entrada da mercadoria no estabelecimento do importador (...). Incensurável, portanto, em face do novo regime, o condicionamento do desembaraço da mercadoria importada à comprovação do recolhimento do tributo estadual.

Na decisão houve o entendimento de que a retirada da expressa prescrição do elemento temporal "entrada em estabelecimento comercial, industrial ou produtor", incluindo-se a sujeição ativa atrelada ao local do "estabelecimento destinatário" seria suficiente ao entendimento de que o critério temporal fosse alterado para o momento do desembaraço, como previsto na lei complementar.

Marcelo Viana Salomão destaca que a LC 87/96, em seu artigo 12, IX, seria inconstitucional quando prescreve que se considera ocorrido o "fato gerador do imposto no momento do desembaraço aduaneiro de mercadoria ou bens importados do exterior (...)". "Seria cobrar tributo antes da materialização do fato passível de tributação (...)".[394]

No mesmo sentido, Roque Antonio Carrazza afirma que *o critério temporal* do ICMS-importação é a efetiva entrada das mercadorias ou dos bens no estabelecimento destinatário, fundamentando que "(...)

---

393. BRASIL. Supremo Tribunal Federal. *Recurso Extraordinário 193.817/RJ*, do Tribunal Pleno. Relator: Ilmar Galvão. Brasília, DF, 23 de outubro de 1996. Disponível em: <http://www.stf.jus.br/>. Acesso em: 14 ago. 2011.

394. SALOMÃO, Marcelo Viana. *ICMS na importação*. 2. ed. São Paulo: Atlas, 2001, p. 77.

## ICMS - IMPORTAÇÃO

só com a efetiva entrada, no estabelecimento destinatário, das mercadorias ou bens importados é que eles terão ingressado no mercado brasileiro (...)".[395]

O posicionamento de Marcelo Salomão e de Roque Antonio Carrazza foi no sentido de acompanhar a materialidade tributária que só ocorreria com a entrada dos bens importados no estabelecimento do importador. Assim, o momento da incidência estaria também definido.

Nossa construção material genérica do ICMS-importação é a de *realização de operação de importação relativa à aquisição de bens ou mercadorias regularmente nacionalizados*. Ou de forma mais sintética: adquirir mediante importação bens ou mercadorias ou adquirir bens ou mercadorias regularmente nacionalizados.

Sabemos que todos os demais critérios devem ter relação com essa materialidade. A CF/88 quando, de forma originária, expressamente alterou o critério temporal enunciado na ordem anterior, de *momento da entrada em estabelecimentos importadores específicos*, para *momento da entrada de bem ou mercadoria* (atual redação), não escapou à materialidade do ICMS-importação por ela criada, mas modificou o momento da incidência tributária: da entrada em estabelecimento para o momento jurídico da entrada no território pátrio de forma regular: no desembaraço aduaneiro, como enunciado de forma complementar.

Tal construção estaria em sintonia com o núcleo material do imposto que seria o ato de adquirir mediante importação, com a significação, dada por Paulo de Barros Carvalho, de "(...) trazer produtos originários de outro país para dentro do território brasileiro, com o objetivo de permanência."[396] Se bem que a materialidade apontada pelo professor estaria restrita ao núcleo verbal: *importar.*

O STF também se posicionou favoravelmente ao momento do

---

395. CARRAZZA, Roque Antonio. *ICMS*. 15 ed. São Paulo: Malheiros, 2011, p. 72.
396. CARVALHO, Paulo de Barros. *Direito tributário, linguagem e método*. 3. ed. São Paulo: Noeses, 2009a, p. 758.

desembaraço aduaneiro como critério temporal do ICMS-importação. Transcrevemos recente decisão da Suprema Corte.

> ICMS IMPORTAÇÃO. **ASPECTO TEMPORAL DA INCIDÊNCIA. JURISPRUDÊNCIA PACÍFICA DA CORTE NO SENTIDO DE SE ADMITIR O FATO IMPONÍVEL NO MOMENTO DO DESEMBARAÇO ADUANEIRO.** DISPONIBILIDADE JURÍDICA PRESTIGIADA EM DETRIMENTO DA DISPONIBILIDADE ECONÔMICA. CONCLUSÃO QUE PERMITE DESCONSIDERAR A VARIAÇÃO CAMBIAL OCORRIDA APÓS A CONSTITUIÇÃO DO CRÉDITO, RECHAÇANDO SUA INCLUSÃO NA BASE IMPONÍVEL. PAGAMENTO A DESTEMPO QUE DEVE COMPREENDER A COBRANÇA DE JUROS, SEM QUE SE PROCEDA A QUALQUER ALTERAÇÃO NA BASE ECONÔMICA DO IMPOSTO. 1. No esteio da pacífica jurisprudência da Corte, diante da atual Carta Política e dos termos previstos pela Lei Complementar nº 87/96, **infere-se que o aspecto temporal da incidência do ICMS importação é o despacho aduaneiro.** É nesse momento que se deve recolher o tributo. 2. Após a homologação do procedimento de importação pela autoridade fiscal alfandegária, o tributo está lançado e a obrigação não comporta nenhuma alteração, senão pelos procedimentos revisionais ordinários, os quais não admitem a revisão dos critérios da incidência por força de circunstâncias supervenientes. 3. O recolhimento feito após o desembaraço aduaneiro deve dar ensejo à cobrança de juros de mora, baseados na impontualidade injustificada, mas não deve jamais permitir a mudança de critérios da incidência já aperfeiçoados pelo ato de lançamento. RE 503.031 AgR/SP, DJ 05/11/2013. (Grifamos).

Portanto, entendemos que a escolha do critério temporal seria constitucional, assim como a escolha do critério espacial que está intimamente ligada ao estabelecimento *destinatário*, por determinação constitucional, afastando a possibilidade da escolha de locais outros que não sejam atrelados ao destino dos produtos importados. Assim, não haveria antecipação inconstitucional em determinar o pagamento do ICMS-importação no momento do desembaraço, em sintonia com a materialidade *aquisição mediante importação*.

ICMS - IMPORTAÇÃO

## 6.3.2 O aspecto quantitativo (base de cálculo)

A base de cálculo do ICMS-importação está prevista na LC 87/96 em seu artigo 13, V, nos seguintes termos:

> Art. 13. A base de cálculo do imposto é:
>
> V - na hipótese do inciso IX do art. 12, a soma das seguintes parcelas:
>
> a) o valor da mercadoria ou bem constante dos documentos de importação, observado o disposto no art. 14;
>
> b) imposto de importação;
>
> c) imposto sobre produtos industrializados;
>
> d) imposto sobre operações de câmbio;
>
> e) quaisquer outros impostos, taxas, contribuições e despesas aduaneiras;
>
> Art. 14. O preço de importação expresso em moeda estrangeira será convertido em moeda nacional pela mesma taxa de câmbio utilizada no cálculo do imposto de importação, sem qualquer acréscimo ou devolução posterior se houver variação da taxa de câmbio até o pagamento efetivo do preço.

Para não sermos meramente descritivos, singelamente nos posicionaremos sobre a inclusão do cálculo "por dentro" enunciada pela Emenda Constitucional 33/2001 na CF/88, alterando seu texto original, assim como sobre os acréscimos ao cálculo dos impostos relacionados à importação, como previsto em lei complementar. O dispositivo constitucional do artigo 155, § 2º:

> XII - cabe à lei complementar:
>
> i) fixar a base de cálculo, de modo que o montante do imposto a integre, **também na importação** do exterior de bem, mercadoria ou serviço (grifos nossos).

Marcelo Viana Salomão lamenta a inclusão do dispositivo, apontando sua inconstitucionalidade, afirmando que "(...) sendo o critério material a *importação de bens e mercadorias,* a única base de cálculo

ARGOS CAMPOS RIBEIRO SIMÕES

possível é o *valor de tais bens e mercadorias.*"[397]

Sobre a inclusão dos impostos federais na base de cálculo do ICMS-importação, José Eduardo Soares de Melo destaca que "(...) inexiste respaldo jurídico para considerar os mencionados tributos federais no cálculo do ICMS (...)",[398] uma vez que o a base de cálculo deveria ser calculada sobre o valor das operações mercantis que envolveriam somente o preço dos produtos importados, conforme o pacto comercial da importação.

O *modus operandi* de nosso legislador tributário, aqui entrou em cena novamente. Não havia a previsão da inclusão da base de cálculo na Constituição Federal de forma originária, mas a previsão havia na LC 87/96, em seu artigo 13, §1º. Porém, o constituinte derivado, por meio da Emenda Constitucional 33/2001 incluiu no texto constitucional essa possibilidade.

Clélio Chiesa[399] aponta na novel inserção violação à cláusula pétrea dos direitos e garantias individuais em face de terem sido atingidos vários preceitos, tais como o da garantia da propriedade e da vedação do confisco.

Por outro lado, o STF tem sinalizado com a constitucionalidade da cobrança por dentro também no ICMS-importação. Transcrevemos acórdão:

> **ICMS. INCLUSÃO DO MONTANTE DO TRIBUTO EM SUA PRÓPRIA BASE DE CÁLCULO. CONSTITUCIONALIDADE.** 1. Recurso extraordinário. Repercussão geral. 2. Taxa Selic. Incidência para atualização de débitos tributários. Legitimidade. Inexistência de violação aos princípios da legalidade e da anterioridade.

---

397. SALOMÃO, Marcelo Viana. *ICMS na importação*. 2. ed. São Paulo: Atlas, 2001, p. 164.

398. MELO, José Eduardo Soares de. *A importação no direito tributário*: impostos, taxas, contribuições. São Paulo: Revista dos Tribunais, 2003, p. 147.

399. CHIESA, Clélio. ICMS incidente na aquisição de bens ou mercadorias importados do exterior e contratação de serviços no exterior: inovações introduzidas pela EC 33/2001. In: ROCHA, Valdir de Oliveira (Coord.). *O ICMS e a EC 33*. São Paulo: Dialética, 2002, p. 33.

## ICMS - IMPORTAÇÃO

Necessidade de adoção de critério isonômico. No julgamento da ADI 2.214, Rel. Min. Maurício Corrêa, Tribunal Pleno, DJ 19.4.2002, ao apreciar o tema, esta Corte assentou que a medida traduz rigorosa igualdade de tratamento entre contribuinte e fisco e que não se trata de imposição tributária. 3. ICMS. Inclusão do montante do tributo em sua própria base de cálculo. Constitucionalidade. Precedentes. A base de cálculo do ICMS, definida como o valor da operação da circulação de mercadorias (art. 155, II, da CF/1988, c/c arts. 2º, I, e 8º, I, da LC 87/1996), inclui o próprio montante do ICMS incidente, pois ele faz parte da importância paga pelo comprador e recebida pelo vendedor na operação. **A Emenda Constitucional nº 33, de 2001, inseriu a alínea "i" no inciso XII do § 2º do art. 155 da Constituição Federal, para fazer constar que cabe à lei complementar "fixar a base de cálculo, de modo que o montante do imposto a integre, também na importação do exterior de bem, mercadoria ou serviço".** Ora, se o texto dispõe que o ICMS deve ser calculado com o montante do imposto inserido em sua própria base de cálculo também na importação de bens, naturalmente a interpretação que há de ser feita é que o imposto já era calculado dessa forma em relação às operações internas. **Com a alteração constitucional a Lei Complementar ficou autorizada a dar tratamento isonômico na determinação da base de cálculo entre as operações ou prestações internas com as importações do exterior, de modo que o ICMS será calculado "por dentro" em ambos os casos.** 4. Multa moratória. Patamar de 20%. Razoabilidade. Inexistência de efeito confiscatório. Precedentes. A aplicação da multa moratória tem o objetivo de sancionar o contribuinte que não cumpre suas obrigações tributárias, prestigiando a conduta daqueles que pagam em dia seus tributos aos cofres públicos. Assim, para que a multa moratória cumpra sua função de desencorajar a elisão fiscal, de um lado não pode ser pífia, mas, de outro, não pode ter um importe que lhe confira característica confiscatória, inviabilizando inclusive o recolhimento de futuros tributos. O acórdão recorrido encontra amparo na jurisprudência desta Suprema Corte, segundo a qual não é confiscatória a multa moratória no importe de 20% (vinte por cento). RE 582.461, DJ 18/11/2011. **(Grifamos).**

A nosso ver, temos duas inconstitucionalidades na composição da base de cálculo do ICMS-importação.

Como vimos, linhas atrás, a base de cálculo é a versão quantitativa do aspecto material qualitativo. O princípio da tipologia tributária do artigo 154, I da CF/88 demonstra a importância da coerência que deve haver entre a base de cálculo de um imposto e seu critério material, pois a conjunção dos dois fatores é determinante à natureza jurídica dos impostos.

O texto original da CF/88 fixou a materialidade tributária do ICMS-importação, de forma genérica, como a sendo a *realização do negócio jurídico de importação relativo à aquisição de produtos regularmente nacionalizados.*

Com isso, vinculou que a base de cálculo a ser cobrada, como reflexo quantitativo da materialidade constitucional, deveria ser o valor da operação de importação relacionada ao valor da mercadoria estipulada no negócio mercantil acordado.

Quaisquer outros acréscimos (valor de impostos aduaneiros, taxas e demais despesas ou valores "mirabolantes", como o cálculo por dentro), por não fazerem parte do valor da mercadoria relativa ao negócio jurídico, extrapolam o valor da operação.

Assim, fundamentamos nosso posicionamento sobre a inconstitucionalidade da lei complementar em acrescer ao valor da mercadoria o valor dos impostos e outras despesas aduaneiras. O "olhar" quantitativo da base de cálculo legal extrapolou os limites qualitativos do critério material do ICMS-importação, como posto constitucionalmente.

Quanto à forma de cálculo inserida por emenda, temos por sua inconstitucionalidade, pelos fundamentos de Clélio Chiesa quanto à violação de cláusula pétrea.

ICMS - IMPORTAÇÃO

## 6.4 O aspecto subjetivo passivo do ICMS na importação e o alcance da incidência sobre pessoas físicas e contribuintes *não habituais*

A questão que ora se põe é sobre a possibilidade do ICMS-importação alcançar tanto as pessoas físicas como as pessoas jurídicas contribuintes não habituais do imposto estadual.

Vemos a necessidade de retornar à digressão evolutiva do ICMS-importação, agora com foco na sujeição passiva, evocando nossa variável interpretativa de levar em consideração os termos incluídos no contexto normativo constitucional originário e derivado da CF/88 e também na seara infraconstitucional do Convênio 66/88 e da LC 87/96.

Assim, analisemos, com auxílio da doutrina e de selecionada jurisprudência, as mudanças subjetivas passivas ocorridas na vigência da CF/88 antes e após as alterações veiculadas pela Emenda Constitucional 33/2001.

- **Contexto normativo constitucional e complementar pré-Emenda Constitucional 33/2001**

Já vimos, no estudo das materialidades do ICMS-importação, que a redação original da CF/88 prescrevendo a competência estadual da exação era:

> **Art. 155.** Compete aos Estados e ao Distrito Federal instituir:
> **I -** impostos sobre:
> (...)
> **b) operações relativas à circulação de mercadorias** e sobre prestações de serviços de transporte interestadual e intermunicipal e de comunicação, **ainda que as operações** e as prestações **se iniciem no exterior;**
> § 2° - O imposto previsto no inciso I, b, atenderá ao seguinte:
> **IX - incidirá também:**
> **a)** sobre a entrada de **mercadoria** importada do exterior, **ainda quando se tratar de bem destinado a consumo ou ativo fixo do estabelecimento,** assim como sobre serviço prestado no exterior, cabendo o imposto ao Estado onde estiver situado o **estabelecimento destinatário da mercadoria** ou do serviço. (grifos nossos).

209

ARGOS CAMPOS RIBEIRO SIMÕES

Com essa redação, vemos que a CF/88 não define quais seriam os sujeitos passivos do ICMS-importação em quaisquer de suas espécies, delegando à lei complementar a tarefa de defini-los. Porém, como verificamos quando da construção da sujeição passiva do ICMS-ocm, a delegação ao veículo complementar não representa que se deva desprezar a materialidade constitucional positivada.

Lembremos Geraldo Ataliba, que define o sujeito passivo como aquela pessoa "(...) que está em conexão íntima (relação de fato) com o núcleo (aspecto material) da hipótese de incidência".[400]

Como ensina Paulo de Barros Carvalho[401] será contribuinte aquele sujeito do verbo do critério material que ocupa o polo passivo da relação obrigacional. Serão responsáveis os demais colocados no polo passivo em relação legal indireta com a materialidade exacional.

Sabemos, também, que o artigo 146, III, "b" da CF/88 atribui à lei complementar a função de estabelecer *normas gerais* sobre obrigação tributária (definindo também sujeitos ativo e passivo), assim como, de forma específica para o ICMS, que o artigo 155, §2º, XII, "a" atribui à norma complementar o papel de definir seus contribuintes.

Por sua vez, o Convênio 66/88, no seu papel constitucional, assim definiu contribuinte do ICMS-importação:

> Art. 21 – **Contribuinte é qualquer pessoa física ou jurídica, que realize operação de circulação de mercadoria** ou prestação de serviços descritas como fato gerador do imposto.
>
> Parágrafo único – Incluem-se entre os contribuintes do imposto:
>
> I – **o importador,** o arrematante ou o adquirente, o produtor, o extrator, o industrial e o comerciário. (grifos nossos).

---

400. ATALIBA, Geraldo. *Hipótese de incidência tributária.* 5. ed. São Paulo: Malheiros, 1998, p. 77.

401. CARVALHO, Paulo de Barros. *Direito tributário, linguagem e método.* 3. ed. São Paulo: Noeses, 2009a, p. 625.

210

ICMS - IMPORTAÇÃO

Em seguida, a LC 87/96 assim prescreveu:

> Art. 4º **Contribuinte** é qualquer pessoa, física ou jurídica, que realize, com habitualidade ou em volume que caracterize intuito comercial, operações de circulação de mercadoria ou prestações de serviços de transporte interestadual e intermunicipal e de comunicação, ainda que as operações e as prestações se iniciem no exterior.
>
> Parágrafo único. É também contribuinte **a pessoa física ou jurídica que, mesmo sem habitualidade:**
>
> **I - importe mercadorias do exterior, ainda que as destine a consumo ou ao ativo permanente do estabelecimento;** (grifos nossos).

Nesse contexto normativo, se por um lado as Fazendas Estaduais exigiam o ICMS na importação por pessoas físicas e jurídicas não contribuintes habituais, a doutrina reagia e a discussão fora estendida ao judiciário.

Marcelo Salomão ao destacar a amplitude material do ICMS-importação, cuja incidência seria não só "(...) sobre *as mercadorias, mas também sobre bens destinados ao consumo próprio ou ao ativo fixo dos estabelecimentos.*"[402] (grifos do autor), lembra que aumentar o critério material tem o condão de causar efeitos ampliativos automáticos sobre o critério pessoal.

Alerta o professor que não seria a inclusão do termo *bens* no dispositivo constitucional do ICMS razão suficiente a que "(...) também as pessoas físicas e empresas prestadoras de serviços (exceto as de comunicação e transporte)"[403] tivessem que sofrer a incidência do ICMS-importação. Para Marcelo Salomão não havia a possibilidade de se tributarem *bens* na ordem anterior, contrariamente ao que pensamos e construímos no item 4.3.

---

402. SALOMÃO, Marcelo Viana. *ICMS na importação*. 2. ed. São Paulo: Atlas, 2001, p. 67.

403. SALOMÃO, Marcelo Viana. *ICMS na importação*. 2. ed. São Paulo: Atlas, 2001, p. 67.

ARGOS CAMPOS RIBEIRO SIMÕES

Marcelo Salomão[404] conclui, em face do dispositivo constitucional, que os únicos contribuintes do ICMS-importação seriam os produtores, os industriais e os comerciantes, entendendo que a inclusão dos *bens* apenas ampliaria o rol dos produtos alcançáveis pela exação estadual.

Apoia-se no próprio dispositivo constitucional, entendendo que o termo *estabelecimento* utilizado na segunda parte do dispositivo *ainda quando se tratar de bem destinado a consumo ou ativo fixo do estabelecimento*, "(...) só pode ser o das empresas que pagarão pela importação de mercadorias, isto é, os produtores, industriais e comerciantes. "[405]

Marcelo Salomão[406] finaliza destacando que o fato das pessoas físicas e jurídicas não contribuintes habituais não poderem se creditar implicaria em violação ao princípio da não-cumulatividade, caso devessem se submeter ao ICMS na importação.

Por todos esses motivos, o professor[407] entende que teria havido excesso por parte do legislador complementar no exercício de sua competência enunciativa.

Roque Antonio Carrazza[408] aponta uma dupla possibilidade interpretativa do texto constitucional originário de 1988, repetindo lições de Hans Kelsen[409] sobre sua moldura interpretativa (já apresentada por nós no item 1.7.1), afirmando que a opção por uma delas é meramente ideológica, política.

---

404. SALOMÃO, Marcelo Viana. *ICMS na importação*. 2. ed. São Paulo: Atlas, 2001, p. 67-68.

405. SALOMÃO, Marcelo Viana. *ICMS na importação*. 2. ed. São Paulo: Atlas, 2001, 2001, p. 68.

406. SALOMÃO, Marcelo Viana. *ICMS na importação*. 2. ed. São Paulo: Atlas, 2001, p. 70.

407. SALOMÃO, Marcelo Viana. *ICMS na importação*. 2. ed. São Paulo: Atlas, 2001, p. 70.

408. CARRAZZA, Roque Antonio. *ICMS*. 15 ed. São Paulo: Malheiros, 2011, p. 85.

409. KELSEN, Hans. *Teoria pura do direito*. 6. ed. São Paulo: Martins Fontes, 2000, p. 391.

ICMS - IMPORTAÇÃO

Ele destacou[410] o entendimento jurisprudencial no sentido de caber a incidência do ICMS-importação sobre pessoas físicas e jurídicas não contribuintes habituais, desde que as mercadorias ou os bens destinados a seu uso próprio estivessem inseridos em contexto de realização de negócios, ou seja, desde que tais pessoas exercessem atividades em locais, mesmo simples domicílios, que fossem equiparados a estabelecimentos. Mas registrou, também, que a jurisprudência do STJ admitia a incidência mesmo que o bem importado fosse para uso próprio importador.

O professor afirma, ainda, que o STF, em diversas ocasiões, seguiu orientação diversa, decidindo pela não incidência do ICMS na importação por pessoas físicas ou jurídicas não contribuintes.

José Eduardo Soares de Melo[411] ensina que o dispositivo constitucional original não contemplara a incidência sobre as importações realizadas por pessoas físicas ou jurídicas não contribuintes do imposto, seja **(i)** pelo texto constitucional vincular a incidência a *mercadorias,* que estariam vinculadas a produtores, industriais e comerciantes, seja **(ii)** porque os bens destinados a ativo fixo ou consumo dos estabelecimentos também estariam vinculados a contribuintes do ICMS.

O professor[412] registra um terceiro motivo para a desoneração exacional: **(iii)** o da não-cumulatividade. Destaca, por meio de decisão do STF, que a cobrança de ICMS-importação sobre pessoas físicas e jurídicas não contribuintes habituais violaria o princípio da não-cumulatividade, pela impossibilidade de creditamento na importação.

Clélio Chiesa[413] ao admitir duas materialidades distintas no ICMS-importação, sob a vigência da CF/88, não vê possibilidade

---

410. CARRAZZA, Roque Antonio. *ICMS*. 15 ed. São Paulo: Malheiros, 2011, p. 854.

411. MELO, José Eduardo Soares de. *A importação no direito tributário*: impostos, taxas, contribuições. São Paulo: Revista dos Tribunais, 2003, p. 123.

412. MELO, José Eduardo Soares de. *A importação no direito tributário*: impostos, taxas, contribuições. São Paulo: Revista dos Tribunais, 2003, p. 124.

413. CHIESA, Clélio. *ICMS*: sistema constitucional tributário: algumas inconstitucionalidades da LC 87/96. São Paulo: LTr, 1997, p. 91.

ARGOS CAMPOS RIBEIRO SIMÕES

jurídica de incidência do tributo sobre pessoas físicas e contribuintes não habituais do ICMS.

Para o ICMS-importação de mercadorias, o professor[414] fundamenta que pessoas físicas e jurídicas não habituais não adquirem mercadorias, mas bens de uso próprio, tendo em vista que a destinação pelo adquirente de bens importados caracteriza sua natureza, se mercadoria ou não. Fato suficiente à sua exclusão.

Para o ICMS-importação de bens destinados a consumo ou ativo fixo de estabelecimento, Clélio Chiesa[415] ensina que:

> (...) tanto a hipótese referente ao bem que se destina ao consumo, quanto àquela destinada ao ativo fixo, diz respeito a situações que estão atreladas ao termo "estabelecimento", denotando de maneira clara que a intenção é tributar, mais uma vez, a pessoa física ou jurídica que desempenha atividades comerciais.

Assim, o termo *estabelecimento* daria margem à restrita interpretação excludente das pessoas físicas e das jurídicas não contribuintes.

O professor[416] destaca, ainda, a inconstitucionalidade da previsão complementar do artigo 4º, I, parágrafo único, que teria alargado, sem fundamento constitucional, o campo de incidência subjetiva do ICMS na importação.

Destacamos o trecho ementado da fundamentação do acórdão do pleno do STF em Recurso Extraordinário 203.075-9/DF[417] do Relator

---

414. CHIESA, Clélio. *ICMS*: sistema constitucional tributário: algumas inconstitucionalidades da LC 87/96. São Paulo: LTr, 1997, p. 92.

415. CHIESA, Clélio. *ICMS*: sistema constitucional tributário: algumas inconstitucionalidades da LC 87/96. São Paulo: LTr, 1997, p. 92.

416. CHIESA, Clélio. *ICMS*: sistema constitucional tributário: algumas inconstitucionalidades da LC 87/96. São Paulo: LTr, 1997, p. 94.

417. BRASIL. Supremo Tribunal Federal. *Recurso Extraordinário 203.075/ DF*, da Primeira Turma. Relator: Ministro Maurício Correia. Brasília, DF, 05 de agosto de 1998. Disponível em: <http://www.stf.jus.br/>. Acesso em: 14 ago. 2011.

ICMS - IMPORTAÇÃO

Ministro Maurício Correia, nos seguintes termos:

> 1. A incidência do ICMS na importação de mercadoria tem como fato gerador **operação de natureza mercantil ou assemelhada**, sendo inexigível o imposto quando se tratar de bem importado por pessoa física.
> 2. **Princípio da não-cumulatividade** do ICMS. Pessoa física. Importação de bem. Impossibilidade de se compensar o que devido em cada operação como o montante cobrado nas anteriores pelo mesmo ou outro Estado ou pelo Distrito Federal. Não sendo comerciante e como tal **não estabelecida,** a pessoa física não pratica atos que envolvam circulação de mercadoria. (grifos nossos).

Com base neste acórdão o STF decide pela não incidência na importação por pessoa física, tendo em vista: (i) a natureza não mercantil da operação; (ii) a ausência de possibilidade de creditamento; (iii) o fato da pessoa física não estar estabelecida.

A nosso ver, fazer incidir o ICMS na importação sobre pessoas físicas ou sobre pessoas jurídicas não contribuintes habituais não violaria o princípio da não-cumulatividade. Não vemos necessidade de compensação àqueles que não integram ciclo mercantil tributado pelo ICMS (como já discutimos no capítulo 5). Nessa hipótese de incidência do ICMS-importação, teríamos uma única operação: a de importação.

Assim, sem débitos posteriores a exigirem compensação, não haveria razão de se pensar em direito ao crédito. Qual a necessidade da moeda escritural, sendo que, pelas nossas premissas, sua existência jurídica seria unicamente a de evitar cumulatividade de ICMS em operações sucessivas?

Portanto, em face da desnecessidade de creditamento nessa situação, não há de se fundamentar a impossibilidade de incidência do ICMS-importação sobre pessoas físicas ou não contribuintes habituais calcada unicamente em violação ao princípio da não-cumulatividade. Não há cumulatividade de tributação a ser evitada. Aliás, atender ao princípio é não permitir o crédito quando da incidência do estadual tributo.

215

Porém, sob outros fundamentos também destacados pela doutrina e jurisprudência, concluímos, em período anterior à Emenda Constitucional 33/2001, pela não incidência do ICMS-importação para as pessoas físicas e para as pessoas jurídicas não contribuintes habituais do ICMS.

A nossa construção material do ICMS-importação no período considerado também é dúplice: (i) ICMS-importação de mercadorias e (ii) ICMS-importação de bens destinados a consumo ou ativo fixo.

Na mesma linha dos professores, se a destinação do bem importado é ser mercadoria ou bem destinado a consumo ou a ativo fixo de quem tem estabelecimento, então a pessoa física não contribuinte (o particular) não pode restar contemplada com sua incidência. O destino do bem por ela importado não será o de mercadoria e ela não possui estabelecimento, mas sim domicílio.

Também a pessoa jurídica não contribuinte habitual não deveria sofrer a incidência exacional do ICMS-importação, tendo em vista que seu local de atividade não poderia ser considerado *estabelecimento* no contexto do ICMS.

As definições de *estabelecimento* veiculadas pelo Convênio 66/88 e pela LC 87/96 nos asseguram tal conclusão.

O artigo 27, § 1º do Convênio 66/88 define:

> Estabelecimento é o local, privado ou público, edificado ou não, onde pessoas físicas ou jurídicas **exercem suas atividades** em caráter temporário ou permanente, bem como onde se encontram armazenadas **mercadorias,** ainda que o local pertença a terceiros. (grifos nossos).

Seu § 2º ainda prescreve que:

> Na impossibilidade de determinação do estabelecimento, nos termos do parágrafo anterior, considera-se como tal, para os efeitos destas normas, o local em que tenha sido efetuada **a operação ou prestação ou encontrada a mercadoria.** (grifos nossos).

ICMS - IMPORTAÇÃO

A LC 87/96 define estabelecimento em seu artigo 11, §3º nos seguintes termos:

> Para efeito desta Lei Complementar, estabelecimento é o local, privado ou público, edificado ou não, próprio ou de terceiro, onde pessoas físicas ou jurídicas **exerçam suas atividades** em caráter temporário ou permanente, bem como onde se encontrem armazenadas **mercadorias**, observado, ainda, o seguinte: (grifos nossos).

No inciso I, a LC prescreve:

> Na impossibilidade de determinação do estabelecimento, considera-se como tal **o local em que tenha sido efetuada a operação ou prestação**, encontrada a mercadoria ou constatada a prestação (grifos nossos).

O termo *estabelecimento* em ambos os veículos normativos está ligado a atividades mercantis atinentes ao ICMS e não a quaisquer atividades. A referência a *operações* significa que só é *estabelecimento* para o ICMS, o local onde são realizadas operações com mercadorias ou prestações a ele atinentes.

Assim, as pessoas jurídicas não contribuintes do ICMS não realizam operações do ICMS, mas sim outras *atividades* fora de seu campo de incidência, portanto, o local onde atuam não pode ser considerado, para os fins atinentes à tributação do ICMS-importação, como seu *estabelecimento*. O contexto normativo em que os termos são inseridos é relevante à sua significação jurídica, como vimos no capítulo 1 deste livro. Assim ocorre com o termo *estabelecimento* na seara do ICMS.

Portanto, também vislumbramos inconstitucionalidade na LC 87/96 que, em seu artigo 4º, parágrafo único, incluiu pessoas físicas ou jurídicas não contribuintes habituais do ICMS no rol de contribuintes do ICMS-importação, no contexto constitucional pré-Emenda Constitucional 33/2001.

217

## • Contexto normativo constitucional e complementar pós-Emenda Constitucional 33/2001

O *modus operandi* do legislador tributário entrou em cena e a Constituição Federal de 1988 fora emendada na tentativa de se fazer incidir o ICMS na importação por pessoas físicas ou jurídicas não contribuintes habituais.

O novo texto constitucional do artigo 155, §2º, IX, "a" prescreve que o ICMS incidirá também:

> a) sobre a entrada de **bem** ou mercadoria importados do exterior por **pessoa física ou jurídica, ainda que não seja contribuinte habitual do imposto, qualquer que seja a sua finalidade,** assim como sobre o serviço prestado no exterior, cabendo o imposto ao Estado onde estiver situado o **domicílio ou o estabelecimento** do destinatário da mercadoria, bem ou serviço. (grifos nossos).

A LC 87/96, alterada pela LC 114/2002, adequou-se ao novel dispositivo constitucional, assim sendo enunciada:

> Art. 4º Contribuinte é qualquer pessoa, física ou jurídica, que realize, com habitualidade ou em volume que caracterize intuito comercial, operações de circulação de mercadoria ou prestações de serviços de transporte interestadual e intermunicipal e de comunicação, ainda que as operações e as prestações se iniciem no exterior.
>
> Parágrafo único. É também contribuinte a **pessoa física ou jurídica que, mesmo sem habitualidade ou intuito comercial**:
>
> I – **importe mercadorias** ou bens do exterior, **qualquer que seja a sua finalidade.** (grifos nossos).

Já discutimos o fato de a Emenda Constitucional 33/2001 ter alterado as possibilidades materiais do ICMS-importação, com a ampliação de sua incidência, tendo em vista que a exigência pela *aquisição de propriedade de bens importados para consumo* adquiriu contorno menos exigente de *aquisição a qualquer título de bens importados para qualquer finalidade.*

ICMS - IMPORTAÇÃO

Em que pese nosso posicionamento pela inconstitucionalidade da ampliação material, em face do vício constitucional do agente enunciador ser constituinte derivado e não originário, provocando o descumprimento do artigo 60, §4º da Lei Maior, vamos à doutrina e à jurisprudência discutir seus fundamentos.

Antes, destaque de Paulo de Barros Carvalho que ensina que o importador é o sujeito passivo nos impostos incidentes sobre operações, inclusive no ICMS-importação, pois "(...) assume o papel de sujeito passivo quem realiza a conduta de 'importar'."[418]

- **Pela incidência**

José Eduardo Soares de Melo[419] descreve que, com o novel texto constitucional ampliando as possibilidades subjetivas de incidência do tributo estadual, ficaria prejudicada a postura do STF, que estaria decidindo pela não incidência sobre as pessoas físicas e jurídicas não contribuintes habituais.

Destacamos fundamentação do acórdão do STJ, RMS 31.464/PR, Relator Ministro Castro Meira[420] que firmou jurisprudência na corte superior que decidiu pela incidência da exação após a EC 33/2001, nos seguintes termos:

> 2. Após a alteração promovida pela EC nº 33/01, a redação do art. 155, II, IX, a, da Constituição Federal é clara ao permitir a incidência de ICMS sobre as importações de bens ou mercadorias, por pessoa física ou jurídica, ainda que não seja contribuinte habitual, independentemente da finalidade dessa aquisição. Assim, nas importações realizadas após a modificação constitucional, a hipótese de incidência do ICMS prescinde da circulação do bem

---

418. CARVALHO, Paulo de Barros. *Direito tributário, linguagem e método*. 3. ed. São Paulo: Noeses, 2009a, p. 759.

419. MELO, José Eduardo Soares de. *A importação no direito tributário*: impostos, taxas, contribuições. São Paulo: Revista dos Tribunais, 2003, p. 125.

420. BRASIL. Superior Tribunal de Justiça. Recurso em Mandado de Segurança 31.464/PR, da Segunda Turma. Relator: Ministro Castro Meira. Brasília, DF, 16 de setembro de 2010. *Diário Oficial da Justiça*, Brasília, 27 de setembro de 2010.

ou mercadoria no Brasil, bastando que haja a entrada de produtos no território nacional, não se aplicando o entendimento contido na Súmula 660/STF. Precedentes.

A nova materialidade do ICMS-importação enunciada pela Emenda Constitucional 33/2001 não tivera sua constitucionalidade questionada na aplicação do acórdão citado. Por isso sua conclusão pela incidência.

A súmula 660 do STF[421] destacada no acórdão enuncia que "não incide ICMS na importação de bens por pessoa física ou jurídica que não seja contribuinte do imposto". Uma comprovação de que súmula não é norma, como afirmado no capítulo 1, é sua desconsideração prescritiva no acórdão do STJ.

Em recentes decisões, o próprio STF tem sinalizado pela possibilidade, mudando seu entendimento anterior. Transcrevemos acórdão:

> **ICMS. IMPORTAÇÃO. PESSOA QUE NÃO SE DEDICA AO COMÉRCIO OU À PRESTAÇÃO DE SERVIÇOS DE COMUNICAÇÃO OU DE TRANSPORTE INTERESTADUAL OU INTERMUNICIPAL. "NÃO CONTRIBUINTE". VIGÊNCIA DA EMENDA CONSTITUCIONAL 33/2001. POSSIBILIDADE.** REQUISITO DE VALIDADE. FLUXO DE POSITIVAÇÃO. EXERCÍCIO DA COMPETÊNCIA TRIBUTÁRIA. CRITÉRIOS PARA AFERIÇÃO. 1. Há competência constitucional para estender a incidência do ICMS à operação de importação de bem destinado à **pessoa que não se dedica habitualmente ao comércio ou à prestação de serviços, após a vigência da EC 33/2001. 2. A incidência do ICMS sobre operação de importação de bem não viola, em princípio, a regra da vedação à cumulatividade (art. 155, § 2º, I da Constituição), pois se não houver acumulação da carga tributária, nada haveria a ser compensado.** 3. Divergência entre as expressões "bem" e "mercadoria"

---

421. BRASIL. Supremo Tribunal Federal. *Súmula n. 660.* Não incide ICMS na importação de bens por pessoa física ou jurídica que não seja contribuinte do imposto. Brasília, DF, 24 de setembro de 2003. Disponível em: <http://www.stf.jus.br/>. Acesso em: 14 ago. 2011.

# ICMS - IMPORTAÇÃO

(arts. 155, II e 155, §2, IX, a da Constituição). É constitucional a tributação das operações de circulação jurídica de bens amparadas pela importação. A operação de importação não descaracteriza, tão somente por si, a classificação do bem importado como mercadoria. Em sentido semelhante, a circunstância de o destinatário do bem não ser contribuinte habitual do tributo também não afeta a caracterização da operação de circulação de mercadoria. Ademais, a exoneração das operações de importação pode desequilibrar as relações pertinentes às operações internas com o mesmo tipo de bem, de modo a afetar os princípios da isonomia e da livre concorrência. CONDIÇÕES CONSTITUCIONAIS PARA TRIBUTAÇÃO. 4. Existência e suficiência de legislação infraconstitucional para instituição do tributo (violação dos arts. 146, II e 155, XII, § 2º, i da Constituição). A validade da constituição do crédito tributário depende da existência de lei complementar de normas gerais (LC 114/2002) e de legislação local resultantes do exercício da competência tributária, contemporâneas à ocorrência do fato jurídico que se pretenda tributar. 5. Modificações da legislação federal ou local anteriores à EC 33/2001 não foram convalidadas, na medida em que inexistente o fenômeno da "constitucionalização superveniente" no sistema jurídico brasileiro. A ampliação da hipótese de incidência, da base de cálculo e da sujeição passiva da regra-matriz de incidência tributária realizada por lei anterior à EC 33/2001 e à LC 114/2002 não serve de fundamento de validade à tributação das operações de importação realizadas por empresas que não sejam comerciais ou prestadoras de serviços de comunicação ou de transporte intermunicipal ou interestadual. 6. A tributação somente será admissível se também respeitadas as regras da anterioridade, cuja observância se afere com base em cada legislação local que tenha modificado adequadamente a regra-matriz e que seja posterior à LC 114/2002. RE 474.267/RS, DJ 20/03/2014. (Grifamos).

Tanto a pessoa física, como a não contribuinte habitual (aquela que não realiza posteriores operações relativas à circulação de mercadorias), devem, conforme acórdão, serem alcançadas pela incidência do ICMS-importação.

ARGOS CAMPOS RIBEIRO SIMÕES

- **Pela não incidência**

Roque Antonio Carrazza[422] aponta quatro fundamentos para a não incidência do ICMS-importação com a amplitude material positivada pela Emenda: **(i)** da inconstitucionalidade de se criar novo imposto por constituinte derivado; **(ii)** que a importação por particular sem caráter de habitualidade não teria caráter mercantil; **(iii)** de que haveria bitributação em face de que o novo ICMS seria um "(...) adicional estadual do imposto sobre a importação (que incide quando da entrada no País de qualquer produto estrangeiro, independentemente de ser ou não mercadoria e de o importador ser ou não comerciante) (...)"; **(iv)** de violação ao princípio da não-cumulatividade.

Sobre a razão da bitributação, não a acatamos porque não vemos coincidência de materialidade entre o II e o ICMS-importação pós-emenda, como discutimos linhas atrás.

Sobre a não-cumulatividade, nossas premissas, já exaustivamente discutidas no capítulo 5, não nos permitem concordar que haveria violação ao princípio da não-cumulatividade por não se permitir crédito a quem nada tem de débito a compensar. É o caso das pessoas físicas e das não contribuintes habituais na importação.

Marcelo Viana Salomão[423] por entender que o princípio da não-cumulatividade seria uma cláusula pétrea protegida pelo disposto no artigo 60, §4º da Lei Maior, aponta descumprimento ao preceito em face de vislumbrar desrespeito à não-cumulatividade na incidência do ICMS-importação sobre pessoas físicas e pessoas jurídicas não contribuintes habituais, no mesmo sentido de Roque Antonio Carrazza.

Por sua vez, Clélio Chiesa, além de destacar a bitributação existente em face da concomitância material existente na importação da cobrança do Imposto de Importação e no ICMS-importação de bens

---

422. CARRAZZA, Roque Antonio. *ICMS*. 15 ed. São Paulo: Malheiros, 2011, p. 86-87.

423. O ICMS na importação após a Emenda Constitucional nº 33/2001. ROCHA, Valdir de Oliveira (Coord.). *O ICMS e a EC 33*. São Paulo: Dialética, 2002, p. 155-156.

ICMS - IMPORTAÇÃO

para qualquer finalidade, aponta, também, violação ao princípio da não-cumulatividade. Ensina o professor que, sendo tal princípio, "(...) absoluto e incondicional", teríamos que, uma vez "ocorrido o fato jurídico tributário que dá nascimento à obrigação de pagar ICMS, surge também outra relação jurídica de crédito do contribuinte adquirente com o Estado." [424]

Destacamos fundamentação em acórdão do Tribunal de Justiça de São Paulo:[425]

> **ACORDAM**, em 12a Câmara de Direito Público do Tribunal de Justiça de São Paulo, proferir a seguinte decisão: "NEGARAM PROVIMENTO AO RECURSO, VENCIDO O 3º JUIZ.", de conformidade com o voto do (a) Relator (a), que integra este acórdão. O julgamento teve a participação dos Desembargadores WANDERLEY JOSÉ FEDERIGHI (Presidente sem voto), M. RIBEIRO DE PAULA E EDSON FERREIRA.
> Apelação - mandado de segurança - ICMS - importação de veículo por pessoa física - equipamentos destinados ao **uso próprio não à "mercancia"** - o imposto estadual atinge as operações de importação de mercadoria realizadas por contribuintes - **será contribuinte mesmo não atuando com habitualidade, conceito que envolve a ideia de poucas operações e não de uma única** - assim, a pessoa física que efetiva compra única no exterior não se submete à incidência do imposto - sentença mantida. (grifos nossos).

O fundamento base seria que a *habitualidade* não estaria presente na importação por pessoa física, por ser única a operação realizada, sendo que a necessidade de operações habituais para a incidência do ICMS, mesmo na importação, não teria sido afastada, mesmo após a EC 33/2001.

Desconsiderando a questão da inconstitucionalidade da EC

---

424. O ICMS na importação após a Emenda Constitucional nº 33/2001. ROCHA, Valdir de Oliveira (Coord.). *O ICMS e a EC 33*. São Paulo: Dialética, 2002, p. 20.

425. SÃO PAULO (Estado). Tribunal de Justiça. *Apelação n. 0251937*, da 12ª Câmara de Direito Público. Relator: Vinicio Salles. São Paulo, 16 de março de 2011. Disponível em: <http://esaj.tjsp.jus.br>. Acesso em: 14 ago. 2011.

33/2001, temos que a premissa do acórdão seria a de que o ICMS-importação, mesmo relacionado à aquisição de bens, fosse subespécie do ICMS-ocm, por isso a necessidade da *habitualidade* não fora afastada na exação ligada à importação. Nossa premissa na montagem material pós-Emenda fora a de que o ICMS-importação de bens seria uma espécie de ICMS, e não subespécie. Assim, a habitualidade não seria necessária à condição de contribuinte. A habitualidade é própria do ICMS-ocm e de suas subespécies somente.

- **Nosso posicionamento**

Apesar de a CF/88, normalmente, não definir expressamente os sujeitos passivos dos impostos, no caso do ICMS-importação ela fugiu à regra e prescreveu como sujeitos passivos a pessoa física e as jurídicas não contribuintes habituais do ICMS.

Já fizemos nossas considerações e fundamentações sobre a inconstitucionalidade material provocada pela Emenda Constitucional 33/2001. Reflexo desse entendimento é a impossibilidade do alargamento subjetivo provocado pelo constituinte derivado de 2001 e formalmente constitucionalizado até os dias atuais, pois os sujeitos das operações de importação estão ligados diretamente ao aspecto material da exação.

Assim, nosso preliminar posicionamento é pela inconstitucionalidade da cobrança do ICMS-importação, tanto em sua materialidade relacionada às mercadorias, como aos bens destinados a qualquer finalidade.

A nosso ver, os critérios materiais originais do ICMS-importação (pré-Emenda) permanecem constitucionalizados, sendo que, somente praticantes de atividades comerciais comporiam seu critério subjetivo. O critério material derivado ampliado da *operação de aquisição por importação de bens destinados a qualquer finalidade* seria inconstitucional, afastando pessoas não ligadas a atividades mercantis: físicas e jurídicas não contribuintes habituais.

Superada a questão da inconstitucionalidade material (já que a inclusão das pessoas físicas e dos contribuintes não habituais no campo da incidência do ICMS-importação pela Emenda 33/2001 não fora

ICMS - IMPORTAÇÃO

considerada inconstitucional), temos a possibilidade da cobrança do tributo estadual, já que a ausência do direito ao crédito não seria óbice a tal incidência, como visto acima.

## 6.5 Os aspectos espacial e subjetivo ativo do ICMS na importação e a questão do *destinatário*

Quando definimos, linhas atrás, os critérios espacial e subjetivo do ICMS-ocm, construímos algumas conclusões que nos servirão em similar análise no ambiente normativo do ICMS-importação.

A CF/88, em seu artigo 146, III, *a*, prescreve que o aspecto espacial dos impostos deve ser definido por *normas gerais* veiculadas por lei complementar. Sendo que sua alínea *b* dispõe sobre a definição de obrigação tributária, assim, da sujeição ativa como sua componente.

Lembremos que competência tributária e sujeição ativa são institutos distintos. A competência tributária é norma constitucional que faculta (ou obriga, no caso do ICMS) a instituição de impostos pré-definidos aos entes políticos. Sujeição ativa é a possibilidade de figurar no polo ativo de uma relação obrigacional.

Assim, como no ICMS-ocm, temos que a definição geográfica da realização material do ICMS-importação (identificação de seu critério espacial) é indicador de quem será o sujeito ativo da obrigação tributária correspondente. Esse o motivo de sua discussão em conjunto.

Essa ligação entre critério espacial e subjetivo ativo é constitucional. O artigo 155, §2º, XII, *d*, da CF/88 prescreve que "cabe à lei complementar fixar para efeito de sua cobrança (...) o local das operações relativas à circulação de mercadorias (...)". Dessa forma, no seu papel dicotômico de evitar conflitos entre os entes políticos e de limitar seu poder de tributar, *normas gerais* veiculadas por lei complementar ao definirem o local da realização da materialidade do ICMS (seu critério espacial) indicarão quem pode cobrá-lo. Essa é a forma de definir seu sujeito ativo. Portanto, o local das operações indica o sujeito ativo, e o critério espacial determina o critério subjetivo ativo.

225

Já destacamos essa possibilidade no ICMS-ocm e agora a verificamos para o ICMS na importação. Porém, devemos fazer ajuste semântico na leitura da alínea *d* do inciso XII do artigo 155 da CF/88. Sua leitura contextualizada para a importação no ICMS, no caso de mercadorias ou bens, deve ser: *cabe à lei complementar fixar para efeito de sua cobrança (...) o local das operações de importação relativas à aquisição de mercadorias ou bens regularmente nacionalizados.*

Ocorre que no ICMS-importação há uma peculiaridade: o próprio texto constitucional indica quem deve ser o sujeito ativo da exação. Prescreve a CF/88:

> **Art. 155, §2º, "a" – O ICMS incidirá também:** sobre a **entrada de bem ou mercadoria importados do exterior** por pessoa **física ou jurídica,** ainda que **não seja contribuinte** habitual do imposto, **qualquer que seja a sua finalidade,** assim como sobre o serviço prestado no exterior, **cabendo o imposto ao Estado onde estiver situado** o **domicílio** ou o **estabelecimento do <u>DESTINATÁRIO</u> da mercadoria, bem ou serviço** (grifos nossos).

Observamos que o Texto Maior prescreve que o sujeito ativo do ICMS-importação será o ente político estatal (Estado/DF) onde estiver situado o domicílio ou o estabelecimento do **destinatário** das mercadorias ou dos bens importados.

Em face de que o foco da discussão doutrinária e no âmbito dos tribunais administrativos e judiciários, na questão da *sujeição ativa,* tem se referido, em sua grande maioria à importação por pessoas jurídicas, optamos por construir seu critério subjetivo ativo somente no caso de o importador ser pessoa jurídica.

Tendo em vista a dupla materialidade por nós construída da exação estadual, abordaremos somente a situação do ICMS-importação de mercadorias, por já atender ao nosso intuito discursivo.

Em prosseguimento, a equivocidade semântica do termo *destinatário* nos remete a duas significações possíveis: a do *destinatário físico e final* da mercadoria importada e a do *destinatário não físico,* pois o importador pode não receber diretamente o produto importado,

ICMS - IMPORTAÇÃO

podendo determinar o seu envio direto da repartição aduaneira para o seu destino final.

Se o importador e o adquirente físico da mercadoria estiverem no mesmo estado, não haverá dúvidas de quem deve ser o sujeito ativo do ICMS-importação: será o ente político onde ambos estiverem estabelecidos. Porém, se estiverem situados em estados diferentes, haverá dúvidas quanto à sujeição ativa.

Na sequência dinâmica de positivação do ICMS-importação, lei complementar, para os efeitos de cobrança do imposto, deve indicar o local das operações, como prescrito pelo artigo 155, §2º, XII, *d*, Analisemos o dispositivo legal:

> **Art. 11, I da LC 87/96 – O local da operação ou da prestação,** para os efeitos da **cobrança do imposto** e definição do estabelecimento responsável, tratando-se de **mercadoria ou bem:**
>
> **d) importado do exterior,** o do **estabelecimento** onde ocorrer a **entrada física;** (grifos nossos).

Esse é o contexto normativo. Analisemos a questão à luz da seguinte situação.

Um **importador** localizado em **Vitória – ES desembaraça** produtos do estrangeiro na repartição aduaneira de **Uruguaiana – RS,** sendo que os produtos nacionalizados **seguem fisicamente, diretamente** para estabelecimento paulista localizado em **Osasco-SP.** O produto desembaraçado, agora mercadoria, nunca transitou pelo estado do Espírito Santo onde está localizado o estabelecimento do importador.

Esse é o contexto fáctico. Observa-se que descrevemos a importação como *de produtos do estrangeiro*, tendo em vista as duas possibilidades de sua destinação: mercadorias ou bens (não mercadorias). Para essa situação cuidaremos apenas de mercadorias.

A pergunta é: para qual estado deve ir o valor cobrado a título de ICMS-importação? **ES, RS ou SP?**

Se atribuirmos ao termo *destinatário* a significação de *destinatário*

227

ARGOS CAMPOS RIBEIRO SIMÕES

*físico*, teremos como **sujeito ativo o estado de São Paulo**. Se a interpretação for a de local onde se encontra o importador (*destinatário não físico*), então o **sujeito ativo é o Estado do Espírito Santo**.

Há, ainda, mais uma possibilidade. Se o destinatário for o estado onde ocorrera o **desembaraço aduaneiro**, teremos o **Estado do Rio Grande do Sul** como sujeito ativo.

Agora, busquemos a resposta no sistema jurídico válido e vigente, já que nossas premissas foram no sentido de tratar o Direito como sistema normativo.

Paulo de Barros Carvalho, partindo da premissa de que o destinatário deve ser "(...) o adquirente, importador, aquele a quem a mercadoria estrangeira foi juridicamente remetida, sob pena de a interpretação ser conflitante com outros dispositivos constitucionais"[426] conclui tanto **(i)** pela irrelevância do local do desembaraço aduaneiro, pois não interessaria o local físico da entrada da mercadoria no território nacional, como, também, **(ii)** seria irrelevante o local do estabelecimento onde se realizasse o ingresso físico da mercadoria importada, no caso da importação ter sido feita para terceiros.

Assim, o professor[427] entende que, para quaisquer situações de importação, inclusive na importação realizada para terceiros, o termo *destinatário* da Lei Maior deve ser sempre o *jurídico*, primeiramente porque a tributação recairia sobre o negócio jurídico da importação e, em segundo lugar, porque as *circulações físicas* seriam irrelevantes para fins tributários. O trânsito físico da mercadoria por estado não autorizaria mudanças na designação do sujeito ativo do ICMS-importação.

Destaca, ainda, Paulo de Barros Carvalho[428] que haveria um equívoco do legislador complementar ao determinar a sujeição ativa

---

426. CARVALHO, Paulo de Barros. *Direito tributário, linguagem e método*. 3. ed. São Paulo: Noeses, 2009a, p. 759.

427. CARVALHO, Paulo de Barros. *Direito tributário, linguagem e método*. 3. ed. São Paulo: Noeses, 2009a, p. 760.

428. CARVALHO, Paulo de Barros. *Direito tributário, linguagem e método*. 3. ed. São Paulo: Noeses, 2009a, p. 761.

ICMS - IMPORTAÇÃO

com base na "entrada física" de bens ou mercadorias importados, pois tanto a CF/88 como o próprio *caput* do artigo 11 da LC 87/96 prescrevem como determinante o local da *operação*. A materialidade constitucional não seria sobre meras *entradas de mercadorias*, mas sim sobre *operações* de importação.

O professor[429] em parecer não publicado, destaca jurisprudência do STF em favor de sua tese. Cita o RE 268.586/SP, o RE 299.079/RJ e o RE-AgR 396.859/RJ, todos no mesmo sentido.

Roque Antonio Carrazza, apesar de afirmar o acerto da LC 87/96 ao estabelecer que "(...) o ICMS-importação é devido ao Estado onde se dá a 'entrada física' da mercadoria, ainda que 'temporária'",[430] destaca que nos casos em que importador, destinatário físico e repartição aduaneira estejam situados em diferentes unidades da federação, "(...) o ICMS é devido à pessoa política (Estado ou Distrito Federal) onde estiver o estabelecimento do importador."[431] Para o professor, a CF/88 estaria mandando considerar "(...) para fins de tributação por via de ICMS (...) a *localização* do estabelecimento que promoveu a importação do bem."[432]

José Eduardo Soares de Melo trilha o mesmo caminho, afirmando que:

> (...) a titularidade do imposto (sujeito ativo da relação jurídico-fiscal) não cabe singelamente ao Estado onde ocorreu o mero ato físico do desembaraço, mas ao Estado onde se localiza o sujeito passivo do tributo, isto é, aquele que

---

429. CARVALHO, Paulo de Barros. Isenções tributárias do IPI, em face do princípio da não-cumulatividade. *Revista dialética de direito tributário*, São Paulo, n. 33, p.142-166, jun. 1998.

430. CARRAZZA, Roque Antonio. *ICMS*. 15 ed. São Paulo: Malheiros, 2011, p. 64.

431. CARRAZZA, Roque Antonio. *ICMS*. 15 ed. São Paulo: Malheiros, 2011, p. 70.

432. CARRAZZA, Roque Antonio. *ICMS*. 15 ed. São Paulo: Malheiros, 2011, p. 70.

ARGOS CAMPOS RIBEIRO SIMÕES

juridicamente promoveu o ingresso das mercadorias estrangeiras no País, e para onde se destinam.[433]

O autor destaca, também, que a CF/88 não atribuiu ao termo *destinatário* a significação de *destinatário final*. Conclui pela importância da ocorrência de *circulação jurídica*, como indicador de critério espacial do ICMS-importação, atribuindo *inconsistência* à "(...) regra que fixa como local da operação "o do estabelecimento onde ocorrer a entrada física" (LC 87, de 13.09.1996, art. 11, I, *e*)."[434]

Nesse mesmo sentido, Júlio Maria de Oliveira e Victor Gomes afastam o critério físico, como indicador normativo complementar da sujeição ativa. Tal pretensão seria novel norma de competência "(...) não expressamente exposta na Constituição Federal."[435]

É interessante o destaque dos autores quando afirmam que escolher a entrada física como determinante da competência acabaria por "(...) reduzir dois negócios jurídicos distintos (importação e revenda dos produtos importados) a um só."[436]

A jurisprudência do STF tem se pautado por determinar que a sujeição ativa pertença ao estado onde esteja o denominado "destinatário jurídico" do ICMS, em contraposição ao *destinatário físico*. No RE 405.457/SP[437] do relator Ministro Joaquim Barbosa, decidiu-se pelo chamado "destinatário jurídico". Transcrevemos parte

---

433. MELO, José Eduardo Soares de. *A importação no direito tributário*: impostos, taxas, contribuições. São Paulo: Revista dos Tribunais, 2003, p. 120.
434. MELO, José Eduardo Soares de. *A importação no direito tributário*: impostos, taxas, contribuições. São Paulo: Revista dos Tribunais, 2003, p. 122.
435. OLIVEIRA, Júlio Maria; GOMES, Victor. ICMS na importação - FUNDAP - competência ativa. *Revista dialética de direito tributário*, São Paulo, n. 35, p. 98-118, ago. 1998, p. 109.
436. OLIVEIRA, Júlio Maria; GOMES, Victor. ICMS na importação - FUNDAP - competência ativa. *Revista dialética de direito tributário*, São Paulo, n. 35, ago. 1998, p. 110.
437. BRASIL. Supremo Tribunal Federal. *Recurso Extraordinário 405.457/ SP*, da Segunda Turma. Relator: Ministro Joaquim Barbosa. Brasília, DF, 04 de dezembro de 2009. Disponível em: <http://www.stf.jus.br/>. Acesso em: 14 ago. 2011.

## ICMS - IMPORTAÇÃO

da fundamentação do Sr. Relator:

> Reputo que tanto o desembaraço aduaneiro quanto a ausência de circulação da mercadoria no território do estado onde está localizado o importador são irrelevantes para o desate da questão posta ao crivo da Corte. **O que se indaga é quem foi o importador, pessoa efetivamente responsável pelo negócio jurídico** que subsidiou a operação que trouxe os produtos ao território nacional. Assim, a **entrada física** dos bens em estabelecimento da pessoa jurídica ou física **não é critério decisivo na identificação do sujeito ativo,** ao contrário do que sugerido pelo acórdão recorrido. (grifos nossos).

Apesar de o dispositivo complementar indicar o *destinatário físico* como indicador do local da operação e, consequentemente, seu sujeito ativo, o acórdão fixou que "quem foi o importador, pessoa efetivamente responsável pelo negócio jurídico".

- **Apresentando o posicionamento tradicional fazendário**

Neste item discutimos o tradicional posicionamento firmado pelas Fazendas Públicas com relação ao tema da sujeição ativa no ICMS-importação.

É certo que o termo *destinatário* destacado no artigo 155, §2º, IX, *a*, da CF/88 deve ser sempre o *jurídico*. Pelas premissas até aqui firmadas, somente situações jurídicas são relevantes para o *nosso* Direito, já que ele só reconhece os fatos do mundo do ser por meio de linguagem jurídica.

Porém, jurídica significa normativa. Assim, temos a seguinte situação: a CF/88, em seu artigo 155, §2º, IX, *a*, indica que o sujeito ativo no ICMS-importação será "o Estado onde estiver situado o domicílio ou o estabelecimento do destinatário da mercadoria, bem ou serviço". Também prevê, no seu artigo 155, §2º, XII, *d*, que "cabe à lei complementar fixar para efeito de sua cobrança (...) o local das operações relativas à circulação de mercadorias (...)".

Tal previsão vai ao encontro da função de "dispor sobre conflitos de competência" atribuída constitucionalmente às normas gerais veiculadas por lei complementar, por meio do artigo 146, III, *b* da CF/88, como já discutido.

A situação colocada envolve conflito de sujeição ativa entre entes políticos em face das possibilidades semânticas do termo constitucional *destinatário*. Assim, lei complementar de caráter nacional tem a função constitucional de dirimir a dúvida quanto à sujeição ativa. Ela o faz fixando *juridicamente* (normativamente) o local da realização de operações do ICMS.

A LC 87/96, em seu artigo 11, I, *d* faz a previsão *jurídica* (por ser normativa) de que o local a ser considerado como o da operação de importação, para fins de determinação da sujeição ativa, é o do "estabelecimento onde ocorrer a entrada física". Assim, por força constitucional e legal, a *entrada física* fora juridicizada e, por ficção jurídica, acabou determinando o local de operações jurídicas.

Com essa leitura, o *destinatário físico seria* o *destinatário jurídico*, e o tributo seria devido ao estado de São Paulo. Assim, as decisões do Judiciário fundamentadas no argumento solitário do *destinatário jurídico*, no olhar tradicional das Fazendas Públicas, careceriam de maiores discussões.

Ainda com base no entendimento tradicional fazendário, teríamos, ainda, duas operações: uma de importação e outra relativa à circulação de mercadorias. Vejamos cada uma delas.

- **Primeira operação: importação simbólica**

Pela importação de mercadorias feita pelo importador capixaba, teríamos:

**Critério material:** *realização de negócio jurídico de importação relativo à aquisição de disponibilidade de mercadorias regularmente nacionalizadas* (simbólica, não física).

**Critério espacial:** por ficção jurídica seria o local do destinatário físico: o *estado de São Paulo*, onde está o *estabelecimento paulista* (estabelecimento como local).

**Sujeito passivo:** o importador capixaba.

ICMS - IMPORTAÇÃO

**Sujeito ativo:** o estado do *destinatário físico*, que por ficção legal é o *destinatário jurídico: o estado de São Paulo.*

Com essa operação, o importador capixaba deveria recolher o ICMS-importação para São Paulo e, pela entrada simbólica de mercadorias importadas em seu estabelecimento, poderia creditar-se do valor de ICMS efetivamente recolhido.

- **Segunda operação: transferência simbólica para São Paulo**

Pela transferência de disponibilidade do importador capixaba para o adquirente final em São Paulo, teríamos:

**Critério material:** *realização de operação relativa à circulação de mercadorias* (simbólica, não física).

**Critério espacial:** o *estado do Espírito Santo.* Ali está sendo realizada a operação relativa à circulação de mercadorias simbólica, com transferência de disponibilidade para o adquirente paulista.

**Sujeito passivo:** o *importador* capixaba, agora contribuinte habitual do ICMS-ocm em seu estado.

**Sujeito ativo:** o estado do Espírito Santo, onde está sendo realizada a operação relativa à circulação de mercadorias.

Por essa operação, teríamos o importador capixaba, agora contribuinte habitual do ICMS-ocm, devendo lançar a débito em sua escrita fiscal o ICMS-ocm e podendo efetuar compensação com os créditos lançados originários da importação realizada.

- **Críticas ao posicionamento tradicional fazendário**

Porém, essas construções possuem vício de interpretação, a nosso ver, insanável e que fora apontado pelos doutrinadores destacados acima.

A ficção jurídica que estipula como *local da operação de importação* o da *entrada física* das mercadorias ou dos bens importados, só pode ser aplicada se importador e adquirente físico estiverem no mesmo estado. É norma que não poderia ser aplicada quando eles

233

estiverem em unidades federadas diversas, sob pena de inconstitucionalidade.

Sabemos que todos os critérios devem *gravitar* na materialidade constitucional. Assim, não pode ser diferente com os critérios adjetivos espacial e subjetivo ativo.

Construímos a materialidade constitucional do ICMS-importação de forma genérica como sendo: *realizar negócio jurídico de importação relativo à aquisição de titularidade de mercadorias e bens regularmente nacionalizados*. A operação de importação é, portanto, relativa à aquisição, pelo importador, de mercadorias ou bens regularmente importados.

Faz sentido, portanto, a conclusão de que o local dessa operação seja onde ocorra a aquisição jurídica das mercadorias ou dos bens importados. A aquisição jurídica se dá com o registro linguístico efetuado pelo importador quando da entrada real ou simbólica das mercadorias ou bens importados em seu estabelecimento. Portanto, o local da operação é onde está aquele que realiza a operação, que realiza o negócio jurídico da importação relativa à aquisição referida.

A ficção jurídica enunciada pela norma complementar em seu artigo 11, I, *d*, se for aplicada para a situação ora discutida, quando importador e adquirente físico estiverem estabelecidos em unidades federadas diversas: importador no ES e adquirente em SP, estaríamos a admitir que a materialidade do tributo seria outra.

Vemos que a entrada física no estabelecimento paulista não tem correspondente jurídico em operação de importação, mas em operação relativa à circulação de mercadoria realizada pelo contribuinte do ICMS-ocm capixaba, que também fora o importador. Houve ali uma operação interestadual, envolvendo os estabelecimentos capixaba (como transmitente) e paulista (como adquirente final).

Portanto, admitir que o local da operação de importação seja o da entrada física em SP, seria admitir que a materialidade do ICMS-importação mudasse de *realizar **negócio jurídico de importação** relativo à aquisição de titularidade de mercadorias e bens regularmente*

ICMS - IMPORTAÇÃO

*nacionalizados*, para **realizar negócio jurídico interestadual** *relativo à aquisição de titularidade de mercadorias e bens.*

Ora, pode lei complementar alterar critério material? Pelo que vimos neste estudo, não. A rigidez material constitucional não permite. A nosso ver, esta é a inadequação apontada pelos doutrinadores. A ficção jurídica complementar se aplicada no caso em estudo seria, assim, inconstitucional.

Portanto, para a situação colocada à discussão, envolvendo importador e adquirente, situados em entes estatais diversos, as construções normativas seriam as seguintes.

- **Primeira operação: importação simbólica**

Pela aquisição por importação de mercadorias feita pelo importador capixaba, teríamos:

**Critério material:** *realização de negócio jurídico de importação relativo à aquisição de disponibilidade de mercadorias regularmente nacionalizadas* (simbólica, não física).

**Critério espacial:** sendo inaplicável a ficção jurídica complementar, sob pena de sua inconstitucionalidade, teríamos que seria o local da operação de importação: *o estado do Espírito Santo*, onde está o *estabelecimento adquirente jurídico capixaba* (estabelecimento como local).

**Sujeito passivo:** o adquirente-importador capixaba.

**Sujeito ativo:** o estado do *destinatário jurídico: O Estado do Espírito Santo.*

Com essa operação, o adquirente-importador capixaba deveria recolher o ICMS-importação para o Espírito Santo e, pela entrada simbólica de mercadorias importadas em seu estabelecimento, poderia creditar-se do valor de ICMS efetivamente recolhido.

## ARGOS CAMPOS RIBEIRO SIMÕES

- **Segunda operação: transferência simbólica para São Paulo**

Pela transferência de disponibilidade do importador capixaba para o adquirente físico final em São Paulo, teríamos:

**Critério material:** *realização de operação relativa à circulação de mercadorias* (simbólica, não física).

**Critério espacial:** o *Estado do Espírito Santo*. Ali está sendo realizada a operação relativa à circulação de mercadorias simbólica, com transferência de disponibilidade para o adquirente físico final paulista.

**Sujeito passivo:** o *adquirente-importador* capixaba, agora contribuinte habitual do ICMS-ocm em seu Estado.

**Sujeito ativo:** o estado do Espírito Santo, onde está sendo realizada a operação relativa à circulação de mercadorias.

Por essa operação, teríamos o importador capixaba como adquirente jurídico na operação de importação e também como contribuinte habitual do ICMS-ocm, devendo lançar a débito em sua escrita fiscal o ICMS-ocm e podendo efetuar compensação com os créditos lançados originários da aquisição por importação realizada.

Essa construção dos aspectos espacial e subjetivo ativo do ICMS-importação, em face da situação fáctica apresentada, representa nosso posicionamento.

- **Mais um ingrediente: importação por encomenda e por conta e ordem**

O ICMS-importação empresta diversos conceitos da legislação aduaneira que não fora enunciada com o propósito de regular a exação estadual.

A legislação aduaneira, de competência privativa da União e instituída originariamente para regular a tributação aduaneira deste ente político, admite duas modalidades de importação, hoje discutidas nos tribunais administrativos e judiciais, em face das consequências de sua aplicação quanto ao aspecto subjetivo ativo do ICMS-importação.

-

ICMS - IMPORTAÇÃO

**Importação por encomenda**

Nessa modalidade de importação a legislação aduaneira define seus atributos característicos.

- **REQUISITOS**

- 1) Importação seja promovida por pessoa jurídica importadora que adquire mercadorias no exterior **para revenda a encomendante predeterminado,** devidamente habilitado nos termos da Instrução Normativa SRF nº 650, de 12 de maio de 2006.

- 2) Que seja realizada sem quaisquer recursos ou adiantamentos, mesmo que a título de garantias de pagamento do encomendante;

Relembrando o contexto fáctico, temos: **importador** localizado em **Vitória – ES desembaraça** produtos do estrangeiro na repartição aduaneira de **Uruguaiana – RS,** sendo que os produtos nacionalizados **seguem física e diretamente** da repartição aduaneira para estabelecimento paulista localizado em **Osasco-SP**. O produto desembaraçado, agora mercadoria, nunca transitou pelo estado do Espírito Santo onde está localizado o estabelecimento do importador.

Temos, nesta modalidade de importação, figurando como encomendante o estabelecimento paulista que realiza contrato com o importador capixaba para que este importe mercadorias do exterior e, em seguida, realize uma revenda de tais mercadorias ao encomendante paulista.

Se o importador realiza uma revenda ao estabelecimento encomendante então verificamos a ocorrência de duas operações na importação por encomenda: **(i)** importação realizada pelo importador capixaba e **(ii)** venda e compra em relação comercial deste com o encomendante paulista.

Assim, em termos de ICMS e com estes suportes negociais, temos também duas modalidades da exação estadual: **(i)** com o substrato comercial da importação, o ICMS-importação, cujo local de sua operação é o do estabelecimento capixaba em que o importador seria também o adquirente e **(ii)** com o suporte comercial da compra e venda, o ICMS-ocm, sendo agora o adquirente-importador o contribuinte que realiza a operação simbólica relativa à circulação de mercadorias com destino ao estabelecimento paulista.

Consideramos o importador como adquirente por coerência com a materialidade do ICMS-importação de mercadorias (adquirir mercadorias regularmente importadas ou adquirir por importação mercadorias) e tendo em vista que só pode realizar uma revenda (uma das características da importação por encomenda) quem adquire a titularidade do bem.

Relembrando a legislação pertinente, temos a CF/99 que prescreve:

> **Art. 155, §2º, "a" – O ICMS incidirá também:** sobre a **entrada de bem ou mercadoria importados do exterior** por pessoa **física ou jurídica,** ainda que **não seja contribuinte** habitual do imposto, **qualquer que seja a sua finalidade,** assim como sobre o serviço prestado no exterior, **cabendo o imposto ao Estado onde estiver situado** o **domicílio** ou o **estabelecimento do <u>DESTINATÁRIO</u> da mercadoria, bem ou serviço** (grifos nossos).

Por sua vez, a própria CF/88 prescreve em relação ao ICMS:

> **Art. 155.** Compete aos Estados e ao Distrito Federal instituir impostos sobre:
>
> § 2.º O imposto previsto no inciso II atenderá ao seguinte:
>
> **XII -** cabe à **lei complementar**:
>
> **d) fixar,** para **efeito de sua cobrança** e definição do estabelecimento responsável, o **local das operações** relativas à circulação de mercadorias e das prestações de serviços;

Com isso, o local da operação (critério espacial) determina a sujeição ativa, pois só efetua a *cobrança* destacada no dispositivo constitucional aquele que se situa no polo ativo da relação jurídica obrigacional. Lei complementar deve definir qual o local; assim prescreve o dispositivo nacional complementar da LC 87/96:

ICMS - IMPORTAÇÃO

**Art. 11, I da LC 87/96** – O **local da operação** ou da prestação, para os efeitos da **cobrança do imposto** e definição do estabelecimento responsável, **tratando-se de mercadoria ou bem:**
**d) importado do exterior, o do estabelecimento onde ocorrer a entrada física;** (grifos nossos).

Partimos da premissa de que uma norma somente será aplicável se atendidos os requisitos de sua aplicação. Temos que a CF/88 atrelou a sujeição ativa ao local da operação; por outro lado, não vislumbramos nos dispositivos supra da LC 87/96 resposta satisfatória para nossa situação.

O motivo jurídico da mercadoria se encontrar fisicamente no estabelecimento paulista, em nosso caso-exemplo de importação por encomenda, não é uma importação; mas uma operação de compra e venda. A importação termina com a aquisição da mercadoria pelo importador. A partir daí uma segunda operação ocorre e que nada tem a ver com a importação: trata-se de uma compra e venda (revenda) suporte da cobrança de ICMS-ocm.

Com isso não apontamos, por incompetência, inconstitucionalidade do dispositivo complementar, mas vislumbramos sua inaplicação ao nosso caso de aquisição por importação simbólica, por simples ausência de requisito essencial à sua aplicação/incidência: a mercadoria destinada fisicamente a São Paulo tem como motivo jurídico de sua lá aquisição (claro que estou falando de motivo imediato) não uma importação, mas sim, uma compra e venda.

Assim, entendendo que na importação por encomenda o local da operação seria o local do adquirente-importador, já que tal modalidade indica a presença de duas operações (uma de aquisição por importação e outra de compra e venda denunciando operação relativa à circulação de mercadorias), concluímos para o caso proposto que o sujeito ativo seja o Estado do Espírito Santo.

Aspectos da regra-matriz de incidência do ICMS-importação de mercadorias por encomenda seriam os seguintes:

**Critério material:** *realizar negócio jurídico de **importação por encomenda** relativo à aquisição de disponibilidade de mercadorias*

ARGOS CAMPOS RIBEIRO SIMÕES

*regularmente nacionalizadas.* Ou, de forma mais sintética: adquirir mercadorias regularmente importadas, ou adquirir por importação mercadorias.

**Critério espacial:** por determinação constitucional seria o local onde se encontre o adquirente-importador (coincidente ou não com o destinatário físico).

**Sujeito passivo:** o adquirente-importador.

**Sujeito ativo:** o estado onde estabelecido o adquirente-importador.

Os aspectos da regra-matriz de incidência do ICMS-ocm, em face da transferência de titularidade (disponibilidade) do importador para o encomendante.

**Critério material:** *realizar operação interestadual relativa à circulação de mercadorias* (operação simbólica, não física).

**Critério espacial:** por determinação legal, o local da operação: o *estado do adquirente-importador.*

**Sujeito passivo:** o mesmo *adquirente-importador,* agora na condição de contribuinte do ICMS-ocm em seu estado.

**Sujeito ativo:** o estado onde estabelecido o adquirente-importador.

Este nosso posicionamento.

- **Importação por conta e ordem**

Nessa modalidade de importação a legislação aduaneira também define seus atributos característicos.

- **REQUISITOS:**

  - <u>**IMPORTAÇÃO POR CONTA E ORDEM DE 3°**</u>, qualquer importação em que **sejam utilizados recursos do adquirente,** inclusive adiantamentos para quaisquer pagamentos relativos a essa operação;

  - <u>**IMPORTADOR POR CONTA E ORDEM DE 3°**</u>, a pessoa jurídica **que promover, em seu nome,** o despacho aduaneiro de importação de **mercadoria adquirida por outra, em razão de contrato previamente firmado,** que poderá compreender, ainda, a prestação de outros serviços relacionados com a transação comercial, como a realização de cotação de preços e a intermediação comercial;

- **ADQUIRENTE,** a pessoa física ou jurídica que contratar empresa para importar por sua conta e ordem.

Aqui não mais enxergamos as duas operações destacadas na modalidade por conta e ordem, pois não há a revenda lá assinalada. Há somente uma única operação comercial: a de importação que, em termos de ICMS, é materializada pela *aquisição por importação de bem ou mercadoria.*

Com isso, o local da operação de aquisição por importação passa a ser o estado onde localizado o *adquirente.*

Consideramos a relação jurídica de importação por conta e ordem como relação jurídica complexa que abarca tanto a ida simbólica da repartição aduaneira para o importador (não mais adquirente), como a transferência (também simbólica) do importador para o adquirente.

O importador na importação por conta e ordem presta serviço de despacho aduaneiro, não atuando como adquirente.

Em face disso, e levando em consideração as mesmas reservas interpretativas sobre a legislação pertinente que fizemos na importação por encomenda, destacamos aspectos da regra-matriz de incidência do ICMS-importação de mercadorias por conta e ordem:

**Critério material:** *realizar negócio jurídico de **importação por encomenda** relativo à aquisição de disponibilidade de mercadorias regularmente nacionalizadas.* Ou, de forma mais sintética: adquirir mercadorias regularmente importadas, ou adquirir por importação mercadorias.

**Critério espacial:** por determinação constitucional seria o estado do local do adquirente (físico ou não).

**Sujeito passivo:** como contribuinte, o adquirente (físico ou não).

**Sujeito ativo:** o estado do *destinatário adquirente.*

Contextualizando em nosso caso em que o adquirente paulista também é o destinatário físico, vemos que a LC 87/96 em seu artigo 11, I, *d,* encontrou satisfeitos os requisitos para sua aplicação, pois agora, na importação por conta e ordem, o motivo jurídico da mercadoria fisicamente encontrar-se no estabelecimento do adquirente paulista é a complexa relação da importação em que o importador fora considerado mero prestador de serviço e o adquirente paulista como contribuinte do ICMS-importação.

## 6.6 A reclassificação do ICMS-importação e o seu alcance interpretativo na imunidade tributária

Sabemos que o CTN classificou em 1966 o antigo ICM como imposto sobre a circulação.

Porém, como já visto, a circulação somente pode ser admitida onde presente produto no estado de mercadoria nos momentos relevantes de sua transferência ou de sua aquisição.

Ocorre que os ICM's na importação surgiram após esta classificação. O ICM-importação de mercadoria em 1968 com o Decreto-Lei 406 e o ICM-importação de bens (não mercadorias para uso e consumo ou ativo) somente em 1983 com a EC 23.

Assim, ou a classificação teria sido recepcionada em face das inéditas espécies tributárias ou teria sido considerada inadequada por não poder classificar espécie inexistente quando da classificação.

Tradicionalmente classifica-se o ICMS como imposto sobre circulação.

Como a circulação está atrelada à ideia de mercadoria, como já discutido, temos que o ICMS-importação de mercadorias, como subespécie do ICMS-ocm, teria recepcionado a classificação do CTN, enquadrando-se como imposto sobre circulação, inclusive admitindo o creditamento dos produtos adquiridos por importação em face de sua natureza de mercadoria.

# ICMS - IMPORTAÇÃO

No entanto, o ICMS-importação de bens (não mercadorias) não pode ser classificado como imposto sobre circulação, em face da ausência do estado de mercadoria atribuído ao produto adquirido por importação.

Por este motivo e pelo fato de que na figura do adquirente-importador de bens (não mercadorias) o ônus do tributo não repercute (contribuinte "de direito" e "de fato" se confundem numa só pessoa), temos que o ICMS-importação de bens (não mercadorias) deve ser classificado como imposto sobre o patrimônio, ao lado dos atuais IPVA, IPTU e ITR. Digo mais, até sobre uma espécie de ICMS conhecida como de diferencial de alíquota, cuja materialidade seria a aquisição por contribuinte de bens de outro estado em operação interestadual evidentemente, para uso ou consumo ou ativo (ICMS-diferencial de alíquota).

Reflexo importante dessa classificação é a possibilidade de se reconhecer a imunidade do ICMS-importação de bens (não mercadorias) de templos ou de entidades de assistência social quando importam produtos do estrangeiro que farão parte de seu ativo.

Aqui a reclassificação do ICMS-importação de bens como imposto sobre o patrimônio tem importância crucial.

As imunidades dos templos e das entidades assistenciais estão assim constitucionalmente regradas:

> Art. 150. Sem prejuízo de outras garantias asseguradas ao contribuinte, é vedado à União, aos Estados, ao Distrito Federal e aos Municípios:
>
> VI - instituir impostos sobre:
>
> b) **templos** de qualquer culto;
>
> c) **patrimônio, renda ou serviços** dos partidos políticos, inclusive suas fundações, das entidades sindicais dos trabalhadores, das instituições de educação e de **assistência social,** sem fins lucrativos, atendidos os requisitos da lei;
>
> § 4º - As vedações expressas no inciso VI, alíneas «b» e «c», compreendem somente o **patrimônio,** a renda e os serviços, relacionados com as finalidades essenciais das entidades nelas mencionadas. (Grifamos).

Se cumpridas as demais exigências constitucionais, o requisito classificatório de ser imposto sobre o patrimônio não seria, assim, obstáculo à imunidade pretendida para o ICMS-importação de bens (não mercadorias) para as pessoas elencadas na Constituição como possíveis beneficiárias.

Esta é a importância da reclassificação.

# CONSIDERAÇÕES FINAIS

Esta obra teve por objetivo apresentar construções jurídicas teórico-práticas do imposto de competência estadual, ICMS, nas suas operações relacionadas à aquisição de bens e mercadorias regularmente importados (o ICMS-importação).

Ao entender o Direito como um sistema linguístico-normativo, optamos, inicialmente, por definir conceitos básicos necessários à sua compreensão.

Nesse preliminar trajeto, tomamos consciência de que a verdade dos objetos sobre os quais nos propomos conhecer é dependente do método que utilizamos nessa busca. Assim, concluímos que a verdade e a realidade sobre o mundo não são descritas pela linguagem, mas construídas por ela. A linguagem reconstrói o mundo.

Com esses fundamentos teóricos e definindo como objeto de conhecimento o termo *Direito*, chegamos a dois sistemas linguísticos diversos: o da Ciência do Direito e o do direito positivo. Duas "realidades" linguísticas diversas: a descritiva da Ciência e a prescritiva do direito posto.

Nosso foco cognitivo voltou-se ao direito positivo e a seu elemento constituinte: a norma jurídica. Nós a estudamos formalmente e nos surpreendemos ao verificar que sua estrutura linguística não era prescritiva de forma absoluta, mas só parcialmente: descrevem-se fatos, prescrevem-se seus efeitos.

De forma estática e dinâmica investigamos o elemento "norma

245

jurídica" e concluímos que norma válida é aquela pertinente ao sistema do Direito, que vigência seria qualidade juridicizante de fatos e que eficácia jurídica seria capaz de fazer com que estes fatos juridicizados tivessem os efeitos prescritivos contidos na norma. Concluímos que incidência e aplicação estão sempre de "mãos dadas"; uma não "existe sem a outra". A incidência, como coincidência linguística entre o que se descreve do mundo do ser e o que se considerou como hipótese relevante no mundo do dever-ser, não acontece automaticamente. Precisa de alguém descrevendo a situação a ser comparada e prescrevendo o seu efeito previsto na norma, assim as normas não incidem, mas são incididas.

E verificamos, também, que o Direito como sistema autopoiético é narcisista, ele "olha" para si mesmo, só conhecendo o mundo por meio de sua linguagem normativa. Essa sua porta de entrada para o exterior é também o motivo de sua clausura.

A relevância da distinção entre os "direitos" está presente na compreensão de que a linguagem do direito positivo é predominantemente prescritiva e a da Ciência do Direito é totalmente descritiva. Com isso, concluímos que doutrina e jurisprudência não são pertencentes ao direito positivo, mas à Ciência do Direito, portanto, não servem como razões no sistema jurídico, pois a ele não pertencem. Influenciam psicologicamente aquele que opera com o direito positivo, mas não são seus elementos.

Com esses fundamentos, o passo seguinte foi o de identificar diferenças funcionais nas normas jurídicas componentes do sistema do ICMS. Daí, fomos investigar o contexto desse imposto estadual.

Verificamos preliminarmente que ICMS é somente uma sigla, mas que congrega várias espécies e subespécies tributárias. E que a Constituição Federal atribuiu ao veículo normativo *lei complementar* o papel nacional de estabelecer *normas gerais em matéria em tributária,* para que pudessem ser definidos fatos geradores, bases de cálculo, contribuintes e outros elementos relevantes. Mas não com independência em face do previsto na Constituição Federal; somente para dirimir conflitos entre os entes tributantes e limitar seu poder de tributar. Todavia sempre respeitando a materialidade constitucional

## ICMS - IMPORTAÇÃO

rigidamente posta. Todos os critérios das regras-matrizes a serem construídos devem estar, de alguma forma, ligados ao critério material estabelecido pela Constituição Federal.

Com esses conceitos e com a ferramenta da Regra-Matriz de Incidência Tributária, discutimos e construímos o ICMS nas operações relativas à circulação de mercadorias (ICMS-ocm), definindo operações como relações jurídicas de cunho privado, circulação como transferência de disponibilidade e não, necessariamente, de propriedade e mercadorias com o estado de um bem móvel e cujo destino no ciclo circulatório é mercantil. Definimos todos os critérios de sua regra-matriz, mas demos especial atenção ao critério material, pois a partir dele fomos para o próximo passo: a construção da materialidade do ICMS-importação.

Nessa construção, optamos por adicionar ao nosso método interpretativo duas variáveis, fruto da observação do *modus operandi* de nosso legislador tributário e da forma como muitos intérpretes atuam.

O caminho de nosso legislador tributário é o da inconstitucionalidade. Inicialmente, alarga a incidência tributária por meio de veículos infraconstitucionais, depois emenda (ou "remenda") o texto constitucional com termos "adequados" aos textos legais anteriores. Essa foi a primeira grande descoberta (e também a primeira decepção) no estudo do ICMS-importação.

Mas a decepção deu origem a um desafio: o de descobrir a materialidade do ICMS-importação ao longo do tempo e construir as diversas significações dos termos inseridos pelos constituintes originários, derivados e pelos legisladores infraconstitucionais. Essa é a primeira variável interpretativa.

A segunda variável interpretativa decorreu do entendimento que as constantes mudanças no texto constitucional seriam relevantes, pois eram "adequações" às pretensões legislativas estabelecidas anteriormente na legislação ordinária e que foram inseridas por sucessivas emendas nas Constituições Federais ao longo dos anos. Assim, nosso método de construção semântica também evitou, sempre que possível, valer-se da saída interpretativa de considerar como

247

atécnicos termos inseridos no texto legal.

Apesar da consciência da "democracia cultural" dos enunciadores legislativos, entendemos que o texto constitucional emendado deveria ser bem aproveitado em termos semânticos. Nem sempre tivemos sucesso na utilização desse "ingrediente" interpretativo, sendo que, inúmeras vezes, concluímos pela existência de inadequações da linguagem legislativa.

Da CF/67 à CF/88, antes e após a Emenda Constitucional 33/2001, fizemos a investigação evolutivo-semântica da materialidade do ICMS na importação.

Uma opção decisiva em nossas construções materiais foi considerar *bens* e *mercadorias* como institutos diversos; aliás, *bens* como gênero e *mercadorias* como espécie. Tudo em face da destinação desses produtos em determinado momento relevante à incidência tributária, ou seja, no momento previsto no critério temporal.

Com isso, partimos do Decreto-Lei 406/68, considerando a possibilidade de incidência do ICMS na importação somente de mercadorias, observamos sua constitucionalização expressa na CF/67, emendada em 1969 e em 1983, com a incidência já abrangendo bens destinados ao consumo ou à ativação, para chegarmos finalmente à CF/88.

Construímos duas materialidades do ICMS-importação na CF/88 em sua versão original, de forma análoga à última versão emendada das CF/67 e EC/69: ICMS na importação de mercadorias e ICMS na importação de bens (não mercadorias).

Chegamos à conclusão de que o ICMS-importação de mercadorias seria uma subespécie de ICMS-ocm, tendo como critério material *realizar negócio jurídico de importação relativo à aquisição de disponibilidade de mercadorias regularmente nacionalizadas*. Por sua vez, o ICMS-importação de bens (não mercadorias) seria uma espécie de ICMS, mas não subespécie de ICMS-ocm, cuja materialidade seria *realizar negócio jurídico de importação relativo à aquisição de propriedade de bens (não mercadorias) regularmente nacionalizados e destinados a consumo ou a ativo fixo*.

ICMS - IMPORTAÇÃO

Aí chegamos aos dias atuais, com a CF/88 alterada pela Emenda Constitucional 33/2001. O constituinte derivado fez inúmeras alterações, alargando subjetivamente e materialmente o texto constitucional. A alteração subjetiva, buscando o que já estava previsto inconstitucionalmente em lei complementar: pessoas físicas e contribuintes não habituais do ICMS. A alteração material, que ampliou o rol de bens que poderiam ser alcançados pela exação estadual, tendo em vista a expressa inserção no texto constitucional de que haveria incidência para bens "qualquer que seja a sua finalidade".

Consideramos inconstitucional a ampliação material e, por consequência, a ampliação subjetiva, pois elas tinham ligação em face da novel destinação dos bens importados. A razão da inconstitucionalidade: o constituinte derivado atentou contra as "cláusulas pétreas". Atingiu a propriedade e a liberdade dos contribuintes por meio de emenda constitucional, ampliando a materialidade originalmente posta, o que é constitucionalmente vedado. A rigidez constitucional impede tal prática enunciativa.

Apesar de entendermos pela inconstitucionalidade das inserções por meio de emenda, construímos as materialidades constitucionais. A do ICMS-importação de mercadorias não fora alterada. A do ICMS-importação de bens seria *realizar negócio jurídico de importação relativo à aquisição a qualquer título de bens (não mercadorias) regularmente nacionalizados e destinados a qualquer finalidade.*

Próximo passo, incursionamos pelo contexto da não-cumulatividade do ICMS, em face de sua relevância na solução dos casos práticos auxiliares.

Nossa construção interpretativa sobre o princípio fora a do denominado "critério físico de creditamento", em que o direito ao crédito está condicionado não só à entrada física ou simbólica de mercadorias e ao montante cobrado em operações anteriores, mas também exige-se que a natureza das mercadorias transacionadas ou importadas não se altere. Concluímos que para haver crédito, deve haver a possibilidade de débito, tudo em face da destinação dos bens de quem realiza a operação e pelo fato da raiz da não-cumulatividade ser a compensação.

249

ARGOS CAMPOS RIBEIRO SIMÕES

Concluímos que o termo *cobrado* **não significa** *pago*, mesmo no ICMS-importação, atribuindo-lhe o sentido de *incidente*. Para se creditar no ICMS-importação basta que haja imposto incidente (para nós, formalizado) na própria operação de importação.

O último passo foi aplicar os fundamentos construídos em algumas situações exaustivamente discutidas pela doutrina e no âmbito dos tribunais administrativos e judiciários.

Sobre a incidência de ICMS na importação por meio de *leasing*, concluímos que seria indevida, tendo em vista a inconstitucionalidade material inserida pela Emenda Constitucional 33/2001. Haveria necessidade de transferência de propriedade em operação de importação, fato ausente nas aquisições por meio de *leasing*. Porém, enquanto não declarada a inconstitucionalidade pelo poder judiciário, a norma constitucional permitindo a incidência e as legais obrigando a cobrança, teriam fundamento possível à sua aplicação.

No critério temporal, concluímos a constitucionalidade da escolha complementar do momento do procedimento aduaneiro de desembaraço. No quantitativo, consideramos indevidos, tanto a inserção de impostos e despesas aduaneiras de qualquer ordem na base de cálculo do ICMS-importação, quanto a forma "por dentro" de calculá-la. Esses incrementos atingem indiretamente a materialidade tributária em sua versão quantitativa, pois assim entendemos as bases de cálculo: são facetas quantitativas do critério material.

No critério subjetivo passivo, concluímos pela inconstitucionalidade da cobrança em face da materialidade inconstitucional inserida pela Emenda Constitucional 33/2001, o que implicaria em obstáculo para que pessoas físicas e pessoas jurídicas não contribuintes habituais pudessem ser alcançadas.

Na definição dos critérios espacial e subjetivo ativo, concluímos que o termo *destinatário* inserto na CF/88 deve ser entendido como aquele que realiza a operação de aquisição por importação.

A determinação legal complementar, deslocando os critérios espacial e subjetivo ativo para o Estado da localização do "destinatário físico", só é aplicável quando o estabelecimento importador e o

# ICMS - IMPORTAÇÃO

adquirente físico estão situados no mesmo ente federativo. Pois, quando em Estados diversos, a entrada física no adquirente não é decorrente de operação de importação, mas sim de operações interestaduais.

Para os casos de importação por encomenda e por conta e ordem, verificamos não a inconstitucionalidade, mas a aplicação restrita da lei complementar que determina o destinatário físico como determinante à sujeição ativa.

O local da operação de aquisição por importação é coincidente com o local onde situado o adquirente. Na importação por encomenda, onde se encontra o adquirente-importador. Na importação por conta e ordem, onde se encontra o adquirente, sendo o importador um prestador de serviço.

Vimos na importação por encomenda, duas operações: **(i)** uma relacionada à importação e **(ii)** outra determinada por uma revenda.

A importação por conta e ordem sustenta relação jurídica complexa, abarcando tanto o importador (prestador de serviço) como o adquirente (físico ou não).

Por último, vimos que a reclassificação do ICMS-importação de bens (não mercadorias) é essencial para a consideração de sua não incidência quando templos ou entidades assistenciais realizam importação de não mercadorias.

Com essas conclusões entendemos ter cumprido nossos objetivos de reclassificação e aplicação das regras-matrizes na importação, segundo método rígido de *navegar* no direito positivo, essencialmente, segundo as regras impostas pela linguagem normativa.

# REFERÊNCIAS

**A) Doutrina**

ABBAGNANO, Nicola. *Dicionário de Filosofia*. 4. ed. São Paulo: Martins Fontes, 2003.

ARAUJO, Clarice Von Oertzen de. *Incidência jurídica*: teoria e prática. São Paulo: Noeses, 2011.

ATALIBA, Geraldo. *Estudos e pareceres de direito tributário*. São Paulo: Revista dos Tribunais, 1978ª, v. 1.

_____. *Hipótese de incidência tributária*. 5. ed. São Paulo: Malheiros, 1998.

_____. ICM: hipótese de incidência. Bens importados para uso próprio. In: *Estudos e pareceres de direito tributário*. São Paulo: Revista dos Tribunais, 1978b, v. 1, p. 120-138.

_____. ICM: não incidência. In: *Estudos e pareceres de Direito Tributário*. São Paulo: Revista dos Tribunais, 1978c, v. 1, p. 139-162.

_____. ICMS na Constituição. *Revista de direito tributário*, São Paulo, n. 57, p. 91-104, jul./set. 1991.

_____. *Sistema constitucional tributário brasileiro*. São Paulo: Revista dos Tribunais, 1968.

ATALIBA, Geraldo; GIARDINO, Cleber. ICM e circulação jurídica.

*Revista de direito administrativo*, n. 144, p. 227-233, abr./jun. 1981a.

_____. Núcleo da definição constitucional do ICM. *Revista de direito tributário*, n. 25-26, p. 101-119, 1983.

_____. Pressupostos do estudo jurídico do ICM. *Revista de direito tributário*, São Paulo, n. 15-16, p. 96-114, jan./ jun. 1981b.

BALEEIRO, Aliomar. *Limitações constitucionais ao poder de tributar*. Atualização de Misabel Abreu Machado Derzi. 7. ed. Rio de Janeiro: Forense, 2003.

BARRETO, Aires. *Base de cálculo, alíquota e princípios constitucionais*. 2. ed. São Paulo: Max Limonad, 1998.

BECKER, Alfredo Augusto. *Teoria geral do direito tributário*. 3. ed. São Paulo: Lejus, 1998.

BORGES, José Souto Maior. *Lei Complementar tributária*. São Paulo: Revista dos Tribunais, 1975.

CARRAZZA, Roque Antonio. *Curso de direito constitucional tributário*. 24. ed. São Paulo: Malheiros, 2008.

_____. *ICMS*. 15 ed. São Paulo: Malheiros, 2011.

CARVALHO, Aurora Tomazini de. *Curso de teoria geral do direito*. 2. ed. São Paulo: Noeses, 2010.

CARVALHO, Cristiano. *Ficções jurídicas no direito tributário*. São Paulo: Noeses, 2008.

CARVALHO, Osvaldo Santos de. Reflexão sobre a possibilidade de uniformização da legislação do ICMS por meio de lei complementar nacional. In: CARRAZZA, Elizabeth Nazar (Coord.). *ICMS*: questões atuais. São Paulo: Quartier Latin, 2007.

CARVALHO, Paulo de Barros. "Guerra Fiscal" e o princípio da não-cumulatividade no ICMS. *Revista de direito tributário*, São Paulo, n. 95, p. 7-23, 2005.

_____. *A regra-matriz do ICM*. 1981. Tese (Livre-Docência em Direito Tributário) - Pontifícia Universidade Católica, São Paulo, 1981.

_____. *Curso de direito tributário*. 23. ed. São Paulo: Saraiva, 2011.

_____. *Direito tributário, linguagem e método*. 3. ed. São Paulo: Noeses,

2009a.

_____. *Direito tributário*: fundamentos jurídicos da incidência. 7. ed. São Paulo: Saraiva, 2009b.

_____. ICMS: conferências e debates. *Revista de direito tributário*, São Paulo, v. 48, abr./jun. 1989.

_____. IPI: Comentários sobre as regras de interpretação da tabela NBM/SH (TIPI/TAB). *Revista dialética de direito tributário*, São Paulo, n. 12, p. 55-65, set. 1996.

_____. Isenções tributárias do IPI, em face do princípio da não-cumulatividade. *Revista dialética de direito tributário*, São Paulo, n. 33, p.142-166, jun. 1998.

_____. *Parecer*. São Paulo, 11 de junho de 2008 [parecer não publicado].

CHIESA, Clélio. EC 33: dois novos impostos rotulados de ICMS. *Revista dialética de direito tributário*, São Paulo, n. 90, p. 21-48, mar. 2003.

_____. ICMS incidente na aquisição de bens ou mercadorias importados do exterior e contratação de serviços no exterior: inovações introduzidas pela EC 33/2001. In: ROCHA, Valdir de Oliveira (Coord.). *O ICMS e a EC 33*. São Paulo: Dialética, 2002, p. 9-35.

_____. *ICMS*: sistema constitucional tributário: algumas inconstitucionalidades da LC 87/96. São Paulo: LTr, 1997.

_____. O ICMS na importação após a Emenda Constitucional nº 33/2001. ROCHA, Valdir de Oliveira (Coord.). *O ICMS e a EC 33*. São Paulo: Dialética, 2002.

COSTA, Alcides Jorge. *ICM na Constituição e na Lei Complementar*. São Paulo: Resenha Tributária, 1978.

COSTA, Eliud José Pinto da. *ICMS mercantil*. São Paulo: Quartier Latin, 2008.

ESTEVES, Maria do Rosário. *Normas gerais de direito tributário*. São Paulo: Max Limonad, 1997.

FERRAGUT, Maria Rita. *Responsabilidade tributária e o Código Civil de 2002*. São Paulo: Noeses, 2005.

FERRAZ JUNIOR, Tercio Sampaio. Segurança jurídica e normas gerais de Direito Tributário. *Revista de direito tributário*, São Paulo, n. 17-18, jul. 1981.

FIORENTINO, Marcelo Fróes Del. Da não incidência do "ICMS-importação" em relação ao "arrendamento mercantil" internacional de aeronave realizado por empresa nacional de transporte aéreo de passageiros. *Revista dialética de direito tributário*, São Paulo, n. 135, p. 29-37, dez. 2006.

FLUSSER, Vilém. *Língua e realidade*. 2. ed. São Paulo: Annablume, 2004.

GAMA, Tácio Lacerda. *Competência tributária*: fundamentos para uma teoria da nulidade. São Paulo: Noeses, 2009a.

_____. Sentido, consistência e legitimação. In: HARET, Florence; CARNEIRO, Jerson (Coords.). *Vilém Flusser e juristas*: Comemoração dos 25 anos do grupo de estudos de Paulo de Barros Carvalho. São Paulo: Noeses, 2009b.

GONÇALVES, José Artur Lima. *Imposto sobre a renda*: pressupostos constitucionais. São Paulo: Malheiros, 2002.

HORVARTH, Estevão. *Lançamento tributário e "autolançamento"*. São Paulo: Dialética, 1997.

KELSEN, Hans. *O que é justiça?* 2. ed. São Paulo: Martins Fontes, 1998.

_____. *Teoria pura do direito*. 6. ed. São Paulo: Martins Fontes, 2000.

LUHMANN, Niklas. *Introdução à teoria dos sistemas*. Petrópolis: Vozes, 2010.

_____. *O direito da sociedade*. Tradução de Javier Torres Nafarrate. São Paulo: [s. n.], [19?]. (Mimeografado).

LUNARDELLI, Pedro Guilherme Accorsi. *A não-cumulatividade do ICMS* – uma aplicação da teoria sobre as regras do direito e as regras dos jogos. São Paulo: Quartier Latin, 2009.

MACHADO, Hugo de Brito. *Aspectos fundamentais do ICMS*. São Paulo: Dialética, 1997.

MARTINS, Ives Gandra da Silva. Leasing de aeronaves, sem opção

ICMS - IMPORTAÇÃO

de compra, pactuado com investidores estrangeiros: hipótese não sujeita ao ICMS. *Revista dialética de direito tributário*, São Paulo, n. 131, p. 84-103, ago. 2006.

MATTOS, Aroldo Gomes de. *ICMS*: comentários à legislação nacional. São Paulo: Dialética, 2006.

MELO, José Eduardo Soares de. *A importação no direito tributário*: impostos, taxas, contribuições. São Paulo: Revista dos Tribunais, 2003.

_____. *ICMS*: teoria e prática. 11. ed. São Paulo: Dialética, 2009.

MENDONÇA, Christine. *Competência tributária*. São Paulo: Quartier Latin, 2004.

_____. *A não-cumulatividade do ICMS*. São Paulo: Quartier Latin, 2005.

MOURA, Frederico Araújo Seabra de. *Lei Complementar tributária*. São Paulo: Quartier Latin, 2009.

MOUSSALLEM, Tárek Moysés. *Fontes do direito tributário*. 2. ed. São Paulo: Noeses, 2006.

OLIVEIRA, Júlio Maria; GOMES, Victor. ICMS na importação - FUNDAP - competência ativa. *Revista dialética de direito tributário*, São Paulo, n. 35, p. 98-118, ago. 1998.

REALE, Miguel. *Filosofia do Direito*. 16. ed. São Paulo: Saraiva, 1994.

ROSA, José Roberto. *Curso de ICMS*. São Paulo: Ottoni, 2008.

SALOMÃO, Marcelo Viana. *ICMS na importação*. 2. ed. São Paulo: Atlas, 2001.

_____. O ICMS na importação após a Emenda Constitucional nº 33/2001. ROCHA, Valdir de Oliveira (Coord.). *O ICMS e a EC 33*. São Paulo: Dialética, 2002.

SANTI, Eurico Marcos Diniz de. As classificações no sistema tributário brasileiro. In: CONGRESSO INTERNACIONAL DE DIREITO TRIBUTÁRIO, 1. 1998, Vitória, ES. *Justiça tributária*. São Paulo: Max Limonad, 1998, p. 123-147.

_____. *Decadência e prescrição no direito tributário*. São Paulo: Max Limonad, 2000.

ARGOS CAMPOS RIBEIRO SIMÕES

_____. ICMS – mercadorias: direito ao crédito – importação e substituição. In: SANTI, Eurico Marcos Diniz de (Coord.). *Curso de especialização em direito tributário*: estudos em homenagem a Paulo de Barros Carvalho. Rio de Janeiro: Forense, 2005.

_____. *Lançamento tributário*. São Paulo: Max Limonad, 1999.

SANTOS, Nélida Cristina dos. *A capacidade contributiva e os símbolos de riqueza*. São Paulo: Lex Editora, 2007.

SILVA, José Afonso da. *Curso de direito constitucional positivo*. 24. ed. São Paulo: Malheiros, 2005.

TOMÉ, Fabiana Del Padre. *A prova no direito tributário*. São Paulo: Noeses, 2005.

_____. Vilém Flusser e o constructivismo lógico-semântico. In: HARET, Florence; CARNEIRO, Jerson (Coords.). *Vilém Flusser e juristas*: comemoração dos 25 anos do grupo de estudos de Paulo de Barros Carvalho. São Paulo: Noeses, 2009.

TROIANELLI, Gabriel Lacerda. A Emenda Constitucional 33/2001 e o ICMS incidente na importação de bens. In: ROCHA, Valdir de Oliveira (Coord.). *O ICMS e a EC 33*. São Paulo: Dialética, 2002.

WITTGENSTEIN, Ludwig. *Tratado lógico-filosófico, investigações filosóficas*. 2. ed. Lisboa: Serviço de Educação Fundação Calouste Gulbenkian, 1995.

## B) Legislação e jurisprudência

BRASIL. Constituição (1967). *Constituição da República Federativa do Brasil de 1967*. http://www.planalto.gov.br/ccivil_03/Constituicao/Constitui%C3%A7ao67.htm>. Acesso em: 14 ago. 2011.

BRASIL. Constituição (1988). *Constituição da República Federativa do Brasil de 1988*. <Disponível em: <http://www.planalto.gov.br/ccivil_03/Constituicao/Constituicao.htm>. Acesso em: 14 ago. 2011.

BRASIL. Ministério da Fazenda. Convênio ICM 66/88. Fixa normas para regular provisoriamente o ICMS e dá outras providências. *Diário Oficial da União*, Brasília, DF, 16 de dezembro de 1988.

BRASIL. Presidência da República. *Ato institucional 5, de 13 de*

258

## ICMS - IMPORTAÇÃO

*dezembro de 1968*. Disponível em: < http://www6.senado.gov.br/ legislacao/ListaNormas.action?numero=5&tipo_norma=AIT&-data=19681213&link=s>. Acesso em 14 ago. 2011.

BRASIL. Presidência da República. *Decreto-Lei 406, de 31 de dezembro de 1968*. Estabelece normas gerais de direito financeiro, aplicáveis aos impostos sôbre operações relativas à circulação de mercadorias e sôbre serviços de qualquer natureza, e dá outras providências. Disponível em: < http://www.planalto.gov.br/ccivil_03/Decreto-Lei/ Del0406.htm>. Acesso em 14 ago. 2011.

BRASIL. Presidência da República. *Lei 10.406, de 10 de janeiro de 2002*. Institui o Código Civil. <Disponível em: http://www.planalto. gov.br/ccivil_03/Leis/2002/L10406.htm>. Acesso em: 14 ago. 2011.

BRASIL. Presidência da República. *Lei 5.172, de 25 de outubro de 1966*. Dispõe sobre o Sistema Tributário Nacional e institui normas gerais de direito tributário aplicáveis à União, Estados e Municípios. <Disponível em: http://www.planalto.gov.br/ccivil_03/ Leis/L5172.htm>. Acesso em: 14 ago. 2011.

BRASIL. Presidência da República. *Lei Complementar 87, de 13 de setembro de 1996.* Dispõe sobre o imposto dos Estados e do Distrito Federal sobre operações relativas à circulação de mercadorias e sobre prestações de serviços de transporte interestadual e inter-municipal e de comunicação, e dá outras providências. <Disponível em: http://www.planalto.gov.br/ccivil_03/Leis/LCP/Lcp87.htm>. Acesso em: 14 ago. 2011.

BRASIL. Superior Tribunal de Justiça. Recurso em Mandado de Segurança 31.464/PR, da Segunda Turma. Relator: Ministro Castro Meira. Brasília, DF, 16 de setembro de 2010. *Diário Oficial da Justiça*, Brasília, 27 de setembro de 2010.

BRASIL. Superior Tribunal de Justiça. *Súmula n. 166*. Não constitui fato gerador do ICMS o simples deslocamento de mercadoria de um para outro estabelecimento do mesmo contribuinte. Brasília, DF, 14 de agosto de 1996. Disponível em: <http://www.stj.jus.br/>. Acesso em: 14 ago. 2011.

BRASIL. Supremo Tribunal Federal. *Recurso Extraordinário 193.817/ RJ*, do Tribunal Pleno. Relator: Ilmar Galvão. Brasília, DF, 23 de outubro de 1996. Disponível em: <http://www.stf.jus.br/>. Acesso em: 14 ago. 2011.

BRASIL. Supremo Tribunal Federal. *Recurso Extraordinário 203.075/ DF*, da Primeira Turma. Relator: Ministro Maurício Correia. Brasília, DF, 05 de agosto de 1998. Disponível em: <http://www. stf.jus.br/>. Acesso em: 14 ago. 2011.

BRASIL. Supremo Tribunal Federal. *Recurso Extraordinário 206.069/ SP*, do Tribunal Pleno. Relatora: Ministra Ellen Gracie. Brasília, DF, 01 de setembro de 2005. Disponível em: <http://www.stf.jus. br/>. Acesso em: 14 ago. 2011.

BRASIL. Supremo Tribunal Federal. *Recurso Extraordinário 267.599 – AgR/MG*, da Segunda Turma. Relatora: Ministra Ellen Gracie. Brasília, DF, 24 de novembro de 2009. Disponível em: <http://www. stf.jus.br/>. Acesso em: 14 ago. 2011.

BRASIL. Supremo Tribunal Federal. *Recurso Extraordinário 405.457/ SP*, da Segunda Turma. Relator: Ministro Joaquim Barbosa. Brasília, DF, 04 de dezembro de 2009. Disponível em: <http://www. stf.jus.br/>. Acesso em: 14 ago. 2011.

BRASIL. Supremo Tribunal Federal. *Súmula n. 660*. Não incide ICMS na importação de bens por pessoa física ou jurídica que não seja contribuinte do imposto. Brasília, DF, 24 de setembro de 2003. Disponível em: <http://www.stf.jus.br/>. Acesso em: 14 ago. 2011.

SÃO PAULO (Estado). Tribunal de Justiça. *Apelação n. 0251937*, da 12ª Câmara de Direito Público. Relator: Vinicio Salles. São Paulo, 16 de março de 2011. Disponível em: <http://esaj.tjsp.jus.br >. Acesso em: 14 ago. 2011.